BAYERISCHE AKADEMIE DER WISSENSCHAFTEN

BAYERISCH-ÖSTERREICHISCHES WÖRTERBUCH

II. Bayern

BAYERISCHES WÖRTERBUCH (BWB)

Herausgegeben
von der
Kommission für Mundartforschung

Bearbeitet von Felicitas Maria Erhard, Edith Funk,
Anthony R. Rowley, Andrea Schamberger-Hirt,
Michael Schnabel und Vincenz Schwab.

Heft 28 (1. Heft des 4. Bandes)
Dorn – Trätzer(er)

DE GRUYTER
AKADEMIE FORSCHUNG

ISBN 978-3-11-067919-9
e-ISBN (PDF) 978-3-11-070597-3

Library of Congress Control Number: 2020945570

Bibliografische Information der Deutschen Nationalbibliothek
Die Deutsche Nationalbibliothek verzeichnet diese Publikation in der Deutschen Nationalbibliografie; detaillierte bibliografische Daten sind im Internet über http://dnb.dnb.de abrufbar.

Druck und Bindung: CPI books GmbH, Leck

www.degruyter.com

Vorwort zum 4. Band

Das erste Heft des Bayerischen Wörterbuchs erschien im Jahr 1995, der erste Band wurde 2002, der zweite 2012 und der dritte 2019 fertiggestellt. Heft 28, der ersten Lieferung von Band 4, sind Nachträge zum Quellenverzeichnis beigegeben. Das aktualisierte vollständige Quellenverzeichnis sowie eine Liste der Sammelorte mit den jeweiligen Mundartsammlerinnen und -sammlern finden sich online auf der Website des Projekts unter bwb.badw.de.

Im Jahr 2015 hat die Bayerische Akademie der Wissenschaften ihre Forschungsprojekte neu strukturiert. Seitdem ist für die dialektologischen Vorhaben Bayerisches Wörterbuch, Fränkisches Wörterbuch und Dialektologisches Informationssystem von Bayerisch-Schwaben ein „Beirat für Mundartforschung“ unter dem Vorsitz von Norbert Oettinger zuständig, stellvertretender Vorsitzender ist Rüdiger Harnisch. Dem Bayerischen Wörterbuch steht nunmehr ein Ausschuß unter dem Vorsitz des Projektleiters Anthony Rowley zur Seite, sein Stellvertreter ist Daniel Drascek; weitere Mitglieder sind Ingeborg Geyer, Mechthild Habermann, Werner König, Alfred Wildfeuer sowie die Redaktionsleiterin Andrea Schamberger-Hirt und die weiteren Redaktionsmitglieder Edith Funk und Michael Schnabel.

Anthony Rowley trat im Frühjahr 2019 in den Ruhestand, bleibt aber weiterhin als Projektleiter für das Wörterbuch verantwortlich. Seine Nachfolgerin in der Redaktionsleitung und Geschäftsführung ist Andrea Schamberger-Hirt. Hinzugekommen ist in der Redaktion Vincenz Schwab (*1985 Hannover, Initiale V.S.).

Grundlegende Modifikationen am Konzept und am Erscheinungsbild des Wörterbuchs werden im vierten Band nicht vorgenommen. Die neu eingeführte Textformatierung in XML macht jedoch kleine formale Änderungen erforderlich: „dass.“ oder „ebd.“ werden meist durch explizite Angaben ersetzt, statt „Restgeb.“ werden die jeweiligen Bezirke einzeln aufgeführt. Darüber hinaus gelten die infolge der Evaluation durchgeführten Neuregelungen, die im Vorwort zu Band 3 dargelegt sind.

München, im Juli 2020.

Bibliographie zum Bayerischen Wörterbuch

Zweiter Nachtrag zu Band 1, XXVIII f.

Burkhart-Funk, Edith und Ursula Welsch: Vom Papierfragebogen zur Online-Datenbank. Das Bayerische Wörterbuch auf dem Weg ins digitale Zeitalter, in: Akademie Aktuell 2016 Nr.1, 26–29.

Dialects are Forever – Die unbandige Lust an der Wortklauberey. Festschrift für Anthony R. Rowley zum 65. Geburtstag, hg. von Edith Funk, Andrea Schamberger-Hirt, Michael Schnabel und Felicitas Erhard, Regensburg 2018.

Darin befassen sich insbesondere folgende Beiträge mit dem Belegmaterial des Bayerischen Wörterbuchs bzw. liefern Ergänzungen dazu:

— Denz, Josef: *Der Fuchs* – Ein Beitrag zur Fachsprache der Porzellanherstellung in der nördlichen Oberpfalz und in Oberfranken, 25–29.

— Funk, Edith: *Dou da a schejne Zait aaf, Anthony!* – Konzepte von Zeit im Bairischen, 43–82.

— Schamberger-Hirt, Andrea: *Heiliga Antoni, kreizbrava Ma, pack mi am Schippl und fia mi do na!* – Personennamen im Bayerischen Wörterbuch, 183–211.

— Schmid, Hans Ulrich: Sprachgeschichte in Stein. Historische Inschriften in Passau und Umgebung, 229–244.

— Schnabel, Michael: Er hat eine Entdeckung gemacht, weil er sich so freut. Anmerkungen zur Verbstellung in *weil*-Sätzen, 245–255.

Rowley, Anthony: *ärmelt* statt *ärmelicht* – Eine Besonderheit des bairischen Adjektivsuffixes *-icht*, in: International Journal of Diachronic Linguistics and Linguistic Reconstruction 13 (2016[7]) (Festschrift für Klaus Strunk anlässlich seines 85. Geburtstags am 22. August 2015, hg. von Peter-Arnold Mumm) 247–255.

Schamberger-Hirt, Andrea, Almut König und Manuel Raaf: Mundarten im Internet, in: Akademie Aktuell 2018 Nr. 1, 22 f.

Schnabel, Michael, Manuel Raaf und Daniel Schwarz: Bayerisches Wörterbuch (BWB), in: Germanistische Dialektlexikographie zu Beginn des 21. Jahrhunderts, hg. von Alexandra Lenz und Philipp Stöckle, unter Mitarbeit von Angela Bergermayer, Andreas Gellan, Sabine Wahl, Eva-Maria Wahlmüller und Patrick Zeitlhuber (Zeitschrift für Dialektologie und Linguistik, Beiheft), Stuttgart (in Vorb. 2020).

Folgende **Rezensionen** sind der Redaktion bekannt:

Bammesberger, Alfred: Meilenstein der Wortklauberey, in: Altbayerische Heimatpost 72 (2020) Nr. 4, 4.

Reitzenstein, Wolf-Armin Frhr. v., in: Blätter für oberdeutsche Namenforschung 50 (2013) 145–149, 53 (2016) 258–261, 56 (2019) 277–279.

Dritter Nachtrag zum Quellenverzeichnis

Ergänzungen

Schmidel Reise
Schmidel, Ulrich: Reise in die La Plata-Gegend (1534–1554), hg. von Franz Obermeier, Kiel 2008.

Zehetner Bair.Dt.
Zehetner, Ludwig: Bairisches Deutsch. Lexikon der deutschen Sprache in Altbayern, Regensburg [5]2018.

Neu hinzukommende Literatur

AnmCMB
Kreittmayr, Wiguläus Xaver Aloys v.: Anmerkungen über den Codicem Maximilianeum Bavaricum Civilem. Worinn derselbe sowol mit dem gemein- als ehemalig- Chur-Bayrischen Land-Recht genau collationirt ... wird, 5 Bde, München 1759–68.

Aretin Staatsverträge
Aretin, Karl Maria v.: Chronologisches Verzeichniss der bayerischen Staatsverträge, vom Tode Herzog Georgs des Reichen (1503) bis zum Frankfurter Territorial-Receß (1819), Passau 1838.

Auzinger Werke
Auzinger, Peter: Gesammelte Werke, München 1925.

Bickel Rhapsodie
Bickel, Edmund: Schwabinger Rhapsodie. Eine heitere Münchener Geschichte, München 1947.

**1899 Wolfratshsn, †1981 Mchn; Autor, Publizist, Übersetzer*

Burghs.Urkb.
Dorner, Johann: Burghauser Urkundenbuch. 1025–1503, 3 Bde, Burghausen 2006.
Burghsn AÖ

Chron.Buchhfn
Maidl, Stephan und Hans Herbert Maidl: Chronik der Gemeinde Buchhofen, Winzer 2007.
Buchhfn VOF

CJBjud
Codex Juris Bavarici Judiciarii De Anno M.DCC.LIII., hg. von Wiguläus Xaver Aloys v. Kreittmayr, München 1754.

Crailsheim Amerang
Crailsheim, Franz v.: Die Hofmarch Amerang. Ein Beitrag zur bayerischen Agrargeschichte, Berlin 1913.
Amerang WS

Daisenberger Kochb.
Daisenberger, Maria Katharina: Bayer'sches Kochbuch, München u.a. [13]1833.
Rgbg; Köchin, Buchhändlersgattin

Döllinger Rep.
Döllinger, Georg Ferdinand: Repertorium der Staats-Verwaltung des Königreichs Baiern, 19 Bde, München [2]1814–33.
**1772 Bambg, †1847; Archivar, Geheimer Hausarchivar in Mchn*

Dreyer Bergmoas'n
Dreyer, A[loys]: Bergmoas'n und Spötterln. Gedichte in oberbayer. Mundart, München 1902.

Druckseis Hast d' mi'?
Druckseis, Fritz: Hast d' mi'? Niederbayrische Gedichte, München 1907.

Eck Schriften
Eck, Johannes: Vier deutsche Schriften gegen Martin Luther, den Bürgermeister und Rat von Konstanz, Ambrosius Blarer und Konrad Sam. Nach den Originaldrucken, mit bibliographischer und sprachgeschichtlicher Einleitung, Anmerkungen und einem Glossar, hg. von Karl Meisen und Friedrich Zoepfl, Münster 1929.
*eig. Mayer, Johannes, *1486 Egg a.d. Günz/ U'allgäu, †1543 Ingolstadt; katholischer Theologe*

Ertl Amara dulcis
Ertl, Ignaz: Amara dulcis. Das ist: Bitter-Süsses Buß-Kraut/ Durch sechs und dreyssig, theils bittere, theils süsse Fasten-Exempel/ Mit schönen Moralien und sittlichen Lehr-Puncten … ausgelegt. Folgen auch noch … vierzehen traurige Passions-Predigen, Nürnberg 1712.
**1645 Mchn, †1713 Schönthal WÜM; Augustiner-Eremit*

Ertl Atlas
Ertl, Anton Wilhelm: Chur-Bayerischer Atlas, Bd I: Eine … Abbildung/ aller in dem hochberühmten Chur-Hertzogthum Ober- und Nieder-Bayern/ auch in der Obern Pfaltz ligenden vortrefflichen Städten/ Märkt/ und theils Schlösser …, Bd II: Eine … Abbildung/ aller … Thomb- und Collegiat-Stifften/ Abteyen/ Probsteyen/ und Clöstern …, Nürnberg 1687–90 (Nachdr. Donauwörth [1995–99]).
**1654 Mchn, †nach 1715; Jurist, Geograph*

Ertl Tolle Lege
Ertl, Ignaz: Sonn- und Feyer-Tägliches Tolle Lege, Das ist: Geist- und Lehr-reiche Predigen, Auff alle Sonn- und Feyer-Täg des gantzen Jahr-Lauffs eingerichtet, Nürnberg [2]1708.

Fanderl Annamirl
Annamirl Zuckaschnürl. Altbairisches Liederbuch, hg. von Wastl Fanderl, München 1977.

Fischer-Grubinger Valentin
Fischer-Grubinger, Anne-Marie: Mein Leben mit Karl Valentin, Rastatt 1982.
**1917 Mchn, †1988 ebd.; Schauspielerin*

Flurl Gebirge
Flurl, Mathias v.: Beschreibung der Gebirge von Baiern und der oberen Pfalz. Mit den darinn vorkommenden Fossilien, auflässigen und noch vorhandenen Berg- und Hüttengebäuden, ihrer älteren und neueren Geschichte, dann einigen Nachrichten über das Porzellan- und Salinenwesen und anderen nützlichen Bemerkungen und Vorschlägen, wie dem verfallenen Bergbau wieder aufzuhelfen wäre, München 1792.
**1756 Straubing, †1823 Bad Kissingen; Geologe, Mineraloge, Schriftsteller*

Frsg.Gl.
Ernst, Oliver, Andreas Nievergelt und Markus Schiegg: Althochdeutsche Griffel-, Feder- und Farbstiftglossen aus Freising. Clm 6293, Clm

6308, Clm 6383, Clm 21525, Berlin/Boston 2019.

Frsg.Hsr.
Ernst, Oliver: Die Griffelglossierung in Freisinger Handschriften des frühen 9. Jahrhunderts, Heidelberg 2007.

Frsg.Rechtsb. (Maurer)
Das Stadt- und das Landrechtsbuch Ruprechts von Freysing. Nach fünf Münchner Handschriften. Ein Beitrag zur Geschichte des Schwabenspiegels, hg. von Georg Ludwig von Maurer, Stuttgart/Tübingen 1839.
1328

Füetrer Merlin u.Seifrid
Merlin und Seifrid de Ardemont von Albrecht von Scharfenberg in der Bearbeitung Ulrich Füetrers, hg. von Friedrich Panzer, Tübingen 1902.

Gerstner Gesch.Ingolstadt
Gerstner, Joseph: Geschichte der Stadt Ingolstadt in Oberbayern, bearb. nach Mederer und andern Quellen, München 1853.

Gleissner Genauer betrachtet
Gleißner, Anna-Elisabeth: Genauer betrachtet. Gedichte und Gedanken in Oberpfälzer Mundart und in Schriftdeutsch, Pressath 2013.
**1942 Wondreb TIR; Schriftstellerin, kaufmännische Angestellte*

Graf Flechting
Graf, Oskar Maria: Die Chronik von Flechting. Ein Dorfroman, München 1975.

Heppe Wohlred.Jäger
Christian Wilhelm von Heppe, Mitbelehnten zu Reihershausen [et]c. Sr. Churfürstl. Durchl. in Bayern Forstmeisters derer Aemter Freyhülß und Freydenberg in der obern Pfalz einheimisch- und ausländischer Wohlredender Jäger oder nach alphabetischer Ordnung Gegründeter Rapport derer Holz- Forst- und Jagd-Kunstwörter nach verschiedener teutscher Mundart und Landesgewohnheit, Regensburg 1763.
**1716 Volkenroda/Thüringen, †1791 Ambg; Forstbeamter, Jagdschriftsteller*

Hofmann Gesch.Ingolstadt
Hofmann, Siegfried: Geschichte der Stadt Ingolstadt, 2 Bde, Ingolstadt 2000–06.

Horn Soldatenspr.
Horn, Paul: Die deutsche Soldatensprache, Gießen 1905.
**1863 Halle (Saale), †1908 Straßburg; Iranist, Indogermanist*

Hörning-Knittel Heimatgesch.Mering
Hörning, Hilde und Franz Knittel: Heimatgeschichten Mering. Bde I/II: Meringer semmerr 1912–1982, Bde III/IV: Mering anno dazumal, Bde V-VII: Mering früher und heute, Bd VIII: Mering. Vergangene Tage, hg. von Franz Knittel, Mering 1982–87.
*Hörning, H., *1914 Mering FDB, †1999 ebd.; Büroangestellte. Knittel, F., *1932 Mering FDB; Musikpädagoge, Ortschronist*

Huber Franziskanerkl.Straubing
Huber, Alfons: Geschichte des Franziskanerklosters Straubing (1702–1802), Straubing 2006.

Huhn hl.Geist Mchn
Huhn, Adalbert: Geschichte des Spitales, der Kirche und der Pfarrei zum Heiligen Geiste in München, München 1893.

Hygiene Obb.
Sauber! Hygiene früher in Oberbayern. Eine Annäherung an historische Wirklichkeiten, hg. von Franziska Lobenhofer-Hirschbold und Ariane Weidlich, Großweil 1995.

Intelligenzbl.Baiern
Königlich-baierisches Intelligenzblatt. Ein allgemeiner Anzeiger für das Königreich Baiern, 1806–14.

Intelligenzbl.Iller-Kreis
Königlich Baierisches Intelligenz-Blatt des Iller-Kreises, 1811–17.

Intelligenzbl.Ingolstadt
Königlich-baierisches Ingolstädter Intelligenzblatt, 1809–17.— Königlich-baierisches Intelligenzblatt von Ingolstadt, 1818–33.

Intelligenzbl.Isar-Kreis
Königlich-bayerisches Intelligenzblatt für den Isar-Kreis, 1814–37.

Intelligenzbl.MF
Königlich Bayerisches Intelligenzblatt für Mittelfranken, 1838–53.

Intelligenzbl.NB
Königlich Bayerisches Intelligenzblatt von Niederbayern für das Jahr 1838–53.

Intelligenzbl.OB
Intelligenzblatt der Königlich Bayerischen Regierung von Oberbayern, 1838–40.— Intelligenzblatt der Königlichen Regierung von Oberbayern, 1841–53.

Intelligenzbl.Oberdonau-Kreis
Königlich Bayersches Intelligenz-Blatt für den Ober-Donau-Kreis, 1817–37.

Intelligenzbl.Obermain-Kreis
Intelligenz-Blatt des Obermain-Kreises, 1817–20.— Königlich Bayerisches privilegirtes Intelligenz-Blatt für den Ober-Mainkreis, 1820–29.— Königlich Bayerisches Intelligenzblatt für den Ober-Main-Kreis auf das Jahr 1830–37.

Intelligenzbl.OF
Königlich Bayerisches Intelligenz-Blatt für Oberfranken auf das Jahr 1838–53.

Intelligenzbl.OP
Königlich bayerisches Intelligenzblatt für die Oberpfalz und von Regensburg, 1838–53.

Intelligenzbl.Regen-Kreis
Königlich-baierisches Intelligenzblatt für den Regen-Kreis, 1814–37.

Intelligenzbl.Rezat-Kreis
Königlich Bayerisches Intelligenz-Blatt für den Rezat-Kreis, 1817–37.

Intelligenzbl.Salzach-Kreis
Königlich baierisches Intelligenzblatt des Salzach-Kreises, 1810.— Königlich baierisches Salzach-Kreis-Blatt für das Jahr 1811–15.

Intelligenzbl.SCH
Intelligenz-Blatt der Königlichen Regierung von Schwaben und Neuburg, 1838–53.

Intelligenzbl.Unterdonau-Kreis
Königlich-Bayerisches Intelligenz-Blatt des Unterdonau-Kreises, 1809–37.

Irsing Alten-Oeting
Irsing, Jakob: Historia Von der weitberühmbten vnser lieben Frawen Capell zu Alten-Oeting in Nidern Bayrn. Darinnen I. Von Ursprung Auffnemmen Veränderung diß Orts. II. Von der Andacht unnd Verehrung. III. Von den Wunderzaichen gehandlet wirdt, München 1644.
Altötting
**1596 Markdf am Bodensee, †1669 Augsburg; Jesuit, Rhetoriker, Philosoph*

Kanz Heimat
Die Heimat auf der Zunge tragen. Mundart als Sprachschatz. Beiträge zur internationalen Dialektologentagung anlässlich des 70. Geburtstags von Ludwig Zehetner, Hetzenbach (Oberpfalz), März 2009, hg. von Ulrich Kanz, Nadine Kilgert und Ludwig Schießl, Regensburg 2012.

Kanzleiord.Ambg 1525
Neudegger, Max Josef: Kanzlei-, Raths- und Gerichtsordnung des Kurfürsten Friedrich II. des Weisen von der Pfalz, als Regierender zu Amberg, vom Jahre 1525, München 1887.

Kelhm.Hexenhammer
Der Kelheimer Hexenhammer. Facsimile-Ausgabe der Original-Handschrift aus dem Kelheimer Stadtarchiv, bearb. von J. Mundigl, München-Allach [1967].
1487

Kerscher Bauernstubn
Kerscher, Otto: Brauchtum und Leben in der Bauernstubn, Grafenau 1981.

Kerscher Von alten Bräuchen
—: Von alten Bräuchen unserer Heimat, Straubing 2000.

Kerscher Weihnacht
—: Bäuerliche Weihnacht, Straubing 1995.

Klöber Saustall
Thoma, Ludwig, Dietrich Eckart und Klaus Eck: So ein Saustall! Altbairisches aus den finstersten Zeiten des Systems, hg. von Wilhelm v. Klöber, München 1938.
*Thoma, L. s. Orts- u. Quellenverzeichnis. Eckart, D., *1868 Neumarkt, †1923 Berchtesgaden; Publizist. Eck, K., *1881 Gmund MB, †1929 Mchn; Redakteur*

Knapp Rgbg.Gerichtsverf.
Knapp, Hermann: Alt-Regensburgs Gerichtsverfassung, Strafverfahren und Strafrecht bis zur Carolina. Nach urkundlichen Quellen dargestellt, Berlin 1914.

Kobell G'schpiel
Kobell, Franz v.: G'schpiel. Volksstücke und Gedichte in oberbayerischer Mundart, München 1868.

Kobell Hausl'
—: Der Hausl' vo' Finsterwald. Der schwarzi Veitl. 'S Kranzner-Resei. Drei größere Gedichte nebst andern in oberbayerischer Mundart, München 1852.

KonradvM Sel
Konrad von Megenberg: Von der Sel. Eine Übertragung aus dem Liber de proprietatibus rerum des Bartholomäus Anglicus, hg. von Georg Steer, München 1966.

Kreis-Amtsbl.MF
Königlich Bayerisches Kreis-Amtsblatt von Mittelfranken, 1854–1918.— Kreis-Amtsblatt von Mittelfranken, 1919–22.

Kreis-Amtsbl.NB
Königlich Bayerisches Kreis-Amtsblatt von Niederbayern, 1854–1918.— Kreis-Amtsblatt von Niederbayern, 1919–21.

Kreis-Amtsbl.OB
Königlich Bayerisches Kreis-Amtsblatt von Oberbayern, 1854–1918.—Kreis-Amtsblatt von Oberbayern, 1919–22.

Kreis-Amtsbl.OF
Königlich Bayerisches Kreis-Amtsblatt von Oberfranken, 1854–1918.— Kreis-Amtsblatt von Oberfranken, 1919–22.

Kreis-Amtsbl.OP
Königlich Bayerisches Kreis-Amtsblatt der Oberpfalz und von Regensburg, 1854–1918.— Kreis-Amtsblatt der Oberpfalz und von Regensburg, 1919–22.

Kreis-Amtsbl.SCH
Königlich Bayerisches Kreis-Amtsblatt von Schwaben und Neuburg, 1854–1918.— Kreis-Amtsblatt von Schwaben und Neuburg, 1919–22.

Kreittmayr Slg
Sammlung der neuest und merkwürdigsten Churbaierischen Generalien und Landesverordnungen [hg. von Wiguläus Xaver Alois v. Kreittmayr], München 1771.

Kreittmayr Staatsrecht
—: Grundriß des Allgemeinen, Deutsch- und Bayrischen Staatsrechtes, Frankfurt/Leipzig 1769.

Kroetz Stücke
Kroetz, Franz Xaver: Stücke, 4 Bde, Frankfurt a.M. 1989.
**1946 Mchn; Regisseur, Schriftsteller, Schauspieler*

Landtag 1514
Der Landtag im Herzogthum Baiern vom Jahre 1514. Erste, und zweyte Handlung. Aus authentischen Handschriften gesammelt [hg. von Franz v. Krenner], o.O. 1804.

Landtag 1515/1516
Landtäge im Herzogthum Baiern von den Jahren 1515 und 1516 als Fortsetzung der Landtags-Verhandlungen vom Jahre 1514. Aus glaubwürdigen Handschriften, und aus Urkunden gesammelt [hg. von Franz v. Krenner], o.O. 1804.

Landtag 1542
Der Landtag im Herzogthum Baiern auf den ersten November zu Ingolstadt im Jahre 1542. Aus gleichzeitigen Handschriften und Urkunden gesammelt [hg. von Franz v. Krenner], o.O. 1807.

Landtag 1543
Der Landtag im Herzogthum Baiern gehalten zu Landshut im Jahre 1543. Nebst dem Ausschuß-Tag vom nämlichen Jahre. Nach gleichzeitigen Handschriften und Original-Urkunden [hg. von Franz v. Krenner], o.O. 1807.

Landtag 1568
Der Landtag im Herzogthum Baiern, gehalten zu München im Jahre 1568. Nebst zween Anhängen. Nach Original-Schriften, und anderen derley Urkunden [hg. von Franz v. Krenner], o.O. 1807.

Landtag 1612
Der Landtag im Herzogthum Baiern vom Jahre 1612. Erste und zweyte Abtheilung. Aus authentischen Handschriften gesammelt [hg. von Franz v. Krenner], München 1803.

Lang-Freyberg Regesta
Lang, Karl Heinrich v. und Maximilian Prokop v. Freyberg: Regesta sive rerum Boicarum autographa ad annum usque MCCC e regni scriniis

fideliter in summas contracta iuxtaque genuinam terrae stirpisque diversitatem in Bavarica, Alemanica et Franconica synchronistice disposita, 13 Bde, München 1822–54.

Lankes Mchn
Lankes, Christian: München als Garnison im 19. Jahrhundert. Die Haupt- und Residenzstadt als Standort der Bayerischen Armee von Kurfürst Max IV. Joseph bis zur Jahrhundertwende, Diss. Berlin/Bonn 1993.

Laturell Volkskultur Mchn
Laturell, Volker D.: Volkskultur in München. Aufsätze zu Brauchtum, musikalische Volkskultur, Volkstanz, Trachten und Volkstheater in einer Millionenstadt, München 1997.

Lenglachner Geistl.Zeittenb.
Lenglachner, Phillipp: Geistliches Zeitten Buch worin die Schönsten gebether Sambt den gesänggern, auf Alle Hohe Fest und andere unterschiedliche heillige zeitten des ganzen Jahr hindurch beschriben seind. Edition der Handschrift Cgm 7341 der Bayerischen Staatsbibliothek München, transkribiert von Willibald Ernst, München 2012.
Stubenbg PAN um 1800
**1769 Weng/O'österreich, †1823 Thal PAN; Lumpensammler, Volksliedsammler*

Lenglachner Gesängerb.
—: Gesänger Buch, Bd I: Der erste Theill worinnen die Geistlichen Gesänger zu finden seind, Bd II: Der zweÿte Theill Worinnen! Die weltliche Gesänger zu finden seind, transkribiert von Willibald Ernst, hg. von Gabriele Wolf und Willibald Ernst, München 2014–17.
Stubenbg PAN 1796

Mayerhofer Pfoarra
Mayerhofer, Johann: Mei' Pfoarra. Gedicht in niederbayerischer Mundart, Augsburg/München 1883.
**1851 Haidenhf PA, †1900 Frsg; bayer. Staatsarchivar*

Meidinger Land- u.Hoftäge
Meidinger, Franz Sebastian: Historisch-chronologische Erzählungen der ehemaligen Land- und Hoftäge in Baiern. Mit Anmerkungen, dann einer kleinen Chronik und Inventarium aus dem alten Harnischhause der nunmehrigen Haupt- und Universitätsstadt Landshut, München 1802.

Meidinger Landshut
—: Beschreibung der churfürstlichen Haupt- und Regierungs-Stadt Landshut, Landshut 1785.

Müller Himmel
Müller, Karl Alexander v.: Unterm weißblauen Himmel, Stuttgart 1952.
**1882 Mchn, †1964 Rottach-Egern MB; Historiker*

Nievergelt Gloss.
Nievergelt, Andreas: Die Glossierung der Handschrift Clm 18547b. Ein Beitrag zur Funktionalität der mittelalterlichen Griffelglossierung, Heidelberg 2007.
Tegernsee MB um 1000 (fol.1–94), 12.Jh. (fol.95–110), 1.H.11.Jh. (fol.111–205)

Obermeier Abdeckersleut
Obermeier, Christine Natalie: Abdeckersleut' als Volksmediziner, Ponholz 2012.
Wernbg NAB um 1850

Oker Lebensfäden
Oker, Eugen: Lebensfäden. Die ungewöhnlich gewöhnlichen Abenteuer des Fritz Kagerer aus Schwanheim, Frankfurt a.M. 1979.
**1919 Schwandf, †2006 Mchn; Schriftsteller*

Oker So wos Schüins
—: So wos Schüins mou ma soucha. Gedichte im oberpfälzischen Dialekt, Amberg 2003.

Opf.Leben
Oberpfälzer Leben. Ein Hausbuch von Fronleichnam bis Martini, hg. von Erika und Adolf J. Eichenseer, Grafenau 2009.

Opf.Ostern
Oberpfälzer Ostern. Ein Hausbuch von Fastnacht bis Pfingsten, hg. von Erika und Adolf J. Eichenseer, Regensburg [2]2001.

Opf.Weihnacht
Oberpfälzer Weihnacht. Ein Hausbuch von Kathrein bis Lichtmeß, hg. von Erika und Adolf J. Eichenseer, Regensburg [10]2000.

OtfridvW
Otfrid von Weißenburg: Das 'Evangelienbuch' in der Überlieferung der Freisinger Handschrift (Bayerische Staatsbibliothek München, cgm. 14). Edition und Untersuchungen, hg. von Karin Pivernetz, 2 Bde, Göppingen 2000.
*Frsg um 905. Otfrid von Weißenburg, *um 800, †wohl 867; Mönch im Kloster Weißenburg/Elsaß*

POCCI Komödienb.
Pocci, Franz v.: Lustiges Komödienbüchlein, 6 Bde, München 1869–77.
**1807 Mchn, †1876 ebd.; Dichter, Illustrator, Komponist*

POLT Circus Maximus
Polt, Gerhard: Circus Maximus. Das gesammelte Werk, Geschichten, Stücke, Monologe und Dialoge teilweise in Zusammenarbeit mit Hanns Christian Müller, Zürich 2002.
**1942 Mchn; Kabarettist, Schauspieler, Skandinavist*

POLT-MÜLLER Fast wia
— und Hanns Christian Müller: Fast wia im richtigen Leben. Alle alltäglichen Geschichten der beiden Bände „Da schau her" und „Ja mei" endgültig wiedervereinigt, Zürich 1992.
*Müller, H. Ch.,*1949 Mchn; Regisseur, Drehbuchautor, Komponist, Musiker*

POPOWITSCH Mda.
Popowitsch, Johann Siegmund Valentin: Versuch einer Vereinigung der Mundarten von Teutschland, Wien 1780.
**1705 Arclin/U'steiermark (heute Slowenien), †1774 Perchtoldsdf/N'österreich; Sprach- u. Naturforscher*

PORTIA Kochb.
Portia, Magdalena Maria von und zu: Altadeliges Bayer'sches Koch- und Konfektbuch für alle Stände, aus dem Nachlasse einer berühmten Gräfin. Mit Beiträgen von den vornehmsten Damen der ältesten Adelsgeschlechter Bayerns, München 1837.
†1685; Obersthofmeisterin

Pract.Alg.Ratisb.
Die Practica des Algorismus Ratisbonensis. Ein Rechenbuch des Benediktinerklosters St. Emmeram aus der Mitte des 15. Jahrhunderts nach den Handschriften der Münchner Staatsbibliothek und der Stiftsbibliothek St. Florian, hg. und erl. von Kurt Vogel, München 1954.
Rgbg

PRECHTL Chron.Werdenfels
Prechtl, Johann Baptist: Chronik der ehemals bischöflich freisingischen Grafschaft Werdenfels in Oberbayern mit ihren drei Untergerichten und Pfarreien Garmisch, Partenkirchen und Mittenwald, Augsburg 1850.

PRECHTL Hallertau
—: Geschichte der vier Märkte Au, Wolnzach, Mainburg und Nandlstadt in der Hallertau, Freising 1864.

PRÖLS Ochs
Pröls, Ilsebill: Der Ochs im Luftballon. Kinderbilderbuch aus der Oberpfalz mit alten Versen, Nabburg o.J.
**1942 Hardt PAR, †2005 Rottendf NAB; Pädagogin, Heimatkundlerin*

REITMEIER-STAMMBERGER Woyzeck
Reitmeier, Johannes und Thomas Stammberger: Woyzeck. Ein Drama in bairischer Mundart nach Georg Büchner, Viechtach 1996.
*Reitmeier, J., *1962 Kötzting; Autor, Regisseur, Intendant. Stammberger, Th., *1968 Kötzting; Autor, Regisseur, TV-Redakteur*

Salzbibl.REI
Hofmann, Fritz: Reichenhaller Salzbibliothek, 5 Bde, Bad Reichenhall 1994–99.

SCHAEFFER Fungorum
Schaeffer, Jacob Christian: Fvngorum qvi in Bavaria et Palatinatv circa Ratisbonam Nascvntvr Icones Nativis Coloribvs Expressae, 4 Bde, Regensburg 1762–74.
**1718 Querfurt, †1790 Rgbg; evangelischer Pastor, Botaniker, Mykologe, Entomologe*

SCHALLWEG Meistersinger
Schallweg, Paul: Die Meistersinger von Miesbach und andere bayrische Opern, Rosenheim 1979.
**1914 Mchn, †1998 Bischofswiesen BGD; Schriftsteller, Kulturmanager*

SCHLICHT Ndb.
Schlicht, Josef: Niederbayern in Land, Geschichte und Volk. Ein Buch für Stadt und Land, Regensburg 1898.

SCHMIDT Werke
Schmidt, Maximilian: Maximilian Schmidt's gesammelte Werke, 34 Bde, Leipzig 1898–1908.

SCHÖNBERGER Graudschaissa
Schönberger, Ferdinand: Graudschaisså, Schroågoschn und Boumåzzlais. Wei må schaa måläddå redd. Mundart aus dem Raum Pirk bei Weiden/Opf., hg. von den Kultur Freunden Pirk, Weiden 2017.
**1950 Pirk NEW; Mittelschullehrer, Konrektor*

SCHRANK Fauna
Schrank, Franz v. Paula: Fauna boica. Durchgedachte Geschichte der in Baiern einheimischen und zahmen Thiere, 3 Bde, Nürnberg 1798–1803.

SCHUBAUR Vermächtniß
Schubaur, Sohnland: Mein Vermächtniß an Bayern, Leipzig 1831.

SEIDENADER Falknerei
Seidenader, Robert: Kulturgeschichte der Falknerei mit besonderer Berücksichtigung von Bayern, 3 Bde, München 2007.

SENDTNER Vegetations-Verhältnisse Bayr.Wald
Sendtner, Otto: Die Vegetations-Verhältnisse des Bayerischen Waldes nach den Grundsätzen der Pflanzengeographie, München 1860.

SINGER Hohe Warte
Heimat an der Hohen Warte. Geschichte der bayerischen Marktgemeinde Thiersheim und der seit 1977/78 abgeschlossenen ehemaligen Gemeinden Grafenreuth, Kothigenbibersbach und Stemmas, hg. von Friedrich Wilhelm Singer, Thiersheim 1982.
WUN

SINGER Sechsämter Duden
—: Sechsämter Duden. Das ist Verzeichnus der in unserer Heimat Sprach wie Honig süßen Wörter & Ausdrück durch Doctorem S., Arzberg 1955.

SIRCH Kartenspiele
Sirch, Walter: Vom Alten zum Zwanzger. Bayrische Kartenspiele für Kinder und Erwachsene – neu entdeckt, hg. von Bayerischer Trachtenverband e.V., Traunstein 2008.

Slg Churpfalz-Baier.Landesverord.1800–1802
Sammlung der Churpfalz-Baierischen allgemeinen und besondern Landes-Verordnungen von Sr. Churfürstl. Durchläucht Maximilian Joseph IV. In Justiz- Finanz- Landschafts- Mauth- Polizey- Religions- Militär- und vermischten Sachen, hg. von Georg Karl Mayr, 2 Bde, München 1800–02.

Slg Kurpfalz-Baier.Landesverord.1784–1799
Sammlung der Kurpfalz-Baierischen allgemeinen und besonderen Landes-Verordnungen von Justiz- Finanz- Landschafts- Maut- Accis- Kommerzien- Manufaktur- oder Fabriquen-Sachen, hg. von Georg Karl Mayr, 6 Bde, München 1784–99.

SPANNBAUER-POLLMANN Aussagesatz
Spannbauer-Pollmann, Rosemarie: Ausgewählte syntaktische Besonderheiten im Aussagesatz. Eine empirische Studie zum gesprochenen Dialekt in Niederbayern anhand ausgewählter PHONAI-Kassetten, Ex.masch. Passau 1992.
**1956 Röhrndlbg WOS; Dr.phil., Dialektologin*

STEMPLINGER Lernjahre
Stemplinger, Eduard: Lernjahre. Jugend in Altbayern, hg. von Florian Jung, Winzer 2002.

STIEGLITZ Lehrer
Stieglitz, Hans: Der Lehrer auf der Heimatscholle, München/Berlin 1913.
**1866 Landshut, †1933 Frsg; Volksschullehrer*

STIEGLITZ Nibelungenlied
—: Das Nibelungenlied. Altbayerisch erzählt, München 1919.

UMRATH Gsch.Isarwinkel
Umrath, Georg: G'schichtn aus dem Isarwinkel. Von der Alm, der Jagd und vom Schwammerlglück, Lenggries 1998.
**1918 Nürnbg, †2007 Lenggries* TÖL; *Polizist*

VALENTIN Jugendstreiche
Valentin, Karl: Die Jugendstreiche des Knaben Karl. Roman, München 2008.

VALENTIN Sämtl.Werke
—: Sämtliche Werke in neun Bänden, hg. von Helmut Bachmaier und Manfred Faust, 9 Bde, München 2007.

WACK Toldot ve-aschkenazit
Wack, Johann Conrad: [Toldot ve-aschkenazit,] Oder kurtze Anzeigung/ Wie nemlich die uralte Teutsche Sprache Meistentheils Ihren Ursprung aus dem Celtisch- oder Chaldaeischen habe/ Und das Beyrische vom Syrischen herkomme, Regensburg 1713.
**1671 Rgbg, †1742 ebd.; Prof. f. Philosophie u. Theologie, Philologe*

WEISS Syntax
Weiß, Helmut: Syntax des Bairischen. Studien zur Grammatik einer natürlichen Sprache, Tübingen 1998.
**1961 Kaußing DEG; Prof. f. Germanistik*

Wening Descriptio
Wening, Michael: Historico-Topographica Descriptio. Das ist: Beschreibung, deß Churfürsten- und Hertzogthums Ober- und Nidern Bayrn, Tl I: Das Renntambt München, Tl II: Das Renntambt Burgkhausen, Tl III: Das Rennt-Ambt Landshuet, Tl IV: Das Rennt-Ambt Straubing, München 1701 26.
**1645 Nürnbg, †1718 Mchn; Hofkupferstecher*

Wiesinger Flexionsmorph.Vb.
Wiesinger, Peter: Die Flexionsmorphologie des Verbums im Bairischen, Wien 1989.

Dorn, -ö-

M. **1** Dorn, Nadel einer Pflanze.– **1a** Dorn, Stachel, °OB mehrf., °NB, °OP, MF, SCH vereinz.: °*i hob ma an Dern neigrennt* Anzing EBE; *Deandl* Spr.Rupertiwinkel 20; *spine … thorno* wohl Rgbg 1.H.9.Jh. StSG. I,114,7; *Wer dez ochsen gallen mischet mit hong, so zivcht sie einen dorn oder ein holtz* KONRADvM BdN 185,30f.; *JESVS das Haupt der Christen/ Mit Dörnern krönet wardt* Gesangb. 108.– Phras.: *jmdm ein D. im Auge sein* ein Ärgernis, unerträglich, OB, °NB, OP, SCH vereinz.: *dös is eam a Doan im Aug* Pfaffenbg MAL.– °*Dorn' und Disteln stechen sehr, a bäisa Zunga nu vül mehr* Weiden, ähnlich SCHÖNWERTH Sprichw. 52.– Lied: *Je kloana dia Rösalie, desto gröißer san die Dorn; je kloaner as Büawel desto gröißer da Zorn* Pullenrd OVI Oberpfalz 28 (1934) 214.– Übertr. †Anfechtung, Versuchung: *die gůten lerer … die … in den dornen diser werlt frőleich got dienend* KONRADvM BdN 211,17f.– **1b** meist Pl., Tannennadel: °*Den* „grün und dürr“ Hartkirchen LAN; *dein* Pocking GRI nach SNiB VI,198.

2 Stachel eines Tieres: *Doan* CHRISTL Aichacher Wb. 126; *daz der igel ein tierl ist, daz vil natůrleicher dorn auf seinr hǻut tregt* KONRADvM BdN 163,4f.

3 Hahnensporn, °OB, OP vereinz.: °*da Doan* Peißenbg WM.

4 dornartiges Metallstück, Werkzeug.– **4a** Dorn einer Schnalle, °OB vereinz.: °*Döin* Marktl AÖ; *Doan* „Stift beim Gürtel“ CHRISTL Aichacher Wb. 126.– **4b**: °*Dorn* „Spitze am Kerzenständer, auf die die Kerze gesteckt wird“ Ramsau WS.– **4c** Werkzeug.– **4cα** Meißel, v.a. Spitzmeißel, °OB, °NB, °OP, °MF vereinz.: °*mit dem Dorn bringst dös schö auf* Arnstorf EG.– **4cβ**: °*Dorn* „Reißnadel“ Weilhm.– **4cγ** Ahle, Pfriem, °OB, °NB vereinz.: °*Dorn* „zum Durchbohren von Leder“ Mchn; [*Dorn*] Kranzbg FS DWA XII,K.9.– **4cδ** konisches Rundeisen, °OB, °MF vereinz.: °*Dorn* „konisch zulaufender Stahlstift zum Erweitern von Löchern beim Schmieden“ Garching AÖ.– **4cε** Hammer, Hacke mit spitz zulaufendem Kopf, °OB, °OP vereinz.: °*Dorn* „Spitzhacke“ Maushm PAR.

5 Hühnerauge, °OB, °NB, °OP vereinz.: °*i hǻb an Dean* „auf der Zehe“ Aidenbach VOF.

6 Pfln., Pflanze.– **6a** Pfln.– **6aα** Sauerdorn (Berberis vulgaris), °NB, °OP, °SCH vereinz.: °*Deen* Irching GRI.– **6aβ** †Echter Kreuzdorn (Rhamnus catharticus): *Ramnus dorn* Rgbg 2.H.13.Jh. StSG. III,468,34.– **6aγ** Schlehe (Prunus spinosa), °OB, °NB vereinz.: °*Dora* „Dornschlehe“ Walleshsn LL.– **6aδ** Korbblütler.– **6aδi** Distel (Cirsium od. Carduus): *Dern* Ruhmannsdf VIT; [*Derndl*] Traunstein DWA XI,K.1.– **6aδii** Große Eberwurz (Carlina acaulis): *Doarn* Ohlstadt GAP.– **6aε** Hundsrose (Rosa canina), OB, NB vereinz.: *Dern* wilder Rosenstrauch O'viehbach DGF; *Dorn* BRAUN Gr.Wb. 97.– **6aζ** Große Brennessel (Urtica dioica) od. Kleiner Hohlzahn (Galeopsis tetrahit): °*Doan* Hanfnessel Marching KEH.– **6b** Dornbusch: *Dern* „Dornenstrauch“ HÄRING Gäuboden 134; *Sentibus dornun* Frsg 9.Jh. StSG. I,505,25; *Do gesach der herre Abraham einen wider chleben under den dornen bî sinen hornen* Spec.Eccl. 102,27-29.– Auch †Zweig davon: *er hiez die hailigen man mit hagenen und mit tornen an slahen* Kaiserchr. 281, 10924f.

7: *Doan* „Gelände mit dornigen Gewächsen“ CHRISTL Aichacher Wb. 126.

8 †Wirbelsäule: *der dorn, der den rucke ze samen halt, ist auz vil painen* KONRADvM BdN 47,20.

Etym.: Ahd., mhd. *dorn* stm., germ. Wort idg. Herkunft; KLUGE-SEEBOLD 212.

Ltg, Formen: *dǫɑn, dǫrn* u.ä., daneben *duɑn* u.ä. MF (dazu LF, M; BOG, LAN, SR, VIT; ESB, KEM, ROD, TIR; FO, PEG), unter *r*-Schwund gemäß Lg. § 5g9 *dǫun* u.ä. OB (dazu GRI, MAI, REG; ND), *dǫu* u.ä. (RO, TÖL, WOR), *dǫuɑn* u.ä. (ED, IN; SAD), *dǫin* u.ä. (DAH, MB), *dōn* u.ä. (EBE, MÜ; EG, VOF; WUN; HEB), *don, -ǫ-* u.ä. (WOR; VOF; LAU, SC), ferner *dǫɑnɑ* u.ä. (RO; BOG; FÜ), *dǫnɑ* (SC), *dǫɑrɑ* u.ä. westl.OB (dazu GUN; FDB), mit Uml. aus Pl. *dęɑn, dęrn* u.ä. OB, NB (dazu BEI, RID, ROD, SUL; EIH, WUG; DON, ND), ferner *dein* u.ä. (AIB, AÖ; GRI, PA), *dēn, -ę̄-* u.ä. NB (dazu AÖ, EBE, FS, MÜ, PAF; EIH, WUG; DON), *dęn* u.ä. NB (dazu PAF, WS; ND), *dēnɑ* (FS), *dęnɑ* (SC).– Pl. *dǫɑn, dǫrn* u.ä. OB, NB, OP, SCH (dazu WUN; EIH, HIP, WUG), daneben *duɑn* u.ä. (LF; ESB; PEG; GUN), *dǫun* u.ä. OB (dazu MAI), *dǫin* u.ä. (MB), *don* (VOF), ferner *dǫɑnɑ* u.ä. OB, SCH (dazu BEI, NAB, PAR, ROD, TIR; WUN; EIH, HIP, WUG), *duɑnɑ* (PEG), *dǫunɑ* u.ä.(ED, IN, TÖL, TS), *dǫnɑ* u.ä. (FÜ, LAU, SC), *dǫɑrɑ* u.ä. (LL, SOG, WM; FDB), auch *dǫɑnɑn* u.ä. (LF, M, STA, TS; LA, PAN; NAB, PAR; HIP), mit Uml. *dęɑn, dęrn* u.ä. OB, NB, OP, MF (dazu DON, ND), *diɑn* u.ä. (BOG, VIT; ESB; PEG; GUN, HEB, LAU, WUG), ferner *dein* u.ä. (GRI, PA), *dēn, -ę̄-* u.ä. NB (dazu AÖ, EBE, FS, MÜ, PAF; EIH; DON), *dę̄* (EG), *dęn* u.ä. (DGF, EG, GRI, PA), *dęɑnɑ* u.ä. OB, OP (dazu DEG, DGF, PA; FÜ, SC; FDB, ND), *diɑnɑ* u.ä. (ESB, KEM; PEG; LAU), *dēnɑ, -ę̄-* u.ä. (FS, PAF; GRI, LA, PA, PAN; AM), *dęnɑ* u.ä. (AN, ER, FÜ, SC).

SCHMELLER I,542.– WBÖ V,181-183.

Abl.: *Dornach, dornen, dörnen, dornig.*

Komp.: †[**An**]**d., Anton 1** Andorn (Marrubium vulgare): *Marrvbium anthorn* Aldersbach VOF 12./13.Jh. StSG. III,482,15.– Auch in Phras.: *weißer A.*: *weisser … Anton* OB BzAnthr. 13 (1899) 96; *Daß vich … von solcher kranckheit zu proserviern, soll man nemmen weissen andorn* Bihler tierärztliche Rezepte Straubing 37.– **2** Schwarze Taubnessel (Ballota nigra): *Balota andorn* Rgbg 14.Jh. StSG. III,549,44.– Auch in Phras.: *schwarzer Anton* OB BzAnthr. 13 (1899) 96.

Schmeller I,100.– WBÖ V,183f.

[**Brom-beer**]**d.** Brombeerstrauch (Rubus fruticosus): *Bråwadeen* Aicha PA.

[**Moll-beer**]**d.** Himbeerstrauch (Rubus idaeus): *Moöwadeen* Aicha PA.

WBÖ V,184.

[**Busch**]**d.** wie →*D.*6aα, °OB, °NB vereinz.: °*Buschdern* Sauerdorn Rettenbach WS.

[**Frauen**]**d.** wohl Weinrose (Rosa rubiginosa): °*Frauadorn* Bodenwöhr NEN.

WBÖ V,185.

[**Hage(n)**]**d.**, [**Hag(el)**]**-**, [**-e-**]**-**, [**Hecken**]**- 1** wie →*D.*6aα, °OB, °NB, °OP vereinz.: °*Hengdorn* Sauerdorn Allersburg NM.– **2** wie →*D.*6aγ, °OB, °NB vereinz.: °*Hågldean* Schlehe N'hökking LAN.– **3** wie →*D.*6aε, °OB, °NB vereinz.: °*Hogdourn* Hagebutte Nußdf RO; „Heckenrose … [*Hegndern*]" O'rd VIT DWA III[,K.6].– Vkde: „zur Vertreibung von Hexen … nagelt man ebensoviel *Hagdorne* an die Stallfenster als Kühe im Stalle sind" ROD Marzell Volksbot. 17f.– **4** †wie →[*Frauen*]*d.*: *Dez hagdorns pleter habent ainen weinsmach* KonradvM BdN 345,26.– **5** Weißdorn (Crataegus Oxyacantha), OB, °NB vereinz.: *Hogldoan* Metten DEG; *Hegldoa* Berchtesgadener Heimatkalender 2012, 120; *Spina alba … hagandorñ* Tegernsee MB 2.H.10.Jh. StSG. II,744,4; *diu erde diu treit dir dorn und hagendorn* O'altaicher Pred. 140,10; *wan ein pferd das gliedwasser gehet, so nimb der rotten apfel, die an dem hagendorn wachsen* Roßarznei (Brunnbauer) 100.– **6** Hauhechel (Ononis spinosa): °*Hageldorn* Abensbg KEH.– **7** Rote Heckenkirsche (Lonicera xylosteum): *Hångdehn* Mittich GRI.– **8** †Kornelkirsche (Cornus mas): *cornus … hagendorn* Aventin I,408,27f. (Gramm.).– **9** Hainbuche (Carpinus Betulus): °*Hogldoarn* Hagebuche Laaber PAR.

Schmeller I,1067f.– WBÖ V,185.

[**Hahnen**]**d.** wie →*D.*3, °OB, °OP vereinz.: °*Hanadorn* Sporn am Fuß des Hahns Wollomoos AIC.

[**Heu**]**d.** wie →[*Hage(n)*]*d.*6: °*Heudorn* „Hauhechel" Abensbg KEH.

Schmeller I,1029.– WBÖ V,185.

[**Hiefen**]**d.**, [**Hiefel**]**-** wie →*D.*6aε, OP, MF vereinz.: *bicka båcka Hejffldoan, is mai Vada a Schnitza woan, schnitzt a mia an Bulz* (Bolzen), *gejhe mid is Hulz* „Kinderlied" Fürnrd SUL; *Achantus … fructice[m] spinosum qui vulgariter dicitur húfidorn* Thierhaupten ND 15.Jh. Clm 21045,fol.215ᵛ.

Schmeller I,1064.

[**Himmels**]**d.** Akelei (Aquilegia vulgaris): *Himmelsdorn* Kareth R.

[**Juden**]**d.** wie →*D.*6aε: *Judendorn* Michldf VOH Marzell Pfln. III,1399.

[**Kreuz**]**d.** wie →*D.*6aβ, OB, NB, OP vereinz.: *da Kraizdean* „geeignet für Spazierstöcke" Mittich GRI; „Maria Himmelfahrt … Kräuterweihe … Salbey und *Kreuzdorn*" Riggau ESB Schönwerth Leseb. 148f.

WBÖ V,186.

[**Leich**]**d.** wie →*D.*5, °OB, °NB, °OP, °MF, °SCH vereinz.: *Leichdoarn* Hühnerauge Burglengenfd; „Die Ausrottung eines *Leichdorns*, einer Warze oder kleiner Auswüchse" Mchn 1836 Vogel Moral 106.

Schmeller I,1425.

[**Wies-mahd**]**d.** wie →[*Hage(n)*]*d.*6: *Wismaddoare* „Hauhechel" O'ammergau GAP; *Wiesmahderala* Prem SOG Lech-Isar-Ld 15 (1938) 63.

†[**Marien**]**d.** wie →*D.*6aε: *Marien-Dorn* „Rosa canina" OB BzAnthr. 13 (1899) 106.

†[**Meer**]**d.**, [**Mir**]**- 1** Myrte (Myrtus communis): *Mirtus mirdorn* 1445 Lib.ord.rer. I,380,25.– **2** wohl Stechender Mäusedorn (Ruscus aculeatus) od. Sanddorn (Hippophaë rhamnoides): *wolt er si all mit wilden grossen merdörnern und disteln zu tod reiben lassen* Aventin IV,179,12f. (Chron.).– Teilw. volksetym. aus lat. *myrtus*; DWB VI,2845.

Schmeller I,1639.

[**Schweif-rahm**]**d.**: °*Schwoafrahmdoan* „Eisenstift mit Öse zum Befestigen des *Schweifrahmens* [Schärrahmens] an der Zimmerdecke" Rattenbg BOG.

[**Reis(er)**]**d.** wie →*D.*1b: °*Raisaden* „braun und grün“ Griesbach; „*raesdein* … Nadeln der Tanne“ Asbach GRI nach SNiB VI,198.

[**Ros(en)**]**d.,** [**Röslein**]- **1** Dorn der Rose, OB, OF, MF, SCH vielf., NB mehrf., OP vereinz.: *Råusndearn* Umrathshsn RO; *Roasndoarn* Buchdf DON; „Spina rosarum … *rosen dorn*“ 1.H.15.Jh. Voc.ex quo 2563.– **2** wie →*D.*6aε: *Rousndoan* „wilder Rosenstrauch“ Metten DEG; *Der paum … hat pleter geleich eim rosendorn* KONRADvM BdN 345,22f.

[**Rot**]**d.** Weißdorn mit roten Blüten (Crataegus Oxyacantha var. rubra), °OB, NB, OP vereinz.: *d Råurdean* Metten DEG.

WBÖ V,186.

[**Sand**]**d.** Sanddorn (Hippophaë rhamnoides): *Sanddorn* Ingolstadt.

[**Sau**]**d.** wie →*D.*6aα: °*Saudorn* Sauerdorn U'hausbach EG.

WBÖ V,186.

[**Sauer**]**d.** wie →*D.*6aα, °OB, °NB, °OP, °MF vereinz.: °*Sauerdorn* „zum Schnapsbrennen verwendet“ Ostin MB.

WBÖ V,186.

[**Schaf**]**d.** wie →[*Hage(n)*]*d.*6: *Schafdorn* Rottal MARZELL Pfln. III,393.

[**Schleh(en)**]**d. 1** wie →*D.*6aα, °OB, °NB vereinz.: °*Schlechdorn* Sauerdorn Klenau SOB.– **2** wie →*D.*6aγ, °OB, °NB, °OP, °SCH vereinz.: °*Schlöichadoarn* Schlehe Neunburg; *schlechdorn* Tegernsee MB 1468 Lib.ord.rer. I,380,23.

WBÖ V,186f.

[**Schwarz**]**d. 1** wie →*D.*6aβ: *Schwoazdoan* „Kreuzdorn“ Metten DEG.– **2** wie →*D.*6aγ, OB, NB, OP, °SCH vereinz.: *Schwårzdoan* Schlehendorn Kochel TÖL; *Schwarzdorn* JIRASEK Beitr. 50.

WBÖ V,187.

[**Sommer**]**d.** wohl Löwenzahn (Taraxacum officinale): °*Schneck, Schneck, spitz ma d Ohrn, um an Kreuzer Summerdorn!* „Scherzreim“ Hirschling MAL.

[**Spitz**]**d. 1** wie →*D.*4cα: °*Spitzdorn* „Werkzeug des Steinmetzes“ Bayrischzell MB. **2** wie →*D.*4cδ: °*Spitzdorn* „Durchschlageisen in der Schmiede“ Dingolfing.

†[**Weh**]**d.** wie →*D.*6aβ: *Recipe labriscas de spinis que dicuntur wedorn* 2.H.15.Jh. Liber illuministarum 116.

SCHMELLER II,824.– WBÖ V,187.

[**Weisch**]**d.** wie →[*Hage(n)*]*d.*6: *Weischdorn* Schwabhsn LL MARZELL Pfln. III,399.– Zu → *Weisch* ‘Stoppeln’.

[**Weiß**]**d. 1** wie →[*Hage(n)*]*d.*5, OB, °NB, OP, SCH vereinz.: *Weißdoara* Peiting SOG; *Weißdorn, des is wos für's Herz, Wacholda hilft vu manchn Schmerz* Wir am Steinwald 6 (1998) 38.– **2** wie →*D.*6aα, °OB, °NB, °MF, °SCH vereinz.: °*Weißdean* Sauerdorn Bganger EBE.

WBÖ V,187.

[**Zehen**]**d.** wie →*D.*5: °*Zehadorn* Hühnerauge Weiherhammer NEW. M.S.

†Dornach

N., Dorngebüsch: *der da heng an aim dornach mit seinem horn* Tegernsee MB 2.H.15.Jh Cgm 790,fol.107[v].

Etym.: Ahd. *dornahi*, mhd. *dornach* stn., Abl. von →*Dorn*; Et.Wb.Ahd. II,733.

SCHMELLER I,542.– WBÖ V,187. M.S.

dornen, †dürnen

Vb., in heutiger Mda. nur im Komp., mit Dornen, Stacheln versehen: *In igels weis er dürnet hie seinen kamp* FÜETRER Trojanerkrieg 144.

Etym.: Ahd. *-durnen*, mhd. *dürnen* swv., Abl. von →*Dorn*; Ahd.Wb. II,754.

Komp.: [**an**]**d.**: *udouna* „Mist einebnen“ O'audf RO. M.S.

dörnen, †-ern

Adj., dornig, mit Dornen besetzt, NB vereinz.: *a denana Stock* „Dornstrauch“ Mittich GRI; *Joh saztun sie imo inhoubit Den selbon durninon rinch* OTFRIDvW I,fol.89[r],29; *Statt einer Beckelhaub … Diente euch Christi scharpf dörnere Kron* Bayer.Barockpr. 81 (Archangelus a Sancto Georgio).

Etym.: Ahd. *durnîn*, mhd. *dürnîn*, *-or-*, Abl. von →*Dorn*; Ahd.Wb. II,754 . M.S.

dornig, -ö-, -icht

Adj. **1** dornig, mit Dornen besetzt, OB, NB, OP vereinz.: *doanat* Ingolstadt; *dornig* Indersdf DAH 1419 Voc.ex quo 2564.

2 voller dorniger Pflanzen, NB vereinz.: *denöga Anga* Hiesenau PA; *ein wec … der ist sô rûch unde sô dornic niht* BERTHOLDvR I,171,7f.

Etym.: Ahd. *dornohti*, mhd. *dorneht*, *-ec*, Abl. von →*Dorn*; Ahd.Wb. II,610.

WBÖ V,188. M.S.

dornigeln, prickeln, →*hornigeln*.

Tornister, Tonister

M. **1** Rucksack, Ranzen, Beutel.– **1a** Soldatenrucksack, °OB, °NB, °OP vereinz.: °*Tornister aus aner Kaiwöhat* Dirnbg VIT; *Donister* Delling I,129; „daß sich ihr ... Bauch schüttelte, als hätte sie den *Dornister* eines Kaiserlichen unter der Schürze" Meidinger Verfall 41.– **1b** (scherzh.) Schulranzen, NB, °MF vereinz.: *Danista* Frauenau REG.– **1c** †Beutel, durch den beim Mahlen das Mehl gesiebt wird: *3 tanester zum beulln* SR 1547 Rgbg u.Ostb. 122 (Inv.).

2 scherzh. höckerartige Verkrümmung des Rückens: *Tornister* „Buckel" O'taufkchn MÜ.

3: *dǫnifta* „(scherzh.) Hut, bes. Zylinderhut" nach Denz Windisch-Eschenbach 266.

Etym.: Wohl aus tschech. *tanistra* 'Beutel, Tasche, Sack', gr. Herkunft; Pfeifer Et.Wb. 1439.

Delling I,129; Westenrieder Gloss. 109, 583.– WBÖ V,188.

Komp.: [**Schul**]**t.** wie →*T.*1b: *Schuidanisda* Zwiesel REG.

WBÖ V,188. M.S.

Dorothea

1 Märtyrerin (Fest 6. Februar), Patronin der Gärtner.– Wetterregel: *Santa Doradee, håd den mehran Schnee* Mittich GRI, ähnlich OB vereinz., Christl Aichacher Wb. 27.

2 Vorn., Dim., z.T. nach natürlichem Geschlecht: *Dorothea* (WS); *Durâtea* (SOG); *Doradee* u.ä. (ED, WS; DEG, GRI); °*Duradä* u.ä. (AIC, FFB, SOB; A); °*Duradedl* u.ä. (AÖ, DAH, FFB, LF; EG, PAN; WÜM).– Kurzf.: °*Dora* (AIC, IN); *Dore* (NEW); *Doan* (GRI); °*Dorl* (EBE, FFB, IN, SOG; DEG); °*Dodl* (RO); °*Durl* OB, NB, OP, OF, MF (dazu ND); *Duadl* (CHA, NEW, R); °*Dull* (FFB, MB); °*Dudei* (BGD, LF); °*Durldei* (BUL); *Duaäial* (TIR).– Phras.: „*dees is Durl wöi Mári(a)* ... das ist völlig einerlei ... Auch: *daou is Durl wöi Wisch und Kruckn* [Lappen u. Schrubber] *wöi Mári(a)*" Singer Arzbg.Wb. 57.– Reime: *Duadl hat g'sagt, Duadl hat g'sagt Böicherla* [Bucheckern] *san gout. Klaub ma's z'samm, klaub ma's z'samm Eina (r) in mein Hout* Bauernfeind Nordopf. 74.– *Dö oitö Dorathe mit dö krumpn Füaßn is scha a moi ön Himmö gwön, hot wieda aba müaßn* Hengersbg DEG.– *Und wea döi bäirisch Dual will hom, dea mou n Dreg von Knöin ohschohm, in Dreg an Knöin, döi Glorbån* [Dreckkrusten] *an Bauch, dös is ba dea bäirischn Dual dea Brauch* Wunsiedel.– Tanzlied: *gäi mit da Durl, tanz mit da Durl bis af Schweinau! Wöi i af Schweinau bin kumma, homs ma Durl wegagnuma* M'ldf NEW, ähnlich OB, NB, OP, °MF vereinz., Maas Nürnbg.Wb. 107.

3 von weiblichen Personen.– **3a** dumme, ungeschickte weibliche Person.– **3aα** dumme weibliche Person, °NB, °OP vielf., °OB, °MF, °SCH vereinz.: °*mit so an Duradirl is nix ozfanga* Pfarrkchn; °*mei, dem Sepp sei Ålte is a so a Durl!* Rdnburg; *Durel* „leicht beschränkte, mitunter zu gutmütige Frau" Kilgert Gloss. Ratisbonense 64.– **3aβ** ungeschickte, linkische weibliche Person, °OB, °NB, °OP, °MF vereinz.: *Jessas, bist du a Durl!* M'rfels BOG; *Dūá'l* Angrüner Abbach 28.– **3b** liederliche weibliche Person.– **3bα** schlampige, unordentliche weibliche Person, °OB, °NB, °OP, °OF vereinz.: °*a so a Durl!* „ungepflegte Frau" Ambg.– **3bβ** unsittliche, leichtsinnige weibliche Person, °NB, °OP, °OF, °MF vereinz.: °*des is da a Dual!* „übel beleumundete Frau" Eslarn VOH; *duᵊl* Funk Irgertshm 52.– **3c** unverheiratet gebliebene Frau, NB, OF vereinz.: *sura olda Dual* „alte Jungfer" Leupoldsdf WUN.– **3d** allg. abwertend od. Schimpfw., °OB, °NB, °OP, MF vereinz.: °*des is a so a versoffene Durl* Beratzhsn PAR; *ə kropfəté, wampəté, narrəté ... Du'l ... Durədê-l, ə˜ Du'l vo Háching* Schmeller I,533.

4 Puppe, Spielzeug, °OB, °OP vereinz.: °*Dull* Schliersee MB.

5 Maßliebchen (Bellis perennis), °OB, °OP vereinz.: °*s Durideel* Dachau; *Duride(d)len* Wdmünchen Marzell Pfln. I,562.

Schmeller I,533.– WBÖ V,188f.

Komp.: [**Pritsch**]**d.**: °*a so a Britschdurl!* Schulkind, das andere verklatscht Wiefelsdf BUL.– Zu →*pritschen* 'ausplaudern, verklatschen'.

[**Brumm**]**d.** Kinderkreisel: *Brummdurl* Wiesau TIR DWA XII,42.

[**Buben**]**d.**: °*Buamadurei* „Mädchen, das gern mit Buben spielt" O'högl BGD.

[**Dirnlein**]**d.**: °*Diandldurei* „Bub, der gern mit Mädchen spielt" O'högl BGD.

[**Konterbanden**]**d.**: „Eine *Katrawantndurl* ist ... eine Frauensperson, die in betrügerischer Weise ... Schulden macht“ AM Oberpfalz 7 (1913) 117.

[**Lumper**]**d.** wie →*D.*3bβ, °OP, °MF vereinz.: °*a recht a Lumpadurl* „leichtes Mädchen“ Sulzbach-Rosenbg; *Lumperdūrl* „heruntergekommene, liederliche Frauensperson“ BERTHOLD Fürther Wb. 134.

[**Schlamper**]**d.** wie →*D.*3bα: *a Schlampadurl* Stadtamhf R.

[**Schmäh**]**d.**: *Schmejdurl* streitsüchtige Frau Babilon KEM.

[**Schnaps**]**d.** Trinkerin: °*a Schnapsdurl* Viechtach; *Schnapsduerl* BERTHOLD Fürther Wb. 204.

WBÖ V,189.

[**Sumser(er)s**]**d.** wie →[*Brumm*]*d.*: *Sumsasdurl* Pullenrth KEM; *Sumserasdurl* Immenrth KEM DWA XII,42. M.S.

Dörpel, Dörmel, Görpel

M., Raum, Platz über dem Backofen, °MF vielf., °OB, °OP vereinz.: *Därmel* „dort wird der Brotteig angewärmt“ Ingolstadt; *auf dem Därwl* „schliefen die Bäckergehilfen“ Fürth; „So muß man, um seinen Flachs im Gemeindebackofen zu dörren, den *Dürpel* rechtzeitig bestellen“ OP Dt.Gaue 42 (1950) 76; *Dörpel* „der Raum, oder die Stube zunächst ober dem Bakofen bey den Beken“ HÄSSLEIN Nürnbg. Id. 57.

Etym.: Herkunft unklar.

HÄSSLEIN Nürnbg.Id. 57; SCHMELLER I,544. A.S.H.

dörr →*dürr.*

Dörre

F. **1** Darre, Vorrichtung, Anlage zum Trocknen, °NB mehrf., °OB, °OP, °MF, °SCH vereinz.: *Holz auf die Diar legn* Mchn; °*die Dea* „Malzdörre in Brauereien“ Ambg; „den Hopfen in der *tiə* trocknen“ nach HORN Hersbr.Hopfenbauern 13; *Preuhauß ... 1 gewölbte Thörr obenauf 1 Malz Kassten* Neuburg PA 1674 Bayer.Heimatschutz 9 (1911) 29.
2 †gedarrtes Malz: *Mössung der Döhr* Wegscheid 1645 HARTINGER Ordnungen III,520.
3 †Darren, Trocknen: *nach der Dörre ohne das Essen 10 Kreuzer* Schwarzenfd NAB 1561 HARTINGER Ordnungen II,887.
4 Dürre, Trockenheit, °OB, OP vereinz.: °*bei dera Döar miaßma s Viech eidoa* Reit i.W. TS.
5 Schwindsucht: *Dörre* Kochel TÖL; *junge wacholtergipfel gedört und zu bulfer gestosen ... hilft auch vor dör* HÖFLER Sindelsdf.Hausmittelb. 28.

Etym.: Mhd. *derre* stf., Abl. von →*dörren*; WBÖ IV,1765, 1768.

WBÖ IV,1765-1769.

Komp.: [**Birn**]**d.** Birnendarre: *Birndurr* M'nwd GAP.

[**Flachs**]**d.** Flachsdarre, °OB, °NB, OP vereinz.: *d Flachsdia* Wdmünchen; „Auftrag an die Aemter, wegen der feuergefährlichen *Flachsdörren*“ Ambg Churpfalzbaier. Intelligenzbl. 9 (1804) 162.

WBÖ IV,1767.

[**Haar**]**d. 1** wie →[*Flachs*]*d.*, °OB, NB vereinz.: °„der Flachs wurde in eigene *Hårdürna* gebracht“ G'berghfn DAH.– **2** †Darren des Flachses: *daß die Haardörr ... bey den Bawrnhäusern ... mit mehrer gueter achtung ... verricht werde* Landr.1616 592.– Zu →*Haar* ‘Flachs’.

WBÖ IV,1767f.

[**Heu**]**d. 1** Heutrockengestell, °OB, °NB, °OP vereinz.: °„wenn das Heuwetter nicht günstig ist, bringt man das Gras auf die *Heidean*“ Sulzkchn BEI.– **2** Gebäude, Bodenraum zum Trocknen des Heus, °OB vereinz.: °*Heudörre* „immer gut geheizt“ Schönbichl FS.

[**Holz**]**d.** Holzdarre, OB, °NB, OP vereinz.: *Hulzdürrn* Holztrockenanlage ober dem offenen Herd Pfrentsch VOH; „Gestern ... ist in der *Holzdörre* der Fußbödenfabrik ... ein Brand ausgebrochen“ Mchn Bayer. Kurier 7 (1863) 825.

[**Hopfen**]**d.** Hopfendarre, °westl.NB vielf., °MF mehrf., °OB, °OP vereinz.: °*Hopfadür* N'süßbach MAI; *De Höf' vo de Hopfabauan ham an ... Anbau ... d' Hopfadürr ... da werd' da Hopfa dürrt* Abensbg KEH D' Hopfakirm 13 (1988) 31.

WBÖ IV,1768.

[**Kien**]**d.** Trockenvorrichtung für Kienspäne über dem Herd: *Köidörr* Hohenbg REH.

[**Malz**]**d.** Malzdarre, °OB, NB, °OP vereinz.: *d'Molzdürr* Naabdemenrth NEW; „Bräuhaus

… In diesem befindet sich … eine *Malzmühle, Malzdörre, Malztenne*“ Regensburger Intelligenzbl. 4 (1814) 512.
WBÖ IV,1768.

[**Obst**]**d.** Obstdarre, °OB, °NB, °OP vereinz.: °*Obschtdörr* „Trockenanlage mit Schubern zum Herausziehen“ Peißenbg WM; *ain gewelbtes Pachhaus und Pachofen sambt ainer Stueben und darob ain obstthör* 1664 SCHNEIDER Pörnbach 42.
WBÖ IV,1768.

[**Schleißen**]**d.** Trockenvorrichtung für Holzspäne über dem Herd: *d'Schleißndörr* Leutendf WUN.

[**Span**]**d.** wie →[*Schleißen*]*d.*, OB, °OP vereinz.: °*Schbodürn* „Stangen über dem Herd, auf denen die langen Späne getrocknet werden“ Nabburg. A.S.H.

-dörreln
Vb., nur im Komp.: [**aus**]**d.** ausdorren: °*döi Blama derfst fei niat aasdörln laoua* Selb.
A.S.H.

dorren
Vb. **1** dürr, trocken werden: *dorrt* welk Geiersthal VIT; *Flaccentia dorrente* Tegernsee MB 2.H.11.Jh. StSG. II,1,4; *er heizzet die durren bŏme blŏn, die gŏten unde die grŏnen dorren* Spec.Eccl. 144,7f.; *löß die hindern pueg* [Froschschenkel] *aus den gelideren und legs an den luft und laß dorren und trucknen* 15./16.Jh. ZDA 14 (1871) 171 (Tegernseer Angel- u. Fischb.).
2 abmagern, ausgezehrt, entkräftet werden: *Glieda doan* Sulzbach-Rosenbg.
3 zerknittert werden: *ganz doart* „ist ein oft umgebogenes Blatt Papier“ Bodenmais REG.
4 †dürr machen, austrocknen: *Arefecit … torrit* Rgbg 2.H.12.Jh. StSG. I,568,63f.
Etym.: Ahd. *dorrên*, mhd. *dorren*, germ. Abl. zur Wz. von →*dürr*; Et.Wb.Ahd. II,734f. Teilw. nicht von →*darren*[1] zu unterscheiden; WBÖ V,190.
WBÖ V,190f.

Abl.: *-dörreln, Dorrling.*

Komp.: [**ab**]**d.** **1** verdorren, verwelken, zu trokken werden, °NB (Bay.Wald) vielf., °OB, OP vereinz.: °*der Bam dourt o, der verliert scho Bladl* Reichersbeuern TÖL; *dö Bleamö hand ådoart* Drachselsrd VIT; „welk … *ǭdōrd*“ Deutenhsn WM nach SOB V,295; *so was es nach der gfrier alls abdorrt* Rgbg 1527 Chron.dt.St. XV,73,6f.– **2** †eindorren, einschrumpfen: *seye es alsbald besser worden/ die Blattern abgedorret* Wunderwerck (Benno) 177.– **3** wie →*d.*2: °*der doard å* „wird körperlich immer weniger“ O'nrd CHA.
WBÖ V,191.

[**aus**]**d.** ausdorren, °NB, OP, OF vereinz.: *ausdochta Bom* Hiesenau PA; *es wolt nit regnen, dorreten die wasser aus und pesigen die prün* AVENTIN IV,1183,1f. (Chron.); *bache es im Ofen … daß sie aber nicht zu viel ausdorren/ oder sper werden* HAGGER Kochb. IV,1,141.
WBÖ V,191.

[**ein**]**d.** **1** zähflüssig od. fest werden: *s Bluad doad e*^{n} St.Englmar BOG.– **2** wie →*d.*2: *an aidoadö Hent* Aicha PA.– **3** †keinen Erfolg, Nutzen bringen: *den es ward vill im anfang darein geben … was dan eindorrt* Rgbg 1527 Chron.dt. St. XV,59,33-35.
WBÖ V,191.

[**ver**]**d.** **1** wie →[*ab*]*d.*1, OB, NB, OP, MF vereinz.: *verdoart* zu stark getrocknetes Heu Partenkchn GAP; *a vodoata Bam* Nabburg; *fardorr&* [*fardorret*] wohl Rgbg 1.H.9.Jh. StSG. I,76,29.– **2** wie →[*aus*]*d.*: *d'Wisn vadard* Beilngries; *na hungert da Baur und vadorrt eahm sei Land* DINGLER bair.Herz 157.– **3** wie →*d.*2, OB, NB, OP vereinz.: *a Hand, sauwa vadoat* Haidmühle WOS.– Phras.: *dö Händ soön ma vodoachtn, wenn ö füar den nu a måö gråd oan Finga rühr* Altötting.
WBÖ V,191f.

[**zu-sammen**]**d.** **1** wie →*d.*1: *ich iß meiner Altn ihr Brot aa mit äihs zsammdorrt* SCHEMM Dees u. Sell 167.– **2** wie →[*ab*]*d.*2, NB, °OP vereinz.: °*s Fassl is zsammdoat* Speinshart ESB.
WBÖ V,192. A.S.H.

dörren
Vb. **1** trocken machen, verbrennen.– **1a** dörren, darren, °Gesamtgeb. vielf.: °*eascht wenn de Birn doage hand, kamas diachtn* Garching AÖ; *n Hoa* [Flachs] *ön Brechofa dian* Zwiesel REG; °*as Obst hod ma in Bachofa dird* Winklarn OVI; *wöi … naou'n Braoutbach'n … Zwaatschga im Backuaf'm aafbroait woan saan zam Derr'n* KRAUS lusti 55; *so der mulzær* [Mälzer] *… derret, so git man im vier brot vnd der chleinn chæslin zwei* Pfründe Geisenfd 428-430; *hat spän auf der ofenpladten gethüert* Vilsbiburg 1631 HELM Obrigkeit 121.–

1b dürr machen, austrocknen, °OB, NB, OP vereinz.: *d'Sun därd s Hei* Beilngries; *Siccentur giderrit* Frsg 9.Jh. StSG. I,503,57f.; *Der paum verderbt all ander paum ... wan er sauget all fæuhten dar auz vnd derret sie* KONRADvM BdN 351,16f.– **1c** †auf dem Scheiterhaufen verbrennen: *Torreri ... gederrotwerdin* Windbg BOG 12.Jh. StSG. I,702,19-22.
2 auch refl., dürr, trocken werden, NB, OP, MF, SCH vereinz.: *hait dirt as se* „vom Heu" Walkertshfn MAI; *a dürta Bam* Pfatter R; „Gerste und Hafer ließ man nach dem Mähen zum *Durra* liegen" WÖLZMÜLLER Lechrainer 80; *Laß alles in Somer, an der Sonen deren* Roßarznei (GFRÖRER) 25.

Etym.: Ahd., mhd. *derren*, germ. Abl. zur Wz. von →*dürr*; Et.Wb.Ahd. II,605f.

Ltg: *dian, dirn* u.ä. neben *dean, dern* u.ä., ferner *dera, dura* u.ä. (FFB, LL, SOG, WM; A, FDB), mit epenthetischem Dental, vgl. Lg. § 50e9, *diatn, dirtn* (AÖ, MÜ; PAN, WOS; RID), *diaxdn* östl.OB (dazu RID), *diaxn* (GRI), *deatn* (PA, WEG), *diuxdn* (BGD, LF), auch *diun* (BGD, ED, LF, RO, TÖL), *döin* (R; ND), *dẹn, den, din* (FÜ, GUN, LAU, SC, WUG; DON).

WBÖ IV,1770-1772.

Abl.: *Dörre, Dörrene, -dörrer.*

Komp.: **[ab]d. 1** (zu Ende) dörren, darren.– **1a** wie →*d.*1a, OB, °OP vereinz.: °*Birn oderrn* Dietfurt RID; *keine Scheitter ... vnder/ oder nahend bey den Ofenlöchern abdörre* Landr. 1616 592f.– Phras.: †: „*Abgedörrter Schnee* ... Kinder schickt man damit in den April" SCHÖNWERTH Opf. II,136.– **1b** zu Ende, fertig darren: *s Malz ådüan* „bei erhöhter Temperatur" Reisbach DGF; „das Malz ... von der Hitze, welche die Darre noch enthält, gar *abdörrt*" A. HERMANN, Die bayer. Braunbierbrauerei, Nürnberg 1848, 97.– **2** verdorren, verwelken, zu trocken werden, °NB, °OP mehrf., °OB, SCH vereinz.: °*dea Bam wiad odian* Cham; *des Bleăme is schău ganz àdiăt* FEDERHOLZNER Wb.ndb.Mda. 17.– **3** eindorren, einschrumpfen, OB, NB vereinz.: *Blådan dian å* Kötzting.– **4** abmagern, ausgezehrt, entkräftet werden: *oodiad* „abgemagert" KOLLER östl.Jura 51.

WBÖ IV,1772.

[an]d. 1 ein wenig trocknen, welken: °*o*[n]*dead* Adelschlag EIH; „welk ... *õdört*" Kohlgrub GAP nach SOB V,295.– **2** an etwas trocken werden u. festkleben: °*odürrt* Schwandf; *o'dian* „antrocknen (Speisereste)" JUDENMANN Opf. Wb. 118.

WBÖ IV,1772.

[auf]d. wie →*[ab]d.*2: °*unser Gråb is ganz sche aufdirt, wa ma's scho drei Wocha nimma gossn ham* „vertrocknet" Siglfing ED.

WBÖ IV,1772.

[aus]d. 1 (zu Ende) dörren, darren.– **1a** wie →*d.*1b: *die Hitz dürrt's aus* Wasserburg; „der *ausderrende* Westwind im letzten Winter" Mühldorfer Nachrichten 28 (1962) Nr.181,4; *durch der Lederer ... abschelen der Rinden ... vil stehend Holtz ... außgedörret ... wirdet* Landr.1616 743.– Phras.: *jmdm hat die Sonne das Hirn ausgedörrt* u.ä. jmd ist dumm, einfältig: *eana håt schaints t Sunna s Hian ausdiart* Ingolstadt; *daa Hirn is nu niat ganz aasdeert* SCHEMM Neie Deas-Gsch. 49.– **1b** wie →*[ab]d.*1b: „vor dem Brechen muß man den Flachs gut *ausdörrn*" Schäftlarn WOR.– **2** ausdorren, °OB mehrf., °NB, °OP, °SCH vereinz.: *den san d'Augn ausdürrt* Aubing M; *n Lechföld dauß is alls ausdert* Mering FDB; *Vorn Lisei sein Fensta steht Ausdürrt ... A Birnbaam* GUMPPENBERG Bergamseln 19; *nacha hol i dir holt dein Soft. Bevor das du mir ausdirrst* LAUERER Wos gibt's Neis? 68; *Eine Stund vor der ... Geburt/ stund der gantze Bauren-Hof ... im Feur/ so doch am gantzen wohlaußgedörten Schindel-Tach nicht ein Trümblein besengt* SELHAMER Tuba Rustica II,155.– **3** wie →*[ab]d.*4, NB, OP vereinz.: *ausdöada Lei* „von einem Lungensüchtigen" Tittling PA; *der düard ganz as* „wird mager" Michelfd ESB; *à:sdian* KILGERT Gloss.Ratisbonense 36.

WBÖ IV,1772f.

[der]d. wie →*[ab]d.*2, °OB, °NB, °OP vereinz.: °*do is ois dadiard* „vertrocknet" Neufraunhfn VIB; *Wennst du dein Bleameschdoog ned bessa giaßt, dadiadada* [Sprachspiel] ILMBERGER Fibel 40.– Phras.: *Wann-s-d ... dein Blẽameschdoog ned giàssd, dàdiàdd-à-dà* „Wenn du ... eine Freundschaft nicht pflegst, wird sie nicht von Dauer sein" KAPS Welt d.Bauern 49.

WBÖ IV,1773.

[ein]d. 1 wie →*d.*1a, OP vereinz.: *Hei eidirn* Adertshsn AM.– **2** eintrocknen.– **2a** wie →*[ab]d.*3, NB, °OP vereinz.: *da Bleamaknopf diat ai* Mittich GRI.– **2b** zähflüssig od. fest werden: *e*[n]*diat* „von der Schmutzkruste" Iggensbach DEG.– **3** bei Sonnenschein säen, in der Bauernregel: °*as Koan mouma aidian und in Woiz aischmian* [naß säen] Sulzbach-Rosenbg, ähnlich °LF.

WBÖ IV,1773.

[ver]d. **1** wie →[*ab*]*d.*2, OB, NB, OP vereinz.: *ois vodiad* Willprechtszell AIC; *vodiuchtn* „verdorren" Spr.Rupertiwinkel 93.– **2** wie →[*aus*]-*d.*2, °OB vereinz.: °*treibs as Vieh rei, s vadörrt sonst* Lenggries TÖL.
WBÖ IV,1773.

[Hitzen]ge-dörrter Part.Prät., M., flacher Kuchen aus Mürbteig: „*Hitzadiatta* … in der … Reine … herausgebacken und in Stücke geschnitten" Friedl ndb.Kuchl 45f.

[luft]d. an der Luft trocknen, OB vereinz.: *s Hei is bloß luftdörrt* Haag WS.

[zu-sammen]d., **[-sämmen]-** **1** wie →[*ab*]*d.*2, OB, NB vereinz.: *zamdürrn* absterben, welken von Blumen U'rohrbach EG; *a zammadüarrte Sunnablum* Reitmeier-Stammberger Woyzeck 48.– **2** wie →[*ab*]*d.*3, °OB, NB, OP vereinz.: °*so moga wia a zammdürrte Zweschb* Tittmoning LF; *s Fassl is tsamdiat* K'schwand VOH; *Kloi is, wöi a Huzl Ganz zammadirrt* Schwägerl Dalust 76.– **3** wie →[*ab*]*d.*4: *zamdiat* „abgemagert" Kilgert Gloss.Ratisbonense 181.
WBÖ IV,1774.

[über]d. **1** †zu dürr, trocken machen: *Wein gesoten mit dem chraut … man sol sein nicht ze vil trinchen, das es die prust icht* [nicht] *vber derr* KonradvM BdN 431,25-27.– **2** wie →[*ab*]*d.*2: *iwadirt* zu stark getrocknetes Heu Fürstenfeldbruck.
WBÖ IV,1774. A.S.H.

Dörrene
F. **1** Dürre, Trockenheit: *Dörrna* Hörmannsbg FDB.
2 †Brand, Getreidekrankheit: *Vredo derrína* wohl Asbach GRI 13./14.Jh. StSG. III,291,53.
Etym.: Ahd. *derrina* f., Abl. von →*dörren*; Et.Wb.Ahd. II,607f. A.S.H.

-dörrer
M., nur in Komp.: **[Hopfen]d.** Arbeiter, der Hopfen darrt: *Da Hopfadirra hot an Hopfa iwanomma und fir Darr bereit gstejt* Pinzl Bäuerin 158.

[Hutzel]d. Obstdarre, °OP, °MF vereinz.: *a Hutzldirra* „mit Weidengeflecht" Parkstein NEW.

†**[Salz]d.** Arbeiter, der Salz nach dem Sieden dörrt, trocknet: *Salzdörer* 1802 Salzbibl.REI I,89. A.S.H.

Dorrling, -ö-
M., dürrer Baum, NB, °OP vereinz.: *Doarrling* Haselbach BOG.
WBÖ IV,1775. A.S.H.

†**torsch, -ö-, -rst**
Adj., kühn, mutig: *si haben die feint gar dorsch enpfangen* 1504 Liliencron hist. Volksl. II,562; *Dersch* „kühn" Prasch 17.
Etym.: Zum Prät. von →*turren* 'wagen'; WBÖ V,193.
Delling I,122; Prasch 17; Schmeller I,623.– WBÖ V,193.

Abl.: *törschiglich*. E.F.

Dorsche, -en, -ö-, -rst-, Dasche, †Dorse
F., M. **1** Kohlart.– **1a** Steckrübe (Brassica Napus Napobrassica), °Gesamtgeb. vereinz.: *Doaschtn* „Kohlrübe" Metten DEG; *I mag nöt lautas Kraut, Und mag nöt lautene Doarschn* Schlicht Bayer.Ld 413.– Phras.: *magst du keinen (gelben) D.?* Ablehnung einer Zumutung: *mogst koan Doarschn?* Naabdemenrth NEW; „*Magst kein gelben Dorschen* … Sonst magst du weiter nichts? ironisch" Bauernfeind Nordopf. 153;– „(derb) für 'nichts' … *einen D[orschen] kriegst du!*" Denz Windisch-Eschenbach 124.– *Doaschn o'bläggan* [Blätter entfernen] „von einem Menschen (Mädchen) jedes Geheimnis wissen" Judenmann Opf. Wb. 41.– Übertr. †zu harte Frucht: *Dé Birn sen' rèchte Daərst·n* „hart, ungenießbar" M'nwd GAP Schmeller I,544.– **1b** Kraut (Brassica oleracea capitata), OP vereinz.: *Doaschn* Hessenrth KEM; *da graoß Kalla fir d'Erdepfl, Doarsch'n und d'Roub'm* Bärnau TIR Schönwerth Leseb. 75.– **1c** Kohlrabi (Brassica oleracea gongylodes): °*Durschn* Troschenrth ESB.
2 Runkelrübe (Beta vulgaris), °NB, °OP, °MF mehrf., OB, OF vereinz.: °*afs Joa brauch ma nimma so vej Doaschdn* Grafenau; °*aas Doarschn homma Dåunkepf gschnitzt* Plößbg TIR; „Man trifft in den kleinen Hausgärten höchstens Kohlrabi, *Dorschen* (Runkelrüben) … an" E. Becker, Der Walchensee u. die Jachenau, Innsbruck 1897, 155.– Phras.: *rote D.* rote Rübe: °*roudi Duaschn* Kucha HEB; *die rout Duasch* HEB ZMF 30 (1963/1964) 212.– *einen Kopf wie ein(e) D. haben* u.ä. einen großen od. breiten Kopf, OP vereinz.: *Köpf wei Doaschn* Gleiritsch OVI.– *Dea håt a Maal wöi an ausgfaaltö Doaschn* Mensch, dem die Zähne ausgefallen sind Herrnthann R.– *Dou kannt*

ma Doarschn bauan „er hat Schmutz in den Ohren" Nabburg.– *Do heart ma Doaschn waksn, sovül Schtoan han in dean Föld drinnat* Adlersbg R.

3 Teile von Pflanzen.– **3a** holziger Teil od. Stiel, in heutiger Mda. nur Krautstrunk, westl.OB, SCH vereinz.: *Doaschta* Winkl LL; *Daərschn, Do'tschn* „der Strunk oder Stengel" SCHMELLER I,544; *(Thyrsos) torsun* Tegernsee MB 1.H.11.Jh. StSG. II,660,11; *abscisus, ain dors* Seeon TS um 1500 Voc.ex quo 319.– **3b**: °*Dorschn* „Blätter an der Rübe" Bayersoien SOG.

4 abwertend Kopf, NB, °OP vereinz.: °*der håt so an Doaschn aaf* „großen Kopf" Rgbg.

5 von Menschen.– **5a**: °*Dorschn* „kahlköpfiger Mann" Wiesenfdn BOG.– **5b**: °*Doaschn* „ungebildeter, einfältiger Mensch" Erbendf NEW.– **5c**: „*So ein alter Dorschen* ... Dickkopf, starrköpfiger Mensch" Heimat TIR 16 (2004) 61.

Etym.: Ahd. *torso*, mhd. *torse* swm., aus lat. *thyrsus*; WBÖ V,194.

Ltg: *dǫašn* u.ä., auch *-α* (FFB, LL, SOG, WM), weiter *duαšn* u.ä. (ESB; HEB, N, WUG), *duαš* (HEB), *dǫʃn* u.ä. (BOG, REG, LAN), *dǫašdn* NB (dazu MB; R, ROD), *-α* (FFB, LL; FDB), *dǫašd* (FDB), *duαšdn* (KÖZ; N), *dǫαdšn* (FDB), mit Uml. *deršn* (FFB).

HÄSSLEIN Nürnbg.Id. 57; SCHMELLER I,544.– WBÖ V, 194f.

Abl.: *-dorscheln, dorschen, -dorschern.*

Komp.: †[**Erd**]**d.** **1** wie →*D.*1a: „Ihr Gemüse besteht ... aus ... Rübenkraut, gesotenen *Erddorschen* und Rüben" 1858/1859 Heimat TIR 20 (2008) 52.– **2** †wie →*D.*1c: *Bodenkohlrabi, Erddorschen* J.P. KLING, Beschreibung eines Kulturversuches im Donaumoos, München 1806, 89.

[**Halm**]**d.** wie →*D.*1a: *Heimdoaschn* „auf abgeernteten Roggenfeldern angebaut" Donaustauf R; „aus den *Haimdorschten* ein Gemüsegericht" WILDFEUER Kchdf.Ld 18.

[**Hohl**]**d.** ausgehöhlte Runkelrübe: °*Hohldorschn* „mit Augen und Kerze als Gespenst in der Nacht" Neusorg KEM.

[**Köhl**]**d.**, †[**Kohl**]- wie →*D.*1a, OP, °OF vereinz.: *Kehldorschn* Mehlmeisel KEM; „statt Brod hatte man ... *Kohldorschen* in Wasser getunkt" Ambg um 1772 VHO 52 (1900) 111.

[**Kraut**(**s**)]**d.** Krautstrunk: *Krautderschn* Kohlstrunk M'lstetten FFB; *Krautsdorß oder kag. maguderis* Voc.Teutonico-Latinus r.iij[r]; „In Bayern werden weisse Rüben, *Krautdorschen* und Kohlblätter zusammen gehackt in große Steintröge geschüttet" Ch. BAUMANN, Die vermehrte Rindviehzucht ..., Augsburg 1783, 36.

SCHMELLER I,544.

[**Sam**]**d.** Steckrübe für die Samengewinnung, NB, °OP vereinz.: *Såmdoaschtn* Herrnthann R. E.F.

-dorscheln, -dascheln

Vb., nur im Komp.: [**ab**]**d.** (von Rüben) Blätter entfernen, °OB, °NB vereinz.: °*Ruabn odaschlan* Brunnen SOB.– Wohl Abl. von →*Dorsche*, möglicherweise zu →*-täscheln.* E.F.

dorschen, -doschen, -daschen, †-dosen

Vb., schlagen, verprügeln: *n Schell doaschn* „daß er aussieht wie eine Runkelrübe" Haidmühle WOS.

Etym.: Abl. von →*Dorsche*. Wohl Kontamination mit →*taschen*, im Komp. mit →*-taschen.*

Komp.: [**ab**]**d.** (von Kraut od. Rüben) Blätter entfernen, °OB, °NB, °OP vereinz.: °*odoaschn* Frauenbg PAR; *ruben ... abhawen ausziehen abtosen vnd sneyden* Scheyern PAF nach 1493 Cgm 698,fol.45[r]. E.F.

-dorschern, -doschern, -daschern

Vb., nur im Komp.: [**ab**]**d.** (von Kraut od. Rüben) Blätter entfernen, °OB, °NB vereinz.: °*di Sauruabn müassn odaschat wern* Teisendf LF.– Abl. von →*Dorsche*, z.T. möglicherweise unter Einfluß von →*-taschen.* E.F.

Dorschet(**s**), Blätter, Gesträuch, →*Doschet.*

†törschiglich

Adj., übermütig, leichtfertig: *wartet törschiglich seins bruders herzog Leopolds* ARNPECK Chron. 570,18f. E.F.

Dorste(**n**) →*Dorsche.*

Dort, Pfln., →*Durt.*

dort, -en, dört

Adv. **1** lokal, dort, an jenem Ort, °Gesamtgeb. vielf.: *wos sans für a Vögl, di doscht hockn?* O'audf RO; *dot fåh hi!* Aicha PA; *durtn steht er* Eschenbach; *Z'erscht gehnga s' ... in d' Kircha und bet'n durt a paar Vaterunsa* Landshut BRONNER Bayer.Land 220; *Vo' duischt gehts*

aufi na' Mayer Bertlsgad'n 32; *sand Nycla dort Osten vzzerhalbe der pvrch mawer* Rgbg 1299 Corp.Urk. IV,503,23; *dat hat man Jm dz Crönnlein ... zue gedragen* 1609 Haidenbucher Geschichtb. 12.– In Fügungen mit anderen Ortsadv.: *d. darüben, d. oben* u.ä. NB, OP vereinz.: *douäam – duatäam* „herüben – drüben" Poppbg SUL; *nα hęamα dǫαtrin ạ̄v* nach Hinderling Zinzenzell 248,56.– Phras.: °*duicht und do* „da und dort" Piding BGD.
2 temporal, damals, zu jenem Zeitpunkt, °OB, NB, OP vereinz.: *dortn wia ma beinanda gwen san* Neustadt KEH; *Kenna tu is nit, s Dirndl ... dös is a doscht nu kloan gwen* Angerer Göll 53; *des man im schuldig belaib an einem vass weins durt von dem besess* [Belagerung] *von Stauff her* Ingolstadt 1392 Freyberg Slg II,155; *vor 400. Jahren ... weil sie schon dorten so grob mit Christo ... umbgangen* Selhamer Tuba Rustica I,158.– Auch in der Fügung: *d. einmal* OB, NB, OP, MF vereinz.: *dortamoi is gwen* Aicha PA; *dortamal* Singer Arzbg.Wb. 53.

Etym.: Ahd. *darot, dorot*, mhd. *dort*, germ. Bildung zur Wz. von →*da*[1]; Kluge-Seebold 212.

Ltg: *dǫαd* u.ä., auch *-tn* u.ä. OB (dazu DGF, KEH; NEW, R; FÜ, N), ferner *dǫt* u.ä. NB (dazu LF, SOG, WOR; FÜ, SC, WUG), *don, dǫn* (AIB, MB, TÖL, WOR; NEW, NM, PAR), *dotn* u.ä. (PA; SC), *dout* (NEN), *doudn* (HEB), *došt* u.ä. (BGD, RO, TS), *doišd, -ui-* (BGD), *duixd* (LF), dann *duαt* u.ä. OB, NB, OP (dazu HEB, LAU, N), *-tn* (IN; GRA; BUL, CHA, ESB, NAB), *-tnα* (NAB; LAU), *duαtα* (NAB, NEW), vgl. Lg. § 5g5, mit Uml. *dert* (GAP, LL), *det* (LL, SOG), vgl. [2]DWB VI,1286.

Schmeller I,544.– WBÖ V,195f.

Komp.: †[**all**]**d.** wie →*d.*1: *all dorten lenger nit alß 5 wochen verbliben* Haidenbucher Geschichtb. 96.

Schmeller I,544. A.R.R.

Tort
M., Tort, Kränkung, Verdruß: °„jemandem einen *Tort* antun" Sulzbürg NM; *oin wos zan Tort taou* Singer Arzbg.Wb. 238; „dieser *Tort* sei ihnen von den Zollnerleuten geschehen" 1758 Chron.Kiefersfdn 497.

Etym.: Aus frz. *tort* 'Unrecht'; Kluge-Seebold 922.

Schmeller I,626; Westenrieder Gloss. 583. E.F.

†-dort
M., nur im Komp.: [**Zend**(**el**)]**d.** Art Taft, best. Kleiderstoff: *Tabin, Zenndltord ... und minder mögen sie tragen* 1.H.16.Jh. BLH XVI,407.– Bestimmungsw. →*Zendel* 'dass.', Grundw. wohl zu lat. *tortus* 'gedreht, gewunden'; vgl. DWB XV,632.

Schmeller II,1133.– WBÖ V,196. E.F.

Torte, -en, -u-
F., M. **1** Torte u.ä. Feingebäck, °OB, NB, °OP, SCH vereinz.: *da Durdn* Staudach (Achental) TS; *Du Michl ... host du schou ama:i a Duatn gässn?* Oberpfalz 72 (1984) 351; *hat Dortte gebracht den 14. Junij* Rgbg 1632 Zwiebelturm 8 (1953) 281; *Da kaufts öng Dörtl von Mandeln, oder Pistatzl* Bucher Charfreytagsprocession 200.– Phras.: *die T. aufsingen* Gstanzl singen beim feierlichen Holen der Hochzeitstorte: °*Tortn aufsinga* Scheyern PAF; „das ... *Torten aufsingen*, welches ... die Näherin ... zu besorgen hat" Lutz Bayr. 193.
2 Kuchen, Gugelhupf, OB, NB, OP, SCH vereinz.: *Toschtn* O'audf RO; *Torten* „panis testuaceus ... clibanites" Schönsleder Prompt. Ii5v.

Etym.: Aus it. *torta, -u-* od. frz. *tarte*; WBÖ V,196.

Ltg, Formen: *dǫrtn, dǫαdn* u.ä., daneben *-ạ-* (ED), *-u-, -uα-* OP (dazu TS; BOG, PAN), *dortα* (FFB; FDB), *dotn* u.ä. (DEG, GRI, PA, VOF), *doštn* (RO), *duštn* (M).– Pl. wie Sg., ferner *-nα* (DGF, PA; BEI).– Dim. *dortαl* (M; PA), *dotαl* (PA), *dertai* (TS), *dirtl* (NEW).– Genus F., daneben M. (FS, MÜ, TS; BOG, DEG, PAN, VOF; NEN).

Westenrieder Gloss. 583.– WBÖ V,196f.

Komp.: [**Biskuit**]**t.** Biskuittorte: *Bisgwitdotn* Aicha PA.

WBÖ V,197.

[**Brösel**]**t.** Torte aus Mürbeteig, °OB, NB vereinz.: *Bresltortn* Hengersbg DEG; *Bröseltorte* Schandri Rgbg.Kochb. 250.

WBÖ V,197.

[**Brot**]**t.** Torte aus einem Teig mit Brotbröseln, OB, NB, OP vereinz.: *Braoudturtn* Wdsassen TIR; *Brodtorte* „Schwarzes Brod wird im Ofen gedörrt ... ganz fein gestoßen" Schandri Rgbg.Kochb. 247; *Ein brot dorten ohne mandl* Pickl Kochb.Veitin 109.

WBÖ V,197.

[**Fleisch**]**t.** wohl Fleischpastete: *ganz auf d lötzt is nu a Flaischdotn kema* Mittich GRI.

[**Giraff**]**t.** Torte mit schwarzweiß geflecktem Überzug, OB, NB vereinz.: *Schirafftoatn* Ingolstadt; „die auf der ersten Silbe betonte *Schirafftorte*, ein Münchner Schaumgebäck mit braunen Tupfen" Bekh Richtiges Bayer. 49.

[**Mandel**]**t.,** †[**Mangel**]- Torte mit Mandeln, OB, NB vereinz.: *Mandltorte* Passau; *eine gebachene Mangldort'n* Schönwerth Opf. I,104; *aŭff gestrichene Mandl dorten* Pickl Kochb. Veitin 124.

[**Mark**]**t.** Torte mit Knochenmark: *Marck dorten Von Mandl* Pickl Kochb. Veitin 159.

†[**Reis**]**t.** mit süßem Reismus gefüllte Torte: *Ein reüsß Dorten zŭ machen* Pickl Kochb. Veitin 188.

[**Schau**]**t.** bes. schön verzierte Torte, OB, NB vereinz.: „einige mit Blumen gezierte *Schaudotn* schmücken die Hochzeitstafel" Höhenstadt PA; *Von unterschiedlichen eingemachten Früchten/ auf die ... Schau- und Zier-Dorten* Hagger Kochb. I,Inhalt xxxx3^{v}.
WBÖ V,197.

Mehrfachkomp.: †[**Be-schau**]**t.** wie →[*Schau*]*t.*: *Von allerhand Beschau- und andern Dorten* Hagger Kochb. I,Inhalt xxxx3^{r}.– Phras.: *Selb'n sieht ma ... auf ünsa Dörfl h'runta – nett als ob's auf an Tisch vor oan dastand wie a B'schautortn* [voller Pracht] J.F. Lentner, Der Ju-Schroa, München [1849], 13.
WBÖ V,197.

[**Schaum**]**t.** Gebäck mit Eischnee, OB, NB vereinz.: *Schaumtortn* Mchn; *i hab mir a Glas Punsch bringa lassn und a Schaumtortn* Kreis Münchner 64.

[**Seelen**]**t.** Torte als Geschenk für das Patenkind an Allerseelen: „in München konnte man solche *Seelentorten* ... noch bis vor wenigen Jahren vor Allerheiligen bekommen" Aiblinger bayer.Leben 149.

[**Hoch-zeit(s)**]**t.** Torte für eine Hochzeit, z.T. als Geschenk für Pfarrer u. Mesner, OB, NB, OP, SCH vereinz.: „*da Håuzaddotn* wird während des Amtes als Geschenk für den Geistlichen auf das Meßbuch gelegt" Garham VOF.
WBÖ V,197. E.F.

tortieren

Vb.: *tortiern* „schikanieren, quälen" Singer Arzbg.Wb. 238. E.F.

Tortur

F. **1** †Foltern, Folterung: *wann einer auff die erste Tortur die Vbelthat bekennt* Landr.1616 811.

2 Quälerei, Strapaze: *dös is a Tortur* Singer Arzbg.Wb. 238.

Etym.: Mhd. *tortûr* f., aus mlat. *tortura*; Kluge-Seebold 922.

Abl.: *tortieren*.

Komp.: †[**Daumen**]**t.** Foltern mit der Daumenschraube: *Alldieweilen nun die verstrickte über erst gehört ausgestandene Daumentortur nichts weiter bekennt* 1706 Breit Verbrechen u.Strafe 182. E.F.

Dorz, Donner, →*Donneretz*.

Torze, -a-

F., Fackel, Windlicht: °*Tårzn* Ziegelbg RO; *Die Tortzen* „gewundene Fackel, Pechfackel" Schmeller I,626; *schwarz brinnende torzen in der handt* Rosner Passionssp. 170.

Etym.: Mhd. *torze*, *tortsche* swf., aus mlat. *torcia*; WBÖ V,198f.

Schmeller I,626.– WBÖ V,198f. E.F.

Tos

M. **1** †Rauschen, Lärm, Getöse: *Dos* „durch eine Naturerscheinung, ein Ungewitter hervorgebracht" Delling I,130; *Sonorem doz* Tegernsee MB 1.H.11.Jh. StSG. II,638,10; *Si ... machten groß gekleng mit den schwerten, das der dos widerhal* Füetrer Lanzelot 151.
2 dummes Gerede: *Doas* Kiefersfdn RO.

Etym.: Ahd., mhd. *dôz* stm., Abl. von →*tosen*; Et.Wb. Ahd. II,747.

Delling I,130; Schmeller I,547; Westenrieder Gloss. 111.– WBÖ V,199. E.F.

dös, diesig, →*dus*.

Dos à dos

M., N., best. Tanzfigur: „Rücken an Rücken ... auf Bairisch *Do-si-do*, ist so eine Figur, die auch in der Francaise getanzt wird" Altb.Heimatp. 66 (2014) Nr.8,14.

Etym.: Subst. von nhd. *dos à dos*, frz. Herkunft; vgl. Duden Wb. 851. E.F.

Tosch, -en

M. **1** plumper, schwerfälliger, dummer Mensch, °OB vereinz.: °*so a Dousch!* Ramsau WS.– Phras.: °*des is a linka Douschn* „Linkshänder" Hirnsbg RO.
2 großer, plumper Fuß, °OB vereinz.: °*a Dousch* Rechtmehring WS.

3 großer, unförmiger Schuh, °OB vereinz.: °*wos host denn heut füre Douschn o* Fischbachau MB.– Auch: °*Douschn* „Stoffhausschuhe“ Fischbachau MB.
WBÖ V,199.

Komp.: [**Kuh**]**t.** Kuhfladen, °OB vereinz.: °*Kuahdouschn* Siegsdf TS. E.F.

Doschen, †-u-
M. **1** Busch, buschige Pflanze: *a Doschn* „kleines, dickes, buschiges Gewächs“ Kochel TÖL; *Der Doschen, Duschen* SCHMELLER I,549.
2 Bündel, Büschel: °*a Douschn* „aus Stroh“ Hirnsbg RO; *das Döschə-l* „Ende eines dichtbelaubten Zweiges ... Blumenstrauß, zusammenhängende Zimmerholz-Späne“ SCHMELLER I,549.
3 Troddel, Quaste, westl.OB vereinz.: *Doschn* Röhrmoos DAH; „die *Doschen* hängen nicht herab“ DELLING I,130; „mit einer ... Huetschnur mit solch dick seidenen *Doschen*“ Straubing 1728 HuV 6 (1928) 235.
Etym.: Germ. Wort idg. Herkunft; [2]DWB VI,1291.
DELLING I,130; SCHMELLER I,549.

Abl.: *Doschet, doschicht.*

Komp.: [**Huf**]**d.** Huflattich (Tussilago farfara): *Ho(u)fto(u)schn* Bodenmais REG MARZELL Pfln. IV,852. E.F.

toschen
Vb. **1** schwerfällig, plump gehen, °OB vereinz.: °*douschn* Garching AÖ; *douschn* „schlampig gehen, trampeln“ SOJER Ruhpoldinger Mda. 10.
2: °*douschn* „langsam, umständlich arbeiten“ Bayrischzell MB.
Etym.: Wohl onomat.; WBÖ V,199.
WBÖ V,199.

Abl.: *Tosch, Toscher, toschicht.* E.F.

Toscher
M. **1** schwerfälliger, plumper Mann: °*des is hibsch a Douscha* „unbeholfen“ Pittenhart TS.
2: °*wos handn des froa Douscha?* „unförmige, klobige Schuhe“ Grafing EBE.
WBÖ V,199. E.F.

Doschet, -a-, Dorschet(s)
N. **1** Kraut, Blätter, v.a. von Rüben, °OB, °NB, °OP vereinz.: °*Doschat* Ruhstorf GRI; *Doaschat* Frauenbg PAR; *dǫšad* nach BERGMANN Baumgarten 32; *Doschət* SCHMELLER I,549.
2 (grüne) Nadelbaumzweige, -äste, °NB vereinz.: °*Daschat* „Fichtenzweige“ Hausen KEH; „grünes Reisig ... *dåʃəd*“ Mallersdf nach SNiB VI,312.
3: *doʃɑd* „Unkraut“ nach KOLLMER II,324.
Etym.: Abl. von →*Doschen*. Vereinz. Kontamination mit →*Dorsche*; vgl. WBÖ V,194.
SCHMELLER I,549.– WBÖ V,194 (Torschach).

Komp.: [**Ab**]**d.** wie →*D.*1: *Adoschad* „Rübenblätter“ Kchham GRI.

[**Erd-apfel**]**d.,** [**-äpfel**]**-** Kartoffelkraut, °NB vereinz.: *s Eadåupfedåschat* Mittich GRI.

[**Huf**]**d.** Huflattich (Tussilago farfara), NB vereinz.: *s Huafdoschad* Frauenau REG.

[**Ruben**]**d.** Kraut, Blätter von Rüben, °NB vereinz.: °*Ruamdåschat* Eging VOF.
WBÖ V,194. E.F.

doschicht
Adj. **1** buschig, dicht gewachsen (von Pflanzen), °OB vereinz.: °*der Baum is doschat* Reichersbeuern TÖL; „Kartoffelkraut, Blumenstrauß, Christbaum sehen *doschad* aus, nicht nackt“ ILMBERGER Fibel 47; *Die Hortensiabluəm is doschət* SCHMELLER I,549.
2 bauschig, dick (gekleidet): *doʃɑd* nach KOLLMER II,535; *Doschet* „dick gekleidet; sehr gestopft“ DELLING I,130.
3 mollig, wohlgeformt: „*a Doschate* ... ein hübsches, mit körperlichen Vorzügen wohlausgestattetes Mädchen“ SCHILLING Paargauer Wb. 37.
DELLING I,130; SCHMELLER I,549.– WBÖ V,199. E.F.

toschicht, -a-, -u-
Adj. **1** schwerfällig, plump, ungeschickt, °OB, °NB vereinz.: °*wia foit n der daher, so douschad* Grafing EBE.
2: *a douschats Gsicht* „ein dummes Gesicht“ Bernau RO.
3: °*a douschats Brot* mißratenes Brot Halfing RO. E.F.

Dose, -u-, †-ö-
F. **1** kleiner Behälter mit Deckel, meist Tabak-, Konservendose, °OB, NB, °OP, °OF vereinz.: *a eiffnboananö Dusn* Hohenpeißenbg SOG; *Da*

hat er d'Dus'n raus vom Sack Ehbauer Weltgschicht I 31; *a dessen Vohl schmalz* Lenglachner Geistl.Zeittenb. 117; *Dusen* „Tobackdose" Zaupser Nachl. 16.
2 Prise, kleine Menge: *dazua a Dusal Schnupftabak, des bremst a weng sei Bluat* MM 17.6.1998[, 34].
3 Steckdose: *Die Bawett haout an Stecker in die Dusn gsteckt* Schemm Dees u. Sell 128.
4 Vagina, OB, NB vereinz.: *wönst ma dei Dusn zoagst* Mchn; *Dūsn* Berthold Fürther Wb. 46.
5 abwertend Frau, °NB, °OP vereinz.: *Dusn* „Schimpfwort" Rottal; *dusn* Kollmer II,99.
Etym.: Aus nd. *Dose*; Pfeifer Et.Wb. 239.
Zaupser Nachl. 16.– WBÖ V,200f.

Abl.: *-dosen*.

Komp.: [**Tabak(s)**]**d.** Tabakdose, °OB, °NB vereinz.: *Dawáksduusn* Kochel TÖL; „Die dunkelbraune *Dowagdus'n* aus Rinde" Siebzehnriebl Grenzwaldheimat 230; *4 (silberne) Doback Dusen* Wunsiedel 1711 Singer Kloaida-Schrank 97.
WBÖ V,200.

Mehrfachkomp.: [**Schnupf-tabak(s)**]**d. 1** Schnupftabakdose, °OB, °OF vereinz.: *°a Schnupftwacksdousn* Selb; *Schnupftoowak(s)doos'n* Braun Gr.Wb. 562.– Übertr.: *mach dai Schnupfdawagsdosn zua!* „den Mund" Mchn.– **2** Stäubling (Lycoperdon), nur in Phras.: *dem Teufel seine S.* u.ä. °NB vereinz.: *n Daifö sai Schnupfdåbaksdosn* „Bovist" Mittich GRI.
WBÖ V,200.

[**Filzler**]**d.**: *a Fuizladusn* „Schnupftabakdose aus Birkenrinde" Hohenpeißenbg SOG.

†[**Frauen**]**d.** Zierdöschen für eine Frau: „Artikel, die nicht zum täglichen Bedarf gehörten ... *frauen doosen*" Schelle Bauernleben 30.

[**Honig**]**d.**: „Einmachgläser ... auch *Honigdusala* ... geheißen" Frauenau REG um 1900 Haller Geschundenes Glas 80.

[**Horn**]**d.**: *Hurndusn* „Tabakdose aus Horn" Ebnath KEM.

[**Salz**]**d.** Salzbehälter, OB, OP vereinz.: *Saizdiesl* Elbach MB.

[**Schmälzler**]**d.**, [**Schmäl**]- wie →[*Schnupf-tabak(s)*]*d.*1, °OB vereinz.: *°a Schmeizladusn* Ebersbg; *Schmai:dousn* Christl Aichacher Wb. 81.

[**Schnupf**]**d.** wie →[*Schnupf-tabak(s)*]*d.*1: *°a Schnupfdusn* Schwandf. E.F.

Tose

F.: *Doaß* „ewige Nörglerin" Wb.Krün 12.
WBÖ V,201. E.F.

-töse, †-o-, -st

N., nur in: [**Ge**]**t. 1** Lärm, Getöse, °OB, NB, OP vereinz.: *macht der Boch heint a Gdeß* Staudach (Achental) TS; „Das ... *Gédês*, opf. *Gedèis*" Schmeller I,547; *Da hueb sich ain gedösse auff disem anger weitt* Füetrer Trojanerkrieg 35,43.– **2** Aufhebens, Getue, °OB, NB, °OP vereinz.: *°mach do koa solchs Gedees wegn den Schmarrn* Perchting STA; *dea vœbriɐd åme ... ɑ gedés* „hat jedesmal ein Getue" nach Kollmer II,387; *O Himlischer vatter Seÿ nimmer so Bess: du waeist scha was adam hat gmacht für gedöst* Lenglachner Gesängerb. I,53.– Ahd. *gidôzi*, mhd. *gedôz*, *gedœze* stn., Abl. von →*tosen*; Kluge-Seebold 922.
Schmeller I,547; Westenrieder Gloss. 111.– WBÖ V, 201. E.F.

Dosel, -st-, -ö-

M. **1** dummer, ungeschickter Mensch, OB, °OP, °MF vereinz.: *°Dosel* Regelsbach SC; *dostl* „Blödsinniger, Trottel, phlegmatischer Mensch" Kollmer II,90.
2: *°so a Deserl* „zu zartes, schwächliches Kind" Reit i.W. TS.

Komp.: [**Ramm**]**d.** wie →*D.*1: *°Ramdösl* „dummer Mensch" Rgbg. E.F.

Tösel, -st-

M., lärmender, polternder Mensch, °OP vereinz.: *°Döistl* „Rüpel" Pemfling CHA; *Töistl* „jemand, der alles leichtsinnig ruiniert" Bauernfeind Nordopf. 148.
WBÖ V,201.

Komp.: [**Bauern**]**t. 1** Schimpfw. für einen Bauern, °OP vereinz.: *°Bauerndöißl* Neusorg KEM.– **2**: *a Bauantöistl* „ungefedertes Bauernwägelein, das beim Fahren starken Lärm macht" Naabdemenrth NEW. E.F.

doseln, -ö-

Vb. **1** schlummern, im Halbschlaf sein: *dousln* „leichter Schlaf, kurzer Schlaf" Wb.Krün 12.
2: *°dosln* „umhertaumeln" Mötzing R.

Komp.: **[ein]d.** einnicken, einschlummern, °OB, °NB, °OP vereinz.: °*hast scho wieda eideslt* Altenbuch LAN; *eidūsln* BERTHOLD Fürther Wb. 48. E.F.

toseln, tösteln

Vb. **1** rauschen: °*es doaslt* „wenn bei einem Gewitter der Hagel noch etwas entfernt ist" Ohlstadt GAP.
2: *dęiftln* „unter Lärm herumschlagen" nach DENZ Windisch-Eschenbach 124.
3 hastig arbeiten, hetzen, °NB vereinz.: *dosln* Kumrt WOS.
WBÖ V,201.

Komp.: **[da-her]t.**: °*bist ebba du heit zamgfoin* (hingefallen), *weist aso daheadoslsd* „daherhüpfst" Grafenau. E.F.

dosen, dös(t)en

Vb. **1** schlummern, im Halbschlaf sein, °OB, °SCH vielf., NB, °OP, °OF, °MF mehrf.: °*heint dost ea, wei ea gestan net hoamganga is* Halfing RO; °*i möcht a weni dosn* Michelsneukchn ROD; °*däisn* Brand WUN; *dosen* „schlummern, entschlummern" SCHMELLER I,548.
2 unaufmerksam, zerstreut, müde sein, °NB, °OP, °MF vereinz.: °*der döst* „ist nicht bei der Sache" Neumarkt; *dūsn* „unaufmerksam vor sich hinstarren" BERTHOLD Fürther Wb. 46.
3 horchen, zuhören, °OB (v.a. W), SCH mehrf.: °*hast net a weng dost, was alls gsagt ham?* Perchting STA; *Dous amö, i mua do blarrd a Kua* WÖLZMÜLLER Lechrainer 101.– Reim: *dous, beim Beischer scheißt a Roußß, beim Kirchabaur scheißt a Kuah, no hosch d'r zdousa gnua* Steindf FFB.
4 überlegen, nachdenken, in heutiger Mda. nur übertr.: *dosen* SCHMELLER I,548.– Übertr.: *hai^{n}t tōsts wos marŋ reŋk* „heute überlegt sich das Wetter, ob es morgen regnen soll" nach SCHWEIZER Dießner Wb. 203.
5: °*er doßt* pst! pst! rufen Rinnenthal FDB.
Etym.: Wohl idg. Herkunft; vgl. KLUGE-SEEBOLD 213 (dösig).
SCHMELLER I,548; WESTENRIEDER Gloss. 111.– WBÖ V, 201f.

Abl.: *Dosel, doseln, Doser, -dösern, dosig*[1], *Dosler*.

Komp.: **[um-ein-ander]d. 1** wie →*d.*1, °OB, °OP vereinz.: °*umanandadosn* „im Halbschlaf sein" Frauenbg PAR.– **2** herumlungern, faulenzen, bei der Arbeit trödeln, °OB, °NB, °OP vereinz.: °*an ganzn Tag dost er aso umanand* Schrobenhsn.– **3** auf Neuigkeiten aus sein, herumhorchen, °OB, °SCH vereinz.: °*da war i mir scho z'guat, daß i üwaroi umanandadosat!* Wettstetten IN.

[auf]d. wie →*d.*3: *Dos' auf, um was i bitt* AUZINGER Werke 41.

[ein]d. einnicken, einschlummern, °OB, °NB, °OP, °OF mehrf., °MF, °SCH vereinz.: °*d Muatta hot jetz auf oamoi eidoost* Wildenroth FFB; *äidäistn* Windischeschenbach NEW; *ēito^{u}sn* Harthsn FDB nach SBS II,164.
WBÖ V,201.

[ver]d. Part.Prät. **1** schlaftrunken, benommen, °OB, °OP vereinz.: °*heint bin i ganz verdost* Fronau ROD.– **2** unaufmerksam, zerstreut, müde, °OB, °NB, °OP vereinz.: °*der is ganz verdost* „zerstreut" Thanning WOR.
SCHMELLER I,548.– WBÖ V,201.

[da-hin]d. 1 wie →*d.*1, °OB mehrf., °NB, °OP, °OF, °MF, °SCH vereinz.: °*blos a so a weng dahidost han i* Limbach PA.– **2** wie →*[um-ein-ander]d.*2: °*der deust so dahi und bringt nix firanand* Hirnsbg RO.

[her-um]d. 1 wie →*d.*1, °OB, °NB, OP vereinz.: *rumdosn* von Kindern vor einer Erkrankung O'alting STA.– **2** wie →*[um-ein-ander]d.*2, °OB, °NB, °OP, °MF, °SCH vereinz.: °*der dost blos so rum* „bei dem geht die Arbeit nicht von der Hand" Monhm DON.– **3** wie →*[um-ein-ander]d.*3, °OB, °NB, °OP, °SCH vereinz.: °*der dost solang rum, bis er ois woas!* Tandern AIC.

[zu]d. 1 wie →*d.*1: °*der dost so zua* „schlummert" Eslarn VOH.– **2** wie →*d.*3, °OB, SCH vereinz.: *du muascht zuadousn* Derching FDB; *dsuədo^{u}sn* Eismannsberg FDB nach SBS II, 131. E.F.

tosen, tös(t)en

Vb. **1** tosen, brausen, rauschen, °OB, NB, °OP, OF, MF vereinz.: °*dös doaßt* „vom Hagel" Eschenlohe GAP; *doaßn* „mächtig rauschen" NAR Jachenau 59; *dous·n, daəs·n* „wie stürzende Wasserbäche" SCHMELLER I,547.– Auch †sausen, rauschen (von den Ohren): *diu ôren ... im vaste dôsent* BERTHOLDvR I,509,38f.
2 lärmen, poltern, °OB, °NB, °OP vereinz.: *däißn* „poltern, Krach machen" Stulln NAB; *wöis ins mittlere Dorf einikumma san, höians*

ös scho' rumpl'n und töist'n drinna beim Kreuzwirt Oberpfalz 62 (1974) 90.– Auch rattern, rumpeln, °OB, °OP vereinz.: °*der Wong däist* „stößt und rumpelt" Neusorg KEM.
3: °*döistn* „wild arbeiten" Neualbenrth TIR.
4 zornig sein, schimpfen, °OB, °NB, °OP, °OF vereinz.: °*der hot dejst* „geschimpft" Marchaney TIR; *dous·n, daəs·n* „den Zorn auslassen; toben" SCHMELLER I,547; *däisn* „laut aufbegehren" SINGER Arzbg.Wb. 48.
5 mit Worten zusetzen, nörgeln: *doasa* jemandem in den Ohren liegen Krün GAP; *doaßn* „ewiges jammern, nörgeln" Wb.Krün 12.
6 heftig schmerzen (von einer Wunde): °*tosn* Bayersoien SOG.

Etym.: Ahd. *dôsôn*, mhd. *dôsen*, germ. Wort idg. Herkunft; PFEIFER Et.Wb. 1440.

DELLING I,130; SCHMELLER I,547; WESTENRIEDER Gloss. 111, 584.– WBÖ V,202.

Abl.: *Tos, Tose, -töse, Tösel, toseln, Tosler, Töster.*

Komp.: **[hin-ab]t.**: °*s Wassa dost wüd no!* „rauscht tosend hinab" Wettstetten IN.

[um-ein-ander]t. herumtoben, -tollen, °OB, °NB, °OP, °MF vereinz.: °*däits nea wieda read umananadäisn* Sulzbach-Rosenbg.

[auf]t. wie →*t.*4: *afdöistn* schimpfen Hessenrth KEM.

[her-um]t. **1** wie →*[um-ein-ander]t.*, °OB, °NB, °OP, °MF vereinz.: °*döi Kinna däöstn rum* Falkenbg TIR.– **2** wie →*t.*4: °*der dejst schou wieder rum* Tirschenrth.– **3**: °*das Wetter dost heut rum* „ein Gewitter zieht ständig im Kreis herum" Bayersoien SOG. E.F.

-dosen
Vb., nur im Komp.: **[ein]d.** in Konservendosen einmachen: °*a Wuaschd eidosn* Hohenfels PAR; „*ẹido*[u]*sd* ... heute noch Leberkäse" Harthsn FDB nach SBS XI,322. E.F.

Doser
M.: *Dosa* „Ohr" Pestenacker LL.
WBÖ V,202. E.F.

-dösern
Vb., nur im Komp.: **[da-hin]d.**: °*der dösat dahin* „ist gedankenlos" Landau. E.F.

dosig[1], **-ö-**
Adj. **1** schlaftrunken, benommen, °OB, °NB, °OP, °OF vereinz.: °*i bin nu ganz dösi* Kehndemenrth NEW.
2 unaufmerksam, zerstreut, müde, °OB, °NB, °OP, °MF, °SCH vereinz.: °*i bin heut ganz dösi* Perchting STA.
3 kleinlaut: °*wenn da Sepperl was angstellt hat und kommt ham, nacha is a dösi* Eslarn VOH.
4 unbeholfen, einfältig, ohne Tatkraft, °OB, °NB, °OP, °MF vereinz.: °*der war zu dera Arbat z'desig* „zu langweilig" Taching LF.
5 schwerhörig, °SCH mehrf., °OB, °OP, °MF vereinz.: °*mei Mo is scho lang dosi* Hagenhsn N; *dōsik* FREUDENBERG Böbing 42. E.F.

dosig[2], aufgedunsen, dunstig, →*dossig.*

Dosler
M.: °*Dosla* „unbeholfener Mensch" Aigenstadl WOS. E.F.

Tosler
M.: °*Dosla* „einer, der eilfertig tut, übereilt arbeitet" Kumrt WOS.

Komp.: **[Her-um]t.** jmd, der Unfrieden stiftet: °*a öida Rumdosler is a scho, sucht immer was zum Stiefeln* Endlhsn WOR. E.F.

döslicht
Adj.: °*des Brot is deslat* „unausgebacken" Eitting MAL. E.F.

dossen, -st-, dosen
Vb. **1** meist Part.Prät., aufblähen, aufschwemmen, schwellen, °OP mehrf., °OB, °NB, °OF vereinz.: *a dosts Mal* geschwollene Lippen Wildenrth NEW; °*dej Kouh houts dosst* Schönwd REH; *dostn* KOLLMER II,90.
2 schwer atmen, °OP, °OF vereinz.: *dostn* Hochatmen des Viehs, wenn es sich überfressen hat Griesbach TIR.

Etym.: Herkunft unklar. Wohl Rückbildung aus *gedossen*, Part.Prät. von ahd. *diozan*, mhd. *diezen* 'sich erheben, aufschwellen'; vgl. SCHMELLER I,547.

Ltg, Formen: *dōsn* (R), *doſtn* OP.– Part.Prät. nach den swv. *doſt*, auch *-u-* (BOG, DEG), *dōsd* OP (dazu IN, M; KEH, KÖZ; HIP), *-ū-* (SOB; EIH), *-ou-* (IN; AM), nach den stv. *-doſn* (WM; SC), *-dūsn* (BUL, PAR).

Abl.: *döslicht, dossig.*

Komp.: **[auf]d.** **1** meist Part.Prät., wie →*d.*1, °Gesamtgeb. vereinz.: *avdoſtn* „sich krankhaft aufblähen“ Windischeschenbach NEW; *a aufdossns Gsicht* Regelsbach SC; *Zletzt wara ganz a(u)fdost im Gsicht* Singer Arzbg.Wb. 53.– **2**: *à:fdo:sn* „zunehmen, füllig werden“ Kilgert Gloss.Ratisbonense 34.

Schmeller I,550.

[**der**]**d.** Part.Prät., wie →*d.*1: °*der hat a ganz derdosts Gsicht* „aufgedunsen“ Irlahüll EIH.

E.F.

dossig, -st-, dosig, -ö-, -icht

Adj. **1** gebläht, aufgedunsen, geschwollen, dick, °OB, °NB, °OP, °MF vereinz.: °*so a dostate Dingin* „dick, aufgedunsen“ Ramsau BGD; *a dǫsös Fläsch* Zandt KÖZ; *dostig* Spr.Rupertiwinkel 23; *Dostig* „Aufgeblasen“ Zaupser Nachl. 15.

2: *dåusti* der Finger ist gefühllos Emertsham TS.

3 angeschlagen, kränklich: *dös is so a dostöga Boanahaufa* „magere, knochige Person“ NB; *deschti'* „vor Hitze, vor Traurigkeit, d. h. matt, niedergeschlagen“ Schmeller I,550.

4 buschig, dicht gewachsen (von Pflanzen): *dostę* Kollmer II,535; *dostig, döstig* „buschig ausgebreitet“ Schmeller I,550.

5 angetaut, durch Wärme weich: „das Eis ist *dostig*“ Chiemsee Bayerld 16 (1905) 532.

6 spundig, nicht ausgebacken, °OB, °OP vereinz.: °*dostig* „schwach gebackenes Brot“ Stamsrd ROD.

7 zäh, schwer (vom Erdboden), OB vereinz.: *a döstiga Bo'n* Willing AIB; *Də‘ Bo'n is no˜ deschti vo˜ 'n Reng* OB Schmeller I,550.

8 von der Luft, vom Wetter.– **8a** dunstig, schwül, °OB, °NB, °OP, °SCH vereinz.: °*do is aa direkt doosig do herin* Taching LF.– **8b** unbestimmt, wechselhaft, °OB, °NB vereinz.: *so a dosats Weda!* O'alting STA.

Delling I,130; Schmeller I,550; Westenrieder Gloss. 111; Zaupser Nachl. 15.– WBÖ V,204. E.F.

Dost, -en

M. **1** Blähung, Aufgedunsenheit.– **1a** Blähung, °NB, °OP vereinz.: °*Dost* „hauptsächlich beim Vieh“ Gögging KEH.– **1b** Aufgedunsenheit, °OP vereinz.: °*Dost* „krankhafte Beleibtheit“ Lindenloh BUL.

2 Busch, Büschel.– **2a** †: *Der Dosten* „der Busch, d. h. was sich buschig ausbreitet“ Schmeller I,550.– **2b** im Wachstum zurückgebliebener Nadelbaum: *Doschten* „zurückgebliebene Fichten“ Leitzachtal; *Doschten* Bergmaier Ruhpolding 255.

3 †Dost (Origanum vulgare): *Dost* Höfler Volksmed. 98; *Origanum tosto* Scheyern PAF 1241 StSG. III,476,35; *so nehme dosten, sälbey, wegwart, und alaun* Bihler tierärztliche Rezepte Straubing 58.

4 angetautes Eis: „ein Eisbrei von körnigem Gefüge, der sogenannte *Tost*“ Neweklowsky Schiffahrt I,146.

5 Dunst, Schwüle, schlechte Luft, °OB, °NB, °OP, °MF vereinz.: °*da geht a so a Dost raus* „stinkt es heraus“ Rottau TS.

Etym.: Ahd. *dost* st(m.?), *dosto* swm., mhd. *doste, t-* swm., wohl gleicher unklarer Herkunft wie →*dossen*; vgl. Kluge-Seebold 213.

Schmeller I,550.– WBÖ V,203.

Komp.: [**Wasser**]**d.** Wasserdost (Eupatorium cannabinum): °*Wasserdost* „Kunigundenkraut“ Abensbg KEH.

WBÖ V,203. E.F.

dosten, aufblähen, →*dossen.*

dösten, schlummern, →*dosen.*

tösten, lärmen, →*tosen.*

Töster

M. **1** lärmender, polternder Mensch, °OP vereinz.: °*Däista* „tobendes Mannsbild, das Geschirr zerschlägt“ Kchnthumbach ESB.

2 mürrischer, brummiger Mensch: *Döüster* „Brummbär“ Hessenrth KEM. E.F.

dostig, aufgedunsen, buschig, →*dossig.*

dot →*dort.*

tot

Adj. **1** gestorben, abgestorben.– **1a** gestorben (von Mensch od. Tier), Gesamtgeb. vielf.: *balst amal tout bist, werst nimmer lebendi* Wasserburg; *da Dåur ligt auf da Duin* (Brett) Mittich GRI; *houtn da Schlog troffn und is glei tout gwest* Hessenrth KEM; *dà ligng àba tàudë Fliägng uma˜* OB, NB Bavaria I,349; *Heut in der Fruah is er toter im Bett g'legn* Stemplinger Ernte 16; *mortuus … taot* wohl Rgbg 1.H.9.Jh. StSG. I,122,25; *wan wir gantz bruderschaft haben von dem Closter lemtig vnd toͤt* Fürstenzell PA 1282 Corp.Urk. I,452,13; *Vnd wie wol mans lang für todt vmbgezogen/ doch* *endlich zaichen des lebens geben* 1584 GIERL Bauernleben 122.– Phras.: *blaß / bleich wie ein T.er* u.ä. von fahler, ungesund wirkender Gesichtsfarbe, OB, OP vereinz.: *a Faab wiara Dota* Ingolstadt; *bleich wie a Toter* Hessenrth KEM.– °*Totenbitten* „zum Totenmahl laden" Winzer DEG.– †*T. liegen* sterben: *todliegen* HOHENEICHER Werdenfels 63; *so man im* [Basilisk] *einem spiegel ... fürhelt ... so mueß er ... fonn seiner selbst gereulikhait annzusehenn vonn stund an toet liegenn* SCHMIDEL Reise 65.– *Da möchte ich nicht t.(er) sein* u.ä. abwertend von Orten, NB, OP vereinz.: *do mecht i o ned amoi touda üwan Zaun hänga* Kötzting; *Do mächad i ned doada ... sei!* „Da, hier möchte ich nicht als Toter, nicht begraben sein" ILMBERGER Fibel 46.– *T. möchte ich umfallen!* u.ä. Ausdruck der Bekräftigung, Beteuerung, NB, OP vereinz.: *deafö tout umfain!* O'graßlfing MAL.– °*Laou doch den Daoudan ihran Rouh!* „sprich nicht von längst vergangenen Dingen!" Kchnthumbach ESB.– *An Doudn d Zöhn außastejßn* stolpern Neukchn KÖZ.– *Dös is grad so, åls wenn i an Todn an Oasch einighaut hätt* „etwas vergeblich tun" Berchtesgaden.– *Mit tote Leut kann ma nimmer hausn!* [wohl von Personen od. Dingen, die nicht mehr zu gebrauchen sind] HALLER Waldlersprüch 36;– *Mit an Totn loßt si schlecht hampern* [arbeiten]*!* HALLER Waldlersprüch 42.– *De Lewàdn muàs mà-s nemà, wài mà-s vo de Doun ... nimmà griàgd* „Seinen Vorteil muß man rechtzeitig wahrnehmen" KAPS Welt d.Bauern 38.– *Löiba taut sa, als schlecht* Oberpfalz 4 (1910) 103.– Als N., toter Körper, Leichnam: *a Doads* Derching FDB; *ə̃ Touds* SCHMELLER I,632.– **1b** organisch nicht mehr belebt, abgestorben, OB, NB, OP, OF vereinz.: *es wird nöt beßa, bis nöt da Nerv ganz tot is* Altötting; *da Waischtog is dåur* Mittich GRI; *ein waizel ... negt daz tod ... fleisch auz den wunden* KONRADvM BdN 416,26f.– Auch als Bluterguß sichtbar: *tots Blut* „infolge eines Stoßes" Ingolstadt.

2 gefühllos, ohne Frische, langweilig.– **2a** körperlich gefühllos, taub, steif, OB, NB, OP vereinz.: *an toutn Oam håm* Bischofsmais REG.– Auch: *dö ganzn Boina hand ma dåud* „müde und abgeschlagen" Iggensbach DEG.– **2b** ohne natürliche Frische u. Lebendigkeit, OB, NB, OP, SCH vereinz.: *a douts Gschau* Aubing M; *a dåuts Hår håm* mattes Haar Mittich GRI.– **2c** langweilig, ohne Lebensfreude, OB, NB, OP vereinz.: *dea håut a tåuts Blout* Kohlbg NEW.– Auch mit vorhersehbarem Spielergebnis: *a toter Wenz* „Spiel, das totsicher gewonnen wird" KILGERT Gloss.Ratisbonense 163.

3 unfruchtbar, nicht bebaut.– **3a** unfruchtbar (vom Ackerboden), °OB, °NB, °OP, OF vereinz.: *a dåuda Grund, af dem wochst nix* Iggensbach DEG.– Auch unter der Humusschicht od. tiefer gelegen, °OP mehrf., °OB, °NB, OF vereinz.: *dör håud n dåun Buan mid assagåckat* Wildenrth NEW.– Als M., tiefliegendes Erdreich, °OP vereinz.: °*der haout n Daoun assagackat* Kchnthumbach ESB.– **3b** in Brache liegend, OB, °OF vereinz.: *a touts Land* neugebrochenes Feld Hundham MB.

4 feucht, nicht trocken (vom Heu), °OB, °NB mehrf., °OP, °MF vereinz.: °*des liegt ganz toud da* Ebersbg; °*dös is a ganz a douds Hei* Altenbuch LAN.

5 nicht aufgegangen (vom Teig): *a dåuda Doag* Mittich GRI.

6 M., zerbrochenes od. beschädigtes Glasgefäß, fachsprl.: „drei oder vier *Toute* ... das heißt im Aschofen zerbrochene Gläser" HALLER Geschundenes Glas 156.

7 Subst., umgefallener Kegel: *dö Dåudn beim Kegeln wögrama* Reisbach DGF; „Regulär umgeworfene Kegel ... *die Toten*" Altb.Heimatp. 59 (2007) Nr.26,14.

8 stumm, still, ruhig, OB, NB vereinz.: *Glogge sind doat* „am Gründonnerstag" Hfhegnenbg FFB; °*um neine is oiss doud* „um 9 Uhr schläft alles schon fest" Tollbach KEH.

9 †rechtlich ungültig, aufgelöst, nichtig: *darumb/ daß ... die gethane appellation, für todt/ gefallen vnd erloschen/ gehalten würdet* Landr. 1616 193.– Auch in Phras.: *t. und ab* u.ä.: *dieselben vrchund vnd brief sullent kraftloz, tot vnd ab sein* 1378 Urk.Heiliggeistsp.Mchn 188.

10 †von chemischen Stoffen.– **10a** chemisch unwirksam: *toter swebel ... behellt man in drev iar, dar nach verchert er sich in weizzen aschen von seiner aigenn hitz* KONRADvM BdN 517,18-20.– **10b** erstarrt (vom Quecksilber): *nym die materj herauß/ so vindestu tods kochsilber* 2.H.15.Jh. Liber illuministarum 362.

11 trüb, kalt (vom Wetter), °OB, °NB vereinz.: *a dåuds Wöda* „trübes Wetter, das keine Aussicht auf Änderung zeigt" Reisbach DGF.

12 besiegt im Kartenspiel, °NB, °MF vereinz.: °*an Wastl ham ma heit dout gmacht* Schönbrunn LA.

Etym.: Ahd., mhd. *tôt*, Part.Prät. zur Wz. von ahd. *touwen* 'sterben', germ. Wort idg. Herkunft; G. KROO-

NEN, Etymological dictionary of Proto-Germanic, Leiden 2013, 90.

Ltg: *dǫud* u.ä., vereinz. *dǫid* (AÖ), *dęǫd* (MÜ; GRI, MAL, PA, WEG, WOS), *döid* (FS), *dę̄d* (WEG), ferner *dǫad* u.ä. westl.OB, SCH, daneben jünger *dǭd* u.ä.

DELLING I,128f.; SCHMELLER I,632f.– WBÖ V,205-207.

Abl.: *toteinen, toteln*[1], *töten, Töter, Töterling*[1], *toterln, tötig, totlicht, totlingen.*

Komp.: [**maus-bröcklein**]**t.** ganz u. gar tot: *oi drei foins aba, mausbröggö tot* PONZAUNER Bei uns dahoam 91.

WBÖ V,207.

[**maus-dreck(e)lein(s)**]**t.** wie →[*maus-bröcklein*]*t.*, °OB, °NB, °OP, °OF vereinz.: *mausdreggidoud* Griesstätt WS; *Jedn, den i fang, spieß i mausdreckltod!* SCHLICHT Bayer. Ld 486.– Phras.: °*mausdreckltout solle umfalln, wenns niat wouha is!* „Ausdruck der Bekräftigung" Wdsassen TIR.

WBÖ V,207.

[**halb**]**t.** halbtot, °NB vereinz.: *a håidåuts Impnvoig* Mittich GRI; *hàlptóut* GEBHARDT Nürnbg 180; *Seminecem halptoten* Rgbg 10.Jh. StSG. II,442,43; *seinev chindel … lazzent die můter halb tot* KONRADvM BdN 182,14-16; *worauf das … schon halb-todte Kind … angefangen Luft zu schǒpffen* Gnadenblum 109.

[**maus**]**t.** wie →[*maus-bröcklein*]*t.*, OB, °NB, OP, SCH vereinz.: *heut hamms oan dafoan, ganz maustout übafoan* Hengersbg DEG; „Kinder steigern das Wort gern: *doad, mausdoad, mausdräggerldoad*" ILMBERGER Fibel 46; *Da Hirsch … wa schoo maustaoudt* SCHUEGRAF Wäldler 14.– Phras.: *m. darf ich umfallen!* u.ä. Ausdruck der Bekräftigung, Beteuerung, OB, NB, °OP vereinz.: °*dou deaffade mausdoud iwerdiwerfalln!* Rottendf NAB.– *Der hat mi uma Fünferl maustout gschmazt* „vollgelabert" Kchhm LF.– Bestimmungsw. wohl volksetym. aus nd. *murs* 'gänzlich'; KLUGE-SEEBOLD 610.

WBÖ V,207.

[**mund**]**t. 1** wie →*t.*8: *s Freundal ist stad, mundtot* Gschaid PAN.– **2** †geschäftsunfähig: *den Mundtodten Mann … zu meiden habe* Landesord.1599 45.

[**schein**]**t.** scheintot, OB, NB, OP, SCH vereinz.: *an ganzn Dåg is ear schaindåur blim* Mittich GRI.

[**stein**]**t.** wie →[*maus-bröcklein*]*t.*: *stoantot is er vor d' Hütt'n g'leg'n* A. PERFALL, Meine letzten Weidmannsfreuden, Leipzig 1914, 96; *daß ein Pfarrkind … auf das Pflaster herab auf den Kopf gestürzet und steintodt geblieben ist* Geisling R 1805 Oberpfalz 63 (1975) 297f.; *da fiel er vor ihr stein todt nieder und war ein Leich* SELHAMER Tuba Tragica II,378.– Phras.: *s. darf ich umfallen!* u.ä. Ausdruck der Bekräftigung, Beteuerung, OB vereinz.: *glei soi stoantoud umfoin!* Endlhsn WOR; *Stoatot derf i umfalln, wann i de drei Rosenkranz net bet hab!* Altb.Heimatp. 62 (2010) Nr.45,25.

SCHMELLER II,763. F.M.E.

total, no-

Adj., völlig, ganz u. gar, °OB, °NB vereinz.: °*dorddei* Rattenbg BOG; *des is unsern Sepperl dodal wurscht* LAUERER Wos gibt's Neis? 18.

Etym.: Aus frz. *total*; KLUGE-SEEBOLD 922.

Ltg: *dodāl* u.ä., auch *dodę̄* (STA), *doadai* (BOG), ferner *nodāl* (EIH). M.S.

Tote, -ö-, -a

F. **1** Tauf- od. Firmpatin, °OP, °SCH vielf., °NB, MF mehrf., °OB, OF vereinz.: *roude Oia vo da Dood* „Ostergeschenk" Rieden AM; *da Tuet, die Tueta* Nagel WUN; *Wenn Eines einen dicken Hals hat, so muß es im zunehmenden Monde … zu seiner Duath … gehen* Erbendf NEW ERNST Opf. Heilzauber 133; *Ded* WIDMANN Holledauer 119; *Admater … tota* Aldersbach VOF 12./13.Jh. StSG. III,68,34f.– Auch in Phras.: °*s groaß Dola* AIC.

2 häufig Dim., weibliches Patenkind, °OB, °NB, °OP, °MF, °SCH vereinz.: °*die Dodn* Passau; *Und schaff … miner toten Elspeten 3 lb* 1327 Rgbg.Urkb. I,292.– Auch in Phras.: *kleines Totlein* °OB vereinz.: °*s kloa Dola* AIC.

3: *das Dodli* „Frau des Tauf- oder Firmpaten" Peiting SOG.

Etym.: Ahd. *tota*, mhd. *tote* swf., Lallwort zu →*Gote*; KLUGE-SEEBOLD 922. Dim. z.T. nicht von →*Totel* zu unterscheiden.

Ltg, Formen: *dǭd* NB, OP (dazu FS, IN, LL, PAF; EIH), *dǭ(d)n* NB (dazu CHA), *dūd* (ESB, KEM, NM, SUL, VOH; PEG; WUG), *dū(d)n* (SUL), *duad* (ESB, KEH, NEW, TIR, VOH), *duadn* (NEW), mit Uml. *dę̄d* OP (dazu IN; LA, MAL, VIT; EIH; ND), ferner *dǭda* OP, *-ū-* (AM, ESB, SUL), *-ua-* (KEM, TIR, VOH; WUN), mit Uml. *dę̄da* (VOH).– Dim. *dǭ(d)l* OB (dazu NM, RID; ND), *dūdl* (NM), *dǭ(d)la* u.ä. OB, SCH (dazu PAN; R, WEN; EIH, N, WUG), *dū(d)la* (NM, VOH; HIP, N, SC, WUG; ND), *duala* (VOH), *dǭdli* (SOG; A), *dǭdai* (MB), mit Uml. *dę̄(d)la* (SOG, TÖL, WM).– Dim.

auch F. nach natürlichem Geschlecht (AIC, WM).– Pl. neben *-n* auch *dōnα* (DEG; NAB).

Delling I,128; Schmeller I,633.– WBÖ V,207f.

Abl.: *Totel.*

Komp.: [**Tauf**]**t.** Taufpatin, °OB, °NB, °OP, °SCH vereinz.: °„am Sonntag nach der Taufe fährt die *Taufdotla* zum Schenken (Kuchen und Wein) zur Kindsmutter“ Alsmoos AIC; °*die Tafdod, da Tafded* Fronau ROD; „*Dáffduad* sagte meine Mutter zur Taufpatin“ Fähnrich M’rteich 164.

WBÖ V,208.

[**Firm**(**en**)]**t. 1** Firmpatin, °OB, °NB, °OP, SCH vereinz.: *d Fiamdod* Klinglbach BOG; *v*^{u}*rmədōdlə* Hohenpeißenbg SOG nach SBS II,190.– **2** weibliches Firmpatenkind, °OB, °OP vereinz.: °*dös is mei Firmdod* Wernbg NAB.

WBÖ V,208. M.S.

Töte, -o-, -i, -a, Töto

M. **1** männlicher Tauf- od. Firmpate, °OP, °MF, °SCH vielf., °OB, °NB, OF mehrf.: °*dös Gwand håt ma mei Dedn geschenkt* Weihmichl LA; *da Tuuti* Artelshfn HEB; „Der *Död* oder die *Dod* ‘hebt das Kind aus der *Daff*’“ Siebzehnriebl Grenzwaldheimat 247; *patrinus … tot:* Aldersbach VOF 12./13.Jh. StSG. III,68,31; *dar vmb hat er vns zepurgen gesetzet/ vnsern Toten · hern Chunrat von Lupurch* Nabburg 1295 Corp.Urk. III,356,1f.; *Wo kain doet vorhanden … alszdenn erfüllt tawffer die stat aines doeten* BertholdvCh Theologey 430.– Phras.: *großer T.* dass.: °*da groaß Ded* AIC.– °*Üitz bin i Duuad* „wenn man beim Schafkopf die letzten Stiche macht“ Kchndemenrth NEW.– *Meinen, daß der große Hund sein T. ist* u.ä. eingebildet, aufgeblasen sein, OB, NB, OP vereinz.: *der moant, da graoß Hund is sei Död* Drachselsrd VIT;– *der moint, es is da Graf Teifl sei Ded* O’miethnach R.– *Mit den homs to, as war da groaß Hund sei Ted und da kloa sei Gvodamo* „wenn jemand verherrlicht wird“ Gartelsrd AIC.– Spruch beim →*Peitschen*,Bed.1b: *Peitscher, peitscher, Duada, wennst ma nix gibst, bist am Luada* [wohl Krankenbett] Brand KEM Heimat TIR 13 (2001) 176.

2 männliches Patenkind, °SCH mehrf., °OB, °NB, °OP, °MF vereinz.: *an Oaschdadåg kriag a jeda Ded van sein Ded an Oaschdaflådn un drei Oar* Kochel TÖL; „erhält … jeder … *Död* je fünfzehn Eier“ Schlicht Bayer.Ld 127; *die ir tötn nicht lernen peten den pater noster* Indersdf DAH 1424 Cgm 292,fol.66^{v}; *für seinen Döten 1 Par ainnädig Schiellel* 1699 Poschinger Glashüttengut Frauenau 62.– Auch in Phras.: *kleiner T.*: °*da kloa Ded* AIC; „Zweymal … ist es Pflicht der Gevatterleute, dem *kleinen Dodn* … Kleidung zu schaffen“ Schönwerth Opf. I,172.

Etym.: Ahd. *toto*, mhd. *tot*(*t*)*e* swm., wie →*Tote* Lallwort zu *Gote* (→*Göte*); Kluge-Seebold 922.

Ltg, Formen: *dēd* u.ä. OB, NB, OP, SCH (dazu EIH, HIP, WUG), *dęt* u.ä. OB (dazu KÖZ, MAL, VIT; BEI, NEN, NM, PAR, WÜM; EIH), *dē*(*d*)*n* (FS, PAF; BOG, LA, ROD; BUL, OVI, R, RID), *dīd* (NAB, NM, VOH; EIH, WUG), *diαd* (NM, TIR, VOH), ohne Uml. *dōd* u.ä. OB, NB, OP (dazu EIH, FÜ, N, WUG; DON, ND), *dot* (KÖZ, VIT; NEN, NEW, PAR, SUL; EIH), *dō*(*d*)*n* (DEG, GRA, PA, WOS), *dotn* (REG), *dūd* OP, MF (dazu PEG), *dut* (SUL), *dū*(*d*)*n* (SUL), *duαd* OP (dazu BT, WUN), *duαdn* (NEW), ferner *dēdi* u.ä. (LL, PAF, WS; PAR, RID; ND), *dēdα* u.ä. (IN, LL; BEI; EIH), *detα* (AM), *dīdα* (VOH), *deto* (BEI), ohne Uml. *dūdi* (HEB), *dōdα* u.ä. (AIC, LL, STA; KEM, SUL; EIH; A, ND), *dotα* (VOH), *dūdα* (ESB, SUL; HEB, HIP, LAU, WUG), *-uα-* (KEM, TIR).– Dim. *dē*(*d*)*lα* (IN, TÖL; VOH; EIH), *dīdlα* (WUG), *dēdli* u.ä. (GAP), ohne Uml. *dō*(*d*)*l* (AIC, IN, DAH, PAF), *dō*(*d*)*lα* u.ä. OB, SCH (dazu R, WÜM; EIH, WUG), *-ū-* MF (dazu NM), *dōdli* u.ä. (GAP, SOG; A), *dōdαl* (STA, TÖL), *-uα-* (NEW).– Dim. auch M. nach natürlichem Geschlecht (NM; EIH, GUN, HIP, SC, WUG).

Delling I,128, 130; Hässlein Nürnbg.Id. 57; Schmeller I,633f.; Westenrieder Gloss. 584; Zaupser 21.– WBÖ V,208f.

Abl.: *Tötel, Toterer*[1], *Tötin, Tötlerin.*

Komp.: [**Tauf**]**t. 1** männlicher Taufpate, °OB, °NB, °OP, SCH vereinz.: *da Daftuat* Falkenbg TIR; „der *Taufdöd* der Hochzeiterin [hat] das eigene Aemtlein, daß er … ausschreit, was *geehrt* [geschenkt] ist worden“ Schlicht Bayer. Ld 248; *wer sein Taufdött gewessen, soll dieß bekhenen* Geisling R 1690 VHO 65 (1915) 97.– **2** männliches Taufpatenkind, °OB, °OP vereinz.: °*da Taufdet* Kohlgrub GAP.

Schmeller I,633.– WBÖ V,208.

[**Firm**(**en**)]**t. 1** männlicher Firmpate, °OB, °NB, °OP, MF, SCH vereinz.: °*dea goot heit zum Furmadöd zum Ohalta* [um Firmpatenschaft bitten] Peiting SOG; °*wennst so guat waarst und taatst ma für mein Boum an Fiamdöd macha* M’rfels BOG; *mei Voda war sei Firmdeed* Rötz WÜM Böck Sitzweil 26.– **2** männliches Firmpatenkind, °OB, °OP vereinz.: *d Fiamdön* „Firmpatenbuben“ Altfalter NAB.

Schmeller I,633.– WBÖ V,208.

[**Recht**]**t.** wie →[*Tauf*]*t*.1: *da Rechtdöd* Forst WM. M.S.

toteinen, toteneinen
Vb., nach Totem, Verwesendem riechen, °nördl.OP vielf., OF vereinz.: *dös douneind* Pechbrunn TIR. F.M.E.

Totel, -ö-
F. **1** Tauf- od. Firmpatin, °OB, °NB, °OP, MF, SCH vereinz.: *die Dool* Sünzhsn PAF; *du:dl* „Taufpatin" KILGERT Gloss.Ratisbonense 64.– Phras.: °*des is Dul wöi Basl* „einerlei" Sulzbach-Rosenbg.
2 weibliches Patenkind, °OB, °NB, °OP, °MF, °SCH vereinz.: °*die Dodl* H'schmiding WOS.
3: *Dodl* „Tochter des Gevatters" Rdnburg.
SCHMELLER I,633.– WBÖ V,209.

Komp.: [**Tauf**]**t.** Taufpatin, °OB vereinz.: °*Tafdol* „Taufpatin" Fahrenzhsn DAH.

[**Firm**]**t. 1** Firmpatin, °OB, °OP vereinz.: *d Fiamdol* Scheyern PAF; „als mir meine ... *Firmdodl* ... mehr als ein Dutzend ... tieforangefarbene Ostereier schenkte" Oberpfalz 66 (1978) 187.– **2** weibliches Firmpatenkind, °OB, °OP vereinz.: °*Firmdodl* Cham.
WBÖ V,209. M.S.

Tötel, -o-
M. **1** männlicher Tauf- od. Firmpate, °OB, °NB, °OP, MF vereinz.: *da Dehl* Hagenhill RID; *Dodl* JUDENMANN Opf.Wb. 42.
2 männliches Patenkind, °OB, °NB, °OP vereinz.: °*da Del* Dachau; *dō'l* „Firmling" nach HECHT Neunburg 24.
3: *Dödl* „Sohn des Gevatters" Rdnburg.
SCHMELLER I,633.– WBÖ V,209.

Komp.: [**Tauf**]**t.** männlicher Taufpate, OB vereinz.: *Taufdodl* Pfaffenhfn FDB.

[**Firm**]**t. 1** männlicher Firmpate, OB vereinz.: *da Fermdeel* Gaimershm IN.– **2** männliches Firmpatenkind, °OB, °OP vereinz.: °*Firmdodl* Peißenbg WM. M.S.

toteln[1]**, -ö-**
Vb. **1** nach Totem, Verwesendem od. muffig riechen, °OB, °NB, SCH vielf., OP, MF mehrf.: °*die tuat scho toudän* Reichersbeuern TÖL; *der döidlt* Rgbg; *doudln* „nach Verwesung riechen" KILGERT Gloss.Ratisbonense 163; *dû tœtelst, und alsô smeckest dû nâch den tôten* BERTHOLDvR I,178,32f.
2 dem Tod nahe sein, °OB, °NB vereinz.: °*doudän* Fischbachau MB; *da Opa doudlt a weng* „richtet sich aufs Sterben ein" JUDENMANN Opf.Wb. 42.
3 langweilig, ereignislos sein, °OB, °NB vereinz.: *do doudlds!* Birnbach GRI; „Wenn nichts los ist, dann *doudlt's*" J. ROTTMEIER, Bazi, Blunzn, Breznsoizer, München 2015, 94.– Auch düster, eintönig sein: °„ein Bild, ein Raum kann *doudln*" Wasserburg.
4 todmüde sein: *toudln* Spr.Rupertiwinkel 90.
SCHMELLER I,633; WESTENRIEDER Gloss. 98 (dedeln).– WBÖ V,209.

Komp.: [**ab**]**t. 1** töten, umbringen, °NB vereinz.: °*den hoda so lang am Hois baggd, bis an odoudld hod* Simbach PAN; *Spinnst, willst ihn abtoteln!* H. ACHTERNBUSCH, Die Atlantikschwimmer, Frankfurt a.M. 1978, 95.– **2**: °*den haben wir abtoudlet* „beim Kartenspiel das ganze Geld abgewonnen" Aidenbach VOF.
WBÖ V,209.

[**der**]**t.**: °*dadoudlt* „nicht fachgerecht geschlachtet, von Kleinvieh" Grafing EBE. F.M.E.

toteln[2], viel reden, schwätzen, →*totteln*.

töten, -toten
Vb. **1** töten.– **1a** töten, umbringen, in heutiger Mda. v.a. (Insekten) zerquetschen, °Gesamtgeb. vielf.: °*doadses däin!* O'nrd CHA; *d Fleach deadn* Derching FDB; „einen Floh *dettn* (mit dem Daumennagel)" ILMBERGER Fibel 45; *Swer varrnd volkch ... schilt oder sleht| daz daz blvt niht fvr chvmt| vnd niht tœttet* Passau 1299 Corp.Urk. IV,541,17f.; *Lasz ynn tôtten, er wirt auch getôdt* JOHANNESvI Fürstenlehren 3,64f.; *du solst nit tödten* SELHAMER Tuba Rustica I,270.– **1b** abtöten, OB mehrf., NB, OP, OF, MF, SCH vereinz.: *an Närv doiddn* Taubenbg MB.
2 (Feuer, Licht u.ä.) auslöschen: *s Lauffoia dettn* Mittich GRI; *dättn* „(Feuer) löschen, ausdrücken, austreten" ZEHETNER Bair. 348.
3 †knacken, durch Zusammenpressen öffnen: *Nuß· tœten* SCHMELLER I,633.
4 †(Quecksilber) zum Erstarren bringen: *Man tôtt ez mit spaicheln vnd mit aschen* KONRADvM BdN 514,6f.; *Rierß ... bis dus das queckhsilber tedtest und nimer siechst* Roßarznei (SCHUTZBACH) 27.

5 †für ungültig erklären: *vnd tötten si alle mit diser hantveste/ daz si dehein chraft haben furbaz* Mühldf 1291 Corp.Urk. II,660,42f.

Etym.: Mhd. *tœten*, *-ô-*, Abl. von →*tot*; PFEIFER Et.Wb. 1441.

SCHMELLER I,633.– WBÖ V,209f.

Komp.: **[ab]t.** **1** töten.– **1a** wie →*t.* 1a, °OB, °NB, °OP vereinz.: °*fang d Fleischfloing und duas glei ådeddn* Grafenau; *otetn* Spr.Rupertiwinkel 70; *kain menschen mêr ... abteten und aufopferten* AVENTIN IV,307,23 (Chron.).– **1b** wie →*t.* 1b, OB, NB vereinz.: *däa Zåhn duad ma nimma wäa, a den hån a man scho an Näaf ohdäadn låssn* Kochel TÖL.– **2** wie →*t.* 2, °OB, °NB vereinz.: °*Zigarettn odettn* Mchn; *dåtf väi g glǫud ǭdeitf!* „Daß ihr ja die Glut auslöscht" nach KOLLMER II,371.– **3** verwelken, welk werden: °*odout* „vom Gras" Isen WS; *ǭdǫuth* Matzbach ED nach SOB V,295.– **4** †rechtlich ungültig, aufgelöst, nichtig werden: *bayd brieff ... sind dann abtödt v. kraftloss worden* Indersdf DAH 1447 OA 24 (1863) 298.

SCHMELLER I,633.– WBÖ V,210f.

†**[er]t.** **1** wie →*t.* 1a: *daz ez* [Vieh] *ein jud ertötet hat* um 1300 Stadtr.Mchn (DIRR) 202,4; *daß der arme Sünder ... mit dem Strang an der Saul ertödt werde* Landr.1616 827.– **2** zerstören, vernichten: *sünte und ... girde ... habent uns ertötet an der sele* O'altaicher Pred. 163,22.

SCHMELLER I,633.– WBÖ V,211. F.M.E.

Töter, -töterer

M. **1** †Töter: *so sleicht si dem töter ẙmmer mer nach* KONRADvM BdN 290,7.

2 Dim., junge Gans: *Dederl* Lichtenwd R; *Dederl* Bodenwöhr NEN DWA XV,65.

Etym.: Mhd. *tœter* stm., Abl. von →*tot*; WBÖ V,211.

WBÖ V,211.

Komp.: **[Bremen]t.** Fliegenpilz (Amanita muscaria), MF vereinz.: *Bremadäida* Pollenfd EIH; *brémadęida* Schnaittach LAU nach WEBER Eichstätt 146.

[Drachen]t. Drachentöter, Beiname des hl. Georg, OB, NB, OP vereinz.: *da Dråchenteta* Ingolstadt.

[Fliegen]t. wie →*[Bremen]t.*, °OB vereinz.: *Fliagndöiderl* Rattenkchn MÜ.

†**[Hunds]t.** Abdecker, Wasenmeister: „Ein *Abdecker*, auch *Hundstöter* ... genannt" Tölz um 1660 Bayerld 1 (1890) 106.

[Laus]t. **1** Daumen, NB, OP vereinz.: *da Lausdedda* Haidmühle WOS; *Laustöterl* Bay.Wald BRONNER Bayer.Land 335.– **2** abwertend von Menschen.– **2a** geiziger Mensch, OB, NB vereinz.: *a Laustäta, der d Laus um an Balg schindt* Pfaffenbg MAL; „Unter den unverheirateten alten Bauern trifft man manchen Geizigen ... *Lausdöitta*" NB Bayerld 13 (1902) 443.– **2b** neidischer Mensch: *a Laustöter* Steinebach STA.– **2c** nörgelnder, nervenaufreibender Mensch, °OP vereinz.: °*Lausdöida* „Kinder, die durch ewiges Bitten was erreichen wollen" Wdmünchen.– **2d** Leisetreter, OB, NB vereinz.: *Laustäita* Arrach KÖZ.

SCHMELLER I,1511.– WBÖ V,211.

[Neun]t. **1** Neuntöter, OP, MF mehrf., OB, NB vereinz.: *da Neutäida* Naabdemenrth NEW; *Neu'töjda* „Vogel, der seine Beutetiere auf Dornen von Büschen aufspießt" JUDENMANN Opf. Wb. 114.– Phras.: *wie ein N.* unnachgiebig: *er is wäi a Neitäita* Etzenricht NEW; *Owa er tout zou wöi a Neitäita* HEINRICH Stiftlanda Gschichtla 30.– **2** Hornisse: *Nainteta* Ingolstadt; *Neuntöter* Donaumoos HuV 16 (1938) 236.– **3** unnachgiebiger Mensch, °OP vereinz.: °*Neideida* Erbendf NEW; *Naitäiterer* Moosbach VOH Die Arnika 34 (2002) 150.

[Wurm]t. Wunderheiler eines Fingergeschwürs: *der Wurmtöter* „Sonntagskind, das unter heiligen Zeichen den kranken Finger knetet" Höhenstadt PA. F.M.E.

Toterer[1], -ö-

M. **1** scherzh. Taufpate: *de^{i}tara* Griesbeckerzell AIC nach SBS II,191.

2: °*Duadara* „Patenbub" Altglashütte TIR.

M.S.

Toterer[2], langweiliger Mensch, → *Totterer[1]*.

Töterling[1], -tötnerling

M. **1** giftiger, ungenießbarer od. alter Pilz, °OB, °NB vereinz.: *schmeißn weg, des is a Dederling!* Wasserburg; *dedælen* „alter Pilz" nach KOLLMER II,85.

2 Fliegenpilz (Amanita muscaria), OB, °NB vereinz.: *Dödalöng* Wassing VIB.

3 Täubling (Russula): *Dedaling* N'taufkchn MÜ; *a zammgschnarchta Döttaling* LETTL Brauch 157.

WBÖ V,212.

Komp.: [**Fliegen**]**t.** wie →*T.*2, °OB, °NB vereinz.: °*Fliagndenerling* Aich VIB. F. M.E.

Töterling², langweiliger Mensch, Kuhfladen, →*Dederling*¹.

toterln, -ö-
Vb., nach Totem, Verwesendem riechen, °OB, °OP vereinz.: °*dedalan* Halfing RO. F. M.E.

tötig, -icht
Adj., nicht lebhaft, schwach, kränklich, °OB, °NB, °OP, °MF vereinz.: °*was wird denn die Henn haben, weils so dedi umeinand geht* Fürstenstein PA; *têdi'* SCHMELLER I,633; *Dödig* „schwächlicht, kränklicht" HÜBNER Salzburg 960.
Etym.: Mhd. *tœtic, tœdic*, Abl. von →*tot*.
SCHMELLER I,633.– WBÖ V,212. F. M.E.

Tötin, -o-
F. **1** Tauf- od. Firmpatin, °Gesamtgeb. vereinz.: °*die Dudi* Regelsbach SC; „Taufpatin ... *dēden*" Schneidhart KEH nach SNiB II,244.
2 weibliches Patenkind, °NB, °OP vereinz.: °*die Dedin* Mintraching R.

Komp.: [**Tauf**]**t.** Taufpatin: *Daffdedin* Pirk NEW; *dạvdēden* Mietraching DEG nach SNiB II,244. M.S.

Tötlerin
F.: *Delarin* „Patin" O'zell PAF. M.S.

totlicht, -ö-
Adj. **1**: °*a dedlats Mannsbild* nicht lebhaft, schwach, kränklich Hohenpeißenbg SOG.
2 nach Totem, Verwesendem, muffig riechend: °*s håt an doudlatn Gru* Passau. F. M.E.

totlingen, -ö-
Vb., nach Totem, Verwesendem riechen, OB vereinz.: *dåutlinga* Schönbg MÜ. F. M.E.

Dotsch, ungeschickter Mensch, Kartoffelpuffer, →*Tatsch*.

Dotsche, Rübe, →*Tatsche*.

Tottel, Todel
M., F. **1** abwertend von Menschen.– **1a** dummer, einfältiger Mensch, °OB, °NB, °OP, °MF, °SCH vereinz.: °*dea Toudl bringt s Verkerte mit* Marktl AÖ; *Doul* „Idiot" KONRAD nördl.Opf. 10.– **1b** langweiliger Mensch: °*Doudl* Birnbach GRI; *A so a Doudl, a so a lɐdschada* AMAN Schimpfwb. 46.– **1c** eigensinniger Mensch: °*Doudl* „seltsamer Mensch, Eigenbrötler" Erbendf NEW; *dotl* HOHENEICHER Werdenfels 21.– **1d** grober, ungehobelter Mensch: *a Toudl* roher Bursche Naabdemenrth NEW.
2 Hausschuh: °*da Kloan howe so Doddl gstrickt* G'holzhsn RO; „einer nach dem andern holte sich ... seine *Dotteln* (Filzschuhe) heraus" Elbach MB HuV 13 (1935) 86.
Etym.: Wohl onomat.; WBÖ V,214. Bed.2 wohl onomat. wie österr. *Tattel* (WBÖ IV,952).
SCHMELLER I,631f.– WBÖ V,214.

Abl.: *tottelhaft, totteln, Tottler, tottlicht*.

Komp.: [**Haus**]**t.** wie →*T.*2: *Hausdottl* Hausschuh O'audf RO.

[**Ge-mein**]**t. 1** dummer, einfältiger Mensch vom Dorf, °OB, °NB, °OP vereinz.: °*Gmoadool* Dachau.– **2** geistig beschränkter Mensch, der von der Gemeinde unterstützt wird, °OP vereinz.: °*der Gmoitottel* Fronau ROD.– **3**: *Gmoadottl* Flurschütze O'audf RO. F. M.E.

tottelhaft, todelhaft
Adj., langweilig, langsam: *doudlhaft* nach AMAN Schimpfwb. 46. F. M.E.

totteln, todeln
Vb., viel reden, schwätzen, °OB, °NB, °OP vereinz.: °*der hört s Todeln nimmer auf* Thanning WOR.
WBÖ V,215.

Komp.: [**hin**]**t.**: °*dea todlt allerweil o andere hi* „kritisiert Fehler einer anderen Person" Fronau ROD. F. M.E.

Dotter(er), -ern, Du-
M., F., N. **1** Eidotter, °OB, °NB, °OP vielf., OF, °MF, SCH mehrf.: *Doodan* Fdwies TS; °*gösdan hanö va dö groußn Oja oas afgschlong, då hand zwä Dudara drin gwön* Grafenau; °*Duadara* Erbendf NEW; *duda* KOLLMER II,98; *Vitellum ... tutoro* Windbg BOG 12.Jh. StSG. IV,109,16; *ein ler ayrschaln, auz der ir toter vnd als ir weizz datz* [durch] *einem clainen lŏchlein gezogen sei* KONRADVM BdN 110,30-111,1; *schlag ein ganzes äÿ, ŭnd zweÿ dotter darein* PICKL Kochb.Veitin 81.– Phras.: *gelb wie ein / der D.* NB, OP, MF vereinz.: *gelb wöi a Dottern* „von der Gesichtsfarbe" Roth SC.–

°*Du host a niat amal no n Doda gschlunka* „bist zu früh geboren“ Hohenburg AM.– *Jmds Eier haben zwei D.* u.ä. jmd übertreibt, prahlt, NB, MF vereinz.: *bei dem hot a jeds Oa zwoa Dotta* Passau; *Seine Eyer haben alle zwey Dotter* Baier.Sprw. II, Nachlese [225];– „Allesbesserwissen ... *No, dera ihrane Oar ham alle zwoa Dotta*“ NB Bayerld 13 (1902) 430;– *Bài de ... hǫd à jęds Gaggàl* [Ei] *zwoà Dudà* „Die haben unglaubliches Glück“ Kaps Welt d.Bauern 127.
2 Pfln., Pilz.– **2a** Pfln.– **2aα** †Saatdotter (Camelina sativa): *Dodə'n* „der Leindotter“ Schmeller I,553f.– **2aβ** Korbblütler.– **2aβi** Wucherblume (Chrysanthemum leucanthemum), in Phras.: °*Dotter und Eiweiß* Abensbg KEH.– **2aβii** Kanadisches Berufkraut (Erigeron canadensis): *Dotter* Mallersdf Marzell Pfln. II, 281.– **2b** Echter Gelbling (Cantharellus cibarius): *Doterer* „Pfifferling“ Hohengebraching R.

Etym.: Ahd. *totoro, tuta-* swm., mhd. *toter, tu-* swm./stn., westgerm. Wort idg. Herkunft; ²DWB VI,1295. Bed.2 möglicherweise anderer germ. Herkunft; ²DWB VI,1295.

Ltg, Formen: *dota* u.ä., auch *dōda* u.ä. OB, NB, OP, SCH (dazu EIH), *-ua-* (KEM), *dotan* u.ä. OP, OF, MF (dazu BGD, FFB, M, SOB, TS), *dōdan* u.ä. OB, OP (dazu MAI, MAL; HIP; ND), *-ua-* (TIR; WUN), *dotara* u.ä. OB (dazu KEH; BUL, ESB), *dōdara* u.ä. OB, OP (dazu KEH, LA, MAL, ROL, VIB; EIH; FDB), *-ua-* (KEM, NEW, TIR, VOH), ferner *duta* NB (dazu LF, RO, WOR; R), *dūda* NB (dazu AÖ, BGD, LF, MÜ, PAF; CHA, R, RID, ROD), *dutan* (BGD, LF, TS; TIR), *dūdan* OB (dazu NM), *dūdara* NB (dazu MÜ; ROD, VOH).– Dim. *dotal* (STA), *dōdal* (WOR), *dōdala* (VOH).– Genus M., daneben F. bei Formen auf *-a* (BT; AN, FÜ, ER, LAU, SC), *-an* (ESB, KEM; BT, FO, WUN; ER, FÜ, LAU, SC), N. bei Formen auf *-a* (SOB; R; WUN).– Dim. auch M. (WOR).

Delling I,128; Schmeller I,553f.; Zaupser 21.– WBÖ V,215f.

Abl.: *Dotterich, Dotterling.*

Komp.: [**Ei(er)**]**d.** wie →*D.*1, °OB, °NB, °OP, MF, SCH vereinz.: °*tou an Oiadodan wegga, daß i Schnee schlogn ko!* Wettstetten IN; *Euerduderer* Wallkfn MAL DWA XIX,15; „Der *Eyer-Dotter* ist weit gesünder, als das Weisse“ Schreger Speiß-Meister 125.– Phras.: *gelb wie ein E.* OB, NB, OP vereinz.: *gel weja Ojaduda* „Farbe des Gesichts“ Neukchn KÖZ.
WBÖ V,216.

[**Frauen**]**d.** Trollblume (Trollius europaeus): *Frauendotter* O'ammergau GAP.

†[**Lein**]**d.** wie →*D.*2aα: „der Anbau von *Leindotter*“ Landw.Bay. 260; *ein Vierling Leindotter 12 kr.* Neumarkt-St.Veit MÜ 1613 Bayerld 11 (1900) 264 (Rechnung). M.S.

Totterer[1], **Toderer**
M., langweiliger Mensch: *Daudara* Aicha PA.
Etym.: Abl. zur selben onomat. Wz. wie →*Tottel*; vgl. WBÖ V,133.
WBÖ V,133.

Abl.: *Totterling, totterln.* F.M.E.

Totterer[2], ängstlicher, schwatzhafter Mensch, →*Tatter(er)*.

Dotterich
M., Eidotter: *a gelba Dotteri* Bachern FDB.
M.S.

Dotterling
M., Eidotter, °OB, °NB vereinz.: *Dodalöng* Ascholding WOR; *Duderling* Mettenham TS DWA XIX,16.
WBÖ V,217. M.S.

Totterling, Toderling
M.: *Doudaling* „langsamer Mensch“ Grafing EBE.
WBÖ V,133. F.M.E.

totterln, toderln
Vb.: °*der tådalt di ja z tåd* „schwätzt dich voll“ Taching LF. F.M.E.

tottern, stottern, →*tattern.*

Tottler, Todler
M. **1** Vielredner, Schwätzer, °OB, °NB, °OP, °MF vereinz.: °*a Dåudla red ewig an Bledsinn und hört nimma auf* Halfing RO.
2: °*Doudler* „langsamer, langweiliger Mensch“ Aidenbach VOF.
WBÖ V,217. F.M.E.

tottlicht, todlicht
Adj., langweilig, langsam: *doudlad* Aman Schimpfwb. 46.
WBÖ V,217. F.M.E.

Dotze
F. **1** Hirse- od. Haferrispe, °OB, °NB vereinz.: °*d Dotzn* „von Hirse“ Fürstenstein PA.
2 Zielholz beim Eisstockschießen, °OB vereinz.: °*de Dotz is a sexgeckerts Holzstückl* Halfing RO.
Etym.: Herkunft unklar; vgl. WBÖ V,218.
WBÖ V,218.

Abl.: *dotzelicht, dotzicht.* M.S.

dotzelicht
Adj.: °*dozalad* „fettleibig" Malching GRI. M.S.

dotzicht
Adj. **1** von Pflanzen.– **1a** gut gediehen, prall (von Ähren, Rispen), °NB vereinz.: °*dotzat* Pleinting VOF.– **1b** voller Knospen: °*daß der Baam ganz dotzet is und der ander danebm so after* [dürftig blühend]*!* Fürstenstein PA.
2 zähflüssig, zäh, °OB, °NB vereinz.: °*dåtzad* „von Schleim, der sich nicht lösen will" Dachau. M.S.

toujours
Adv., fortwährend, ständig, °OP vereinz.: °*duschua* „immerzu" Weiden; *ma koa niat tuschua arwan* SINGER Arzbg.Wb. 243; *wer … den andeen anspricht um scheden … so mag, der angesprochen ist, woll doschur khumen mit seinen rechten als recht ist* Kastl NM 2.H.16.Jh. VHO 89 (1939) 173.
Etym.: Aus frz. *toujours*; Schwäb.Wb. II,514.

Abl.: *Toujourslein.* M.S.

Toujourslein
N.: *Mei Tuschurl is wega* „Sturmfeuerzeug" MM 25./26.10.1997, J5. M.S.

Tour
F. **1** Umdrehung, Kreisbewegung, nur in Phras.: *in einer T.* fortwährend, ständig, °OB, °NB, OP, °MF vereinz.: *s rengt in oana Dua* Dietldf BUL; *i woit'n ärgan, wei er mi aa in oana Tuhr g'ärgad hod* TOCHTERMANN Oiß wos Recht is 59.
2 Tanzrunde, °MF, SCH vielf., °OB mehrf., °NB, OP vereinz.: *a Dur zåin* Willprechtszell AIC; *Tanzen möcht i mit dera amoi, und wenn oa Tour a Zwanzgerl kosten taat!* PESTENHOFER Drahtverhau 95.
3 Reise, Strecke.– **3a** Gang, Fahrt, Reise: *Über Berghof, Schernried … bis Wollmansdorf ist ihr Gäu ganga und a kloane Tour war no nach Reiserbügl* PAR Altb.Heimatp. 64 (2012) Nr.33,21.– **3b** best. Strecke: *grade ging der Polizist seine Tour, da hat ihm der Pole erzählt, daß ich ein Schwein geschlachtet hab* A. WIMSCHNEIDER, Herbstmilch, [14]München 1987, 98.
4 Vorgehensweise, (hinterlistiges) Verhalten: °*kimm ma net auf de Tour* Rgbg; *Tua* „[die übliche] Handlungsweise" BRAUN Gr.Wb. 687.– Phras.: °*jetz geht's auf a andere Tour* „jetzt werden härtere Maßnahmen ergriffen" Rgbg.
5 langwieriges, anstrengendes Unternehmen: *Dös is a Tua(r), suawoos* SINGER Arzbg.Wb. 242.
6 Arbeitsschicht: „Eine … *Tua* … dauerte … 11 bis 12 Stunden … In einer Woche mußte man … vier *Tuan* arbeiten" FÄHNRICH M'rteich 82.
7 best. in einer Arbeitsphase zu bearbeitende Menge, °OB, °OP vereinz.: °*erst is a Dur droschn worn, dann hods Frühstück gem* G'holzhsn RO; °*Dur* „bestimmte Menge beim Häckselschneiden" Kchnthumbach ESB; „zum Dreschen ausgelegte Getreideschicht … *dūrə* Pl." Schwifting LL nach SBS XII,382f.
Etym.: Aus frz. *tour* 'Drehung, Wendung'; KLUGE-SEEBOLD 923.
WBÖ V,1097-1099.

Abl.: *-tourlich.*

Komp.: [**Tanz**]**t.** wie →*T.*2, °OB, NB, OP, MF vereinz.: *Tanztur* Eining KEH.

[**Extra**]**t.** Tanzrunde für best. Personen, °MF vielf., °OB, °NB, °OP, °SCH vereinz.: °*eatz Musikantn, schbuits amal auf mein Nåma a kloane Extratour!* Wettstetten IN; *Äxtratur* Bruck ROD.

[**Frei**]**t.** wie →[*Extra*]*t.*, °OB, °NB, °OP, °MF vereinz.: °*Freituor* „nur für bestimmte Paare" Ruhmannsdf VIT.

[**Sauf**]**t.** Zechtour, °OP vereinz.: °*dea hot wieda sei Safftuar* Weiden.

[**Solo**]**t.** wie →[*Extra*]*t.*: *Solotour* Nabburg.

[**Zech**]**t.** wie →[*Sauf*]*t.*: °*Zechtour* Schierling MAL; *Nach einer Zechtour samma mitten in der Nacht zum Fischen ganga* MM 5./6.7.2008, 35.

[**Zehnerlein**]**t.** Tanzrunde, in der die Musiker Geld einsammeln, °OB, °NB vereinz.: °*Zenaltuar* (Ef.) Pfraundf RO; „Dagegen schwärmen die [Musikanten] für vorteilhafte Karnevalsengagements: *Zehnerltouren*, Extratrinkgeld und Freibier" Münchener Ratschkathl 18 (1906) Nr.8[,2]. M.S.

-tourlich
Adj., nur im Komp.: [**außer**]**t.** außer der Reihe, zusätzlich: „wenn man *außertourlich* [zwischen den Zahltagen] Geld benötigte" REIMEIER Hüttenstaub 128. M.S.

Tout
M., Solo im Kartenspiel (bes. Schafkopf), bei dem der Spieler alle Stiche machen muß, °OB, °NB, °OP, °SCH vielf., °OF, °MF mehrf.: °*heit han i scho an Du voschpuit* Garching AÖ; °*dou assa af an Du!* Kchndemenrth NEW; *wennst alle achte* [alle Ober u. Unter] *hast, kannst an Duh spieln!* PESCHEL Schaffkopfen 64.

Etym.: Aus frz. *tout* 'alle'; C.D. GRUPP, Schafkopf Doppelkopf, Niedernhausen 1985, 33.

Komp.: [**A**]**t.**, Trumpf im Kartenspiel, →*Atout*.

[**Bettel**]**t.** Solo im Kartenspiel, bei dem der Spieler keinen Stich machen darf, °OB, °OP vereinz.: °*Bell-Du* Kühbach AIC.– Zu →*Bettel* 'dass.'.

[**Dame**]**t.** Solo im Schafkopf, bei dem nur die Ober Trumpf sind u. der Spieler alle Stiche machen muß, °OP vereinz.: °*Dame-Du* Pielenhfn R; *Dame-Tout* PESCHEL Schaffkopfen 104.

[**Geier**]**t.** wie →[*Dame*]*t.*: °*Geierdu* Obing TS; *Geier-Tout* PESCHEL Schaffkopfen 104.– Zu →*Geier* 'Ober'.

[**Herz**]**t.** Herzsolo, bei dem der Spieler alle Stiche machen muß: °*i spui an Herz-Du!* Straßkchn SR; *Herz-, Grün-, Schellen-Tout* KILGERT Gloss.Ratisbonense 164.

[**Sie**]**t.** Solo im Schafkopf, bei dem der Spieler alle Ober u. Unter hat: °*Si-Du* Grafing EBE; *si-du:* KILGERT Gloss.Ratisbonense 164.– Zu →*Sie* 'dass.'.

[**Solo**]**t.** wie →*T.*, °OB, °NB vielf., °OP mehrf., °OF, °MF, °SCH vereinz.: °*der håt an Solo-Du ghabd* Thanning WOR; °*er spuit an Solo-Du* M'rfels BOG; „Der Traum jedes Schaffkopfspielers: ein *Solo-Tout* mit fünf Laufenden" PESCHEL Schaffkopfen 85.

Mehrfachkomp.: [**Schell**(**en**)-**solo**]**t.** Schellensolo, bei dem der Spieler alle Stiche machen muß, °NB vereinz.: °*Schellnsolodu, Herzsolodu, Oachlsolodu, Greasolodu* Kumrt WOS; „ich spiele ... *Schell-Solo-Du*" SIRCH Kartenspiele 43.

[**Wenz**]**t.** Solo im Schafkopf, bei dem nur die Unter Trumpf sind u. der Spieler alle Stiche machen muß, °OB, °OP vereinz.: °*Wenz-Du* Pielenhfn R; „Sie gewinnt den *Wenz-Tout* und damit ... das Turnier" PESCHEL Schaffkopfen 18.– Zu →*Wenz* 'Unter'. M.S.

Trab, Trapp
M. **1** Trab, best. Gangart des Pferdes, °OB, °NB, °OP mehrf., °MF, °SCH vereinz.: °*mit de schwaarn Bauernroß konnst gråd an Trab reitn* Obing TS; *der reit a schöns Trabl* Weiden; *dà kan i nid in Tràpp reit'n* OB Bavaria I,348.– Phras.: *jmdn haben die Zigeuner im T. verloren* jmd ist anders als die übrigen Familienmitglieder: °*den ham Zigeuner im Trab verlorn* „der ist aus der Art geschlagen" Hzkchn MB; *jmdn haben die Zigeuner im T*[*rapp*] *verloren* ZEHETNER Bair.Dt. 349.
2 schnelles Gehen, Laufschritt, °OB, °NB, OP, °MF, SCH vereinz.: °*der kimp im Trab daher* Haslangkreit AIC; °*da Måx rennt in Dråbb davu* Raitenbuch WUG.– Phras.: *im T.* rasch, innerhalb kurzer Zeit: *des muaß an Dråpp gea* „schnell" Kochel TÖL; „Kinderkriegen ... mußte unauffällig und möglichst *im Trab* passieren" L. DENK, Heimat Los, München 1993, 121.– *Auf / im T. sein* in Eile sein, viel zu tun haben, °OB, °OP vereinz.: °*i bin grad im Trapp* „mir pressierts" G'höhenrain AIB; *Däer is immer in Trab!* „sehr beschäftigt" BERTHOLD Fürther Wb. 233.– *Jmdn auf / in T. bringen / setzen* u.ä. zur Eile, zu einer Tätigkeit antreiben, °OB, °NB, °OP, °MF vereinz.: °*den hob i scho auf Trapp bracht* Eslarn VOH.– *Jmdn auf / im T. haben / halten* u.ä. nicht zur Ruhe kommen lassen, °OB, °NB, °OP vereinz.: °*den howe am Tråpp* Pertolzhfn OVI; *auf / im T*[*rapp*] *halten* ZEHETNER Bair.Dt. 349.– *Jmdn am / im T. haben* u.ä. nicht leiden können, °OB, °NB, °OP, °MF, °SCH vereinz.: °*den Bazi, den hob i schwar am Trapp* Bayrischzell MB.– Scherzv.: *Schuastapapp, lauf ön Drapp!* „Spott auf einen Schuhmacher" Reisbach DGF.
3 übertr. †Gewohnheit, Trott: „die *Kodenbauern ... nahmen einen Weg als den andern ihrem altem Trab nach*" Furth CHA 1586 VHO 89 (1939) 287.
4 †Viehweide, Weiderecht, nur in Phras.: →*Trieb und T.*

Etym.: Mhd. *drap* stm., Abl. von →*traben*; Frühnhd.Wb. V,1067f. Teilw. nicht von →*Trapp* zu unterscheiden, bes. in Komp. Deshalb *-trab* u. *-trapp* hier zusammengefaßt.– In Bed.4 wohl aus →*Trate* unter Einfluß von →*Trieb*; Schw.Id. XIV,55.

SCHMELLER I,672.– WBÖ V,219, 316.

Komp.: [**Post**]**t.** langsamer Trab: *a Bostdrabbal* „gemütlicher Trab" Reisbach DGF.

[**Fäck**(**e**)**lein**]**t.** **1** Gangart des Ferkels, °OP vereinz.: °*Fackltrab* „leicht hopsende Bewegung" Neumarkt.– **2** wie →*T.*2, °OB mehrf., °NB, °OP, °MF, °SCH vereinz.: °*im Faggidråbb sama aufd Båhn glaffa, daß mar an Zug no dawischn* Ebersbg; *Im Faggedrabb is da Pfarra zur Fruamess glaffa* BINDER Bayr. 56.– Phras.: °*heit gehts aber im Fackeitrab!* „die Arbeit geht schnell voran" G'höhenrain AIB.– **3** langsames, schwerfälliges Gehen, °OB mehrf., °NB, °OP, °MF vereinz.: °*dea kimd dahea im Faggeitrab* „langsam, müde" Rechtmehring WS; *Faggedrab* „langsames Laufen" Spr.Rupertiwinkel 25.– **4** Fortbewegung einer Gruppe.– **4a** hintereinander in einer Reihe, °OB, °NB vereinz.: °*jetz gehts an Faggetrab dahi* Garching AÖ.– **4b** ungeordnet, °OB, °NB vereinz.: °*im Faggätrab daherkommen* Hzkchn MB.
WBÖ V,317.

†[**Vor**]**t.** **1** Vortrab, Vorhut: „Der ... *Vortrab* der französischen Armee steht ... auf dem Burgfelde in Schlachtordnung" Laufen 1800 Salzfass 35 (2001) 18.– Übertr. Spitze einer sich fortbewegenden Gruppe allg.: *die H. Püchsenmacher ... und Gabelmacher ... enden den Vortrapp des geistlichen Spectakels* BUCHER Charfreytagsprocession 23.– **2** Vorbote: *Was war das grobe Ungewitter anderst als ein Vortrap des Tods?* SELHAMER Tuba Tragica I,487.– **3** Vorrede, Einleitung: *Ach! was für ein grausamer Vortrab war dieser/ zum angehenden Gericht* SELHAMER Tuba Tragica I,19.– **4** Vorrang, höhere Stellung: *Wer oben sitzt/ dem ist man neidig ab seinen Vortrab* SELHAMER Tuba Tragica I,452.

[**Hund**(**s**)]**t.** **1** Gangart.– **1a** Gangart des Hundes, °OB, °OP vereinz.: °*Hundstrab* Weiherhammer NEW.– **1b** wie →*T.*2, °OB, °NB, °OP, °MF, °SCH vereinz.: °*der haut in Hundstrab ab* Schönbrunn LA; *im Hundstrapp laufen* Schönwd REH WINKLER Heimatspr. 91.– Phras.: *im H.* rasch, innerhalb kurzer Zeit, °OP vereinz.: °*du woast a im Hundstrab wida då* O'viechtach.– **1c** wie →[*Fäck(e)lein*]*t.*3, °OB, °NB, °OP, °MF, °SCH vereinz.: °*Hundstrab* „sehr langsamer Trott" Kohlbg NEW.– **2** Schwimmart wie die eines Hundes, °OP, °OF, °MF vereinz.: °*Hundstrab* „Paddeln mit allen Vieren" Arzbg WUN; *Hundstrapp* „Schwimmbewegung des Nichtschwimmers" BERTHOLD Fürther Wb. 100.– **3** best. Formation stehengebliebener Kegel nach einem Wurf im Kegelspiel: „*Scheiben* kann man einen *Stier* ... und einen *Hundstrapp*" HAGER-HEYN Dorf 298.

[**Huß**]**t.** schneller Trab: *moußt' da Leibkutscha im Hustrab foahrn* NIEBLER Muttterspr. 44.– Zu →*huß* 'Zuruf zum Antreiben von Tieren'.

[**Kreuz**]**t.** wie →*T.*2: °*iaz bin i im Kreiztrab do her und do isch niamand* Gundelshm DON.

†[**Nach**]**t.** Nachhut: *als der Nachtrabb von der Division ... wieder durch die Stadt zurück defilirte* Laufen 1800 Salzfass 35 (2001) 27.

[**Sau**]**t.** **1** wie →[*Post*]*t.*: *Sautrapp* „gemütliches Dahintraben" Passau.– **2** wie →*T.*2, °OB, °NB, °OP vereinz.: °*Sautrab* Arnstorf EG.

[**Schweins**]**t.** **1** Gangart des Schweins, °OP vereinz.: °*Schweinstrab* Schnaittenbach AM.– **2** wie →*T.*2, °OB, °NB, °MF mehrf., °OP, °SCH vereinz.: °*wia s Weda kema is, is er im Schweinstrab hoam* Tandern AIC; °*der is afi im Schweinstrab* Hausen KEH; *Schweinstráb* „schneller Trab" WAGNER Zuwanderung 8.– Phras.: *im S.* rasch, innerhalb kurzer Zeit, °OB, °NB, °OP vereinz.: °*im Schweinstrab is ganga* „die Arbeit wurde rasch erledigt" Rgbg.– **3** wie →[*Fäck(e)lein*]*t.*3, °SCH mehrf., °OB, °NB, °OP, °MF vereinz.: °*die håt an Schweinstrab drauf* „geht sehr langsam" Haselmühl AM.– **4** mäßige Geschwindigkeit: *Schweinstrapp* gemächlich daherfahren Mchn; „Sie fahren [mit dem Auto] an die zehn Minuten so im *Schweinstrab*" FREYBERGER Baiwarisches 41.– **5** Fortbewegung einer Gruppe.– **5a** wie →[*Fäck(e)lein*]*t.*4a, °OB vereinz.: °*Schweinstrab* „wenn mehrere Tiere hintereinander in einer Reihe laufen" Bayersoien SOG.– **5b** wie →[*Fäck(e)lein*]*t.*4b, °OB, °OP vereinz.: °*im Schweinstrab daherkommen* „von einer ungeordnet einherschlendernden Gruppe von Menschen" Hzkchn MB.

[**Zockel**]**t.** wie →[*Fäck(e)lein*]*t.*3: *Zoggltrapp* „träges Marschieren" Passau.

[**Zottel**]**t.** wie →[*Post*]*t.*: *Zottltrab* „gemächlicher Trab" Naabdemenrth NEW. M.S.

trab, trapp
in Wiederholung.– **I** Interj., zur Eile antreibender Zuruf: *vorwärts, trapp trapp!* Mchn.
II Adv., schnell, mit großer Geschwindigkeit: *iatz geht's trap trap* Aicha PA.

III Subst., (Wurst aus) Pferdefleisch: °*Trabtrab* „Hartwurst, die hauptsächlich aus Pferdefleisch besteht" Wimm PAN; *tráptràp* „Pferdefleisch" GEBHARDT Nürnbg 306.
WBÖ V,317. M.S.

Trabaner, best. Pflug, →*Brabanter*[1].

Trabant
M., in heutiger Mda. nur in Komp. **1** Fußsoldat: *daz den Trabanten vnd Tromettern auf yezige regenspůrgische raiß zu Irn Chlaidern samat geben werden solle* Mchn 1575 MHStA Kurbayern Hofkammer 12,fol.231r; *Seind den das ... Englische Trabanten!* LENGLACHNER Gesängerb. II,149.
2 Begleiter, Leibwächter: *Item der Pfarrer daselbst allein, 1 Wagen, 2 Trabanten* 1460 BLH VII,74; *grüö rökhläti hambt mä gfangt mein Trabanten* LENGLACHNER Gesängerb. I,128.
Etym.: Wohl aus tschech. *drabant* 'Fußsoldat'; WBÖ V,220.
SCHMELLER I,639.– WBÖ V,219f.

Komp.: [**Hosen**]**t.**: *Hosntrabant* „Bub, der die ersten Hosen trägt" Wasserburg.

[**Kuchel**]**t.** Küchenmagd: *Kuchltrabant* Mchn; „So versetzt ... mancher ... *Kucheltrabant* sein schönstes Riegelhäubchen" A.v.SCHADEN, Neueste humoristisch-topographisch-statistische Beschreibung der Haupt- u. Residenzstadt München u. deren Umgebungen, München 1833, 93.
WBÖ V,220. M.S.

Traben
M., Treber, Rückstand beim Bierbrauen: °„der *Tram* wurde vom Bräuhaus geholt und als Viehfutter verwendet" Kohlstorf EG.
Etym.: Zur selben germ. Wz. wie →*Treber*; DWB XI,1,1,1568f. F.M.E.

traben, trappen
Vb. **1** traben (vom Pferd), im Trab reiten, °OB, °NB, °OP vereinz.: °*tram* Emmerkfn WOR; °*loß dein Heita* [Gaul] *trabn!* Poxau DGF; *trapm* FEDERHOLZNER Wb.ndb.Mda. 222; *Nw er ... was drabend für sich, der degen küen* FÜETRER Poytislier 67,216.
2 schnell gehen, sich im (gemäßigten) Laufschritt fortbewegen, °OB, NB vereinz.: *i bi trapt* Aicha PA; *trabm* BERTHOLD Fürther Wb. 233; *der wolf ... er ... eylet niht snell, er drabt gemach ůber daz velt* KONRADvM BdN 173,2f.

Etym.: Mhd. *draben, draven*, aus mnd. *draven*; KLUGE-SEEBOLD 923. Formen mit *-pp-* durch Intensivgemination; vgl. KLUGE-SEEBOLD 926. In der Ltg teilw. nicht von →*trappen* zu unterscheiden.
SCHMELLER I,639, 672.– WBÖ V,220, 321.

Abl.: *Trab, trab, Traber, träbig, Träbigkeit.* M.S.

Traber, Trapper
M., Traber, OB, °NB, OP vereinz.: *dös is a feina Trappa* Mchn; *Traawa* Aicha PA.
WBÖ V,221, 321f.

Komp.: †[**Vor**]**t.** Reiter des Vortrabs: *da kamen die vortraber und kuntschafter* AVENTIN IV,350,31f. (Chron.).

[**Nachhin**]**t.**: *da Nåchetraber* „Person, die beim Dreschen den letzten Schlag ausführt" Passau. M.S.

träbig, -a-
Adj. **1** gut trabend (vom Pferd): *trawö sa* Aicha PA.
2 eilig.– **2a** in Eile, schleunig, °OB, °NB vereinz.: °*iazt gehts hoamzua und dös dråwö!* Grafenau; *Aber nun ein wenig trabig, Herr Ordinarius!* PEINKOFER Werke II,193.– **2b** dringend, Eile erfordernd, °OB, °NB vereinz.: *d Arbat is drawö* Mittich GRI; „Sie ... zeigte keinerlei Eile zur Schule aufzubrechen, wo es doch sonst immer so *drawig* gewesen war" WANDTNER Apfelbaum 55; *Freÿlä kimbt d arbäth hipsch träbi oft aussä!* LENGLACHNER Gesängerb. II,353.
3 geschäftig, °OB, °NB vereinz.: *trabi* „emsig" Johanneskchn VIB; *drāāweg* „betriebsam, umtriebig" POELT-PEUKER Wb.Pöcking 13.
SCHMELLER I,639.– WBÖ V,221.

Komp.: [**scheiß**]**t.** wie →*t.*2b, NB vereinz.: *mir geht's oiwei scheußdrabi* Hengersbg DEG; „Wie geht's, Herr Oberlehrer? ... *Scheißtrawi*, Euer Gnaden!" vor 1900 Volksmusikarch. des Lkr. Passau, Musikantenbiographien Nr.63.
M.S.

Träbigkeit
F., Geschäftigkeit, Hektik: *vä lauta Travökeit s Gschia umweaffa* Mittich GRI; *An ganzen Tag geht's so dahin vor lauter Trawigkeit. Nöt oa Minuten hast ... zum Niedersitzen Zeit* MATHEIS Bauernbrot 40.
SCHMELLER I,639.– WBÖ V,221. M.S.

Drache, Dracke

M. **1** Drache, Lindwurm, OB, NB, OP vereinz.: *da Drak* „Tatzelwurm“ O'audf RO; *da Drach speit Feuer* Mittich GRI; *Döi Drachn döi … ham feirige Schdachln ghad* O'konhf NAB Böck Sitzweil 114; *„Das Drachen- oder Lindwurm-Stechen* am Fronleichnamstag“ Furth CHA, Neukchn KÖZ Schmeller I,565; *Draconta … draco dracho* Aldersbach VOF 12./13.Jh. StSG. III,81,60; *Ez sprechent auch etleich, daz ydra ein drach sey, der vil haupt hab* KonradvM BdN 300,21; *Anno d. 1627 den 20. Sept. da hat man bey der Nacht … den Trackhen alhie sehen fliegen* Gassner Rgbg.Vkde 56.– Phras.: *falsch wie a Drack* „heuchlerisch“ Pfatter R.

2 Teufel, Satan, OB, NB, OP vereinz.: *Drak* Drachselsrd VIT; *der Drack* Schönwerth Opf. III,40; *Ertzengel Sanct Michael … Den Trachen stürtzt er … Vom Himmel in der Hellen grund* Mchn 1586 J. Kehrein, Die ältesten katholischen Gesangb., Bd II, Würzburg 1860, 166f.

3 meist abwertend, v.a. von Menschen.– **3a** bösartiger, zänkischer, unausstehlicher Mensch, v.a. von Frauen, °OB vielf., °NB mehrf., °OP, °MF, °SCH vereinz.: *an richdinga Dracha hot a dewischd* „als Ehefrau“ Schrobenhsn; *An Zwieselbeckn Franz sei Wei Des waar ma so a Drack* Dingler Arntwagen 150.– **3b** häßliche Frau, OB vereinz.: *Dråkch* Percha STA; *Hosd den oidn Dracha gsehgn, den greislichn …!* Binder Saggradi 44.– **3c** †unehelicher Bub: *„Back* … Mädchen … *Drack* … Knabe“ Schönwerth Opf. I,236.– **3d** Mensch od. Tier von großer, plumper Gestalt, °OB, °NB vereinz.: *a ganza Drack* Wielenbach WM.– **3e** schlauer, gerissener Mensch, °OB, °NB, °OP vereinz.: °*da Michel is a rechter Drack!* „Schlaukopf, Tausendsassa“ Schaufling DEG; *Drack* „verschlagener Mensch“ Schlappinger Niederbayer II,20.– **3f**: *a schneidiger Drak* Draufgänger O'miethnach R.– **3g** allg. abwertend od. Schimpfw., °OB, °NB, °OP, MF vereinz.: *Drak, hundsmisrawöga!* Mengkfn DGF; *Drakn* Scheltname des Schäfers für Schafe Bruck ROD; *„söllane Drackn! …* solche Mistkerle!“ Judenmann Opf.Wb. 149.

4 Drachen, Spielzeug, °Gesamtgeb. vielf.: *an Drachå aufgöh lossn* Ascholding WOR; °*da Drach steigt ned, wenn koa Wind geht* Scharmassing R; *Drachâ* „Rautenförmiges Fluggerät … mit langem Schwanz aus Papierstreifen“ Christl Aichacher Wb. 148.– Phras.: *den / seinen D.n steigen lassen* u.ä. in Zorn geraten, zornig sein, °OB, °NB, °OP, °MF vereinz.: °*der laßt sein Drachn wieder aus* Laaber PAR;– °*den tratz ma heunt, bis sei Dracha steigt* N'viehbach DGF, ähnlich °OB vereinz.;– meist im Wortspiel mit Bed.3a: jmdn, v.a. seine Ehefrau, ärgern, erzürnen, °OB, °NB, °OP, °MF, °SCH vereinz.: °*oh mei, da Huaba, heit hod an wieder steign lassn, sein Drachn!* „die bessere Ehehälfte“ Starnbg; °*jetzt lassma den Drachn steign* „bringen ihn in Wut“ Aidenbach VOF;– mit seiner Ehefrau spazierengehen, °OB, °NB, °OP, °OF, °MF vereinz.: °*heit hob i mein Drachn steign lassn* Weilhm; *Scha hie, der läßd sein Drachng schdeing* Maas Nürnbg.Wb. 103.

5: *feueriger Drach* Meteor Wiesau TIR.

6: *der Drack* „unerwünschte Karte beim Kartenspiel“ (Ef.) Mchn.

7: *mindawertiche Dragn* schlechte Zigaretten Sengkfn R.

8: *Drack* „kleiner Murenabgang“ Wb.Krün 12.

9 †Hautausschlag: *wann einer ein trachen … oder sonnsten etwas böses am fueß habe* St. Englmar BOG 1622 VHN 93 (1967) 17.

Etym.: Ahd. *trahho, traccho*, mhd. *trache, tracke*, dswm., aus lat. *draco*; WBÖ V,222.

Schmeller I,565.– WBÖ V,222f.

Abl.: *Drachin*.

Komp.: [**Bauern**]**d.** **1** abwertend Bauer: *Bauantrack* Aicha PA; *Bauerndrack* Schmeller I,565.– **2**: *Bauantrack* „hinterlistiger Bauer“ Kötzting.

Schmeller I,565.

[**Bein**]**d.**: *Boadrach* „altes, dürres Weib“ Tegernsee MB.

[**Bluts**]**d.** wie →*D.*3a, OB, NB, OP vereinz.: *Bluatsdrack* „böses Weib“ Cham.

[**Brem**]**d.** Bremse, Stechfliege: *Selba is ma gstocha woarn vo de Bremdraggn* Kreuzer Rinchnachmündt 17.

[**Teufels**]**d.** wie →*D.*3a, °OP vereinz.: *Deiflsdrack* unausstehlicher, grober Mensch Donaustauf R.– Auch Kosewort: *du bist mei Daiflsdråkerl* „zu einem Kind“ Bruck ROD.

Mehrfachkomp.: [**Drei-teufels**]**d.** wie →*D.*3a: °*Dreideiftlsdrack* Rottendf NAB.

[**Geiz**]**d.**: *Gaizdråcha* „geiziger Mensch, besonders Frau“ Ingolstadt.

[Haus]d. bösartige, zänkische, unausstehliche Frau, v.a. Ehefrau, °OB, NB, °OP, °SCH vereinz.: *Hausdrack* Elbach MB; *Hausdracha* „tyrannische Ehefrau“ BINDER Saggradi 92.

[Höll]d., †[Höllen]- **1** †wie →*D.*2: *Es macht sich dieser Höllendrack Oft budawinzi klein* STURM Lieder 48.– **2** wie →*D.*3a: *Hölldrack* „unausstehliche Frau“ Lam KÖZ.

[Hunds]d. **1**: *Hundsdrack* „Schimpfwort für einen Hund“ Martinshaun LA.– **2** wie →*D.*3a: *Hundsdrack* unausstehlicher, grober Mensch Sengkfn R.

[Malefiz]d. wie →*D.*3a, °OB, NB, °OP vereinz.: °*Målafizdråck!* Ebersbg.

[Micheli]d. bösartige, zänkische Frau: *Nachher knerrts* [winselt ihr] *mir guat und plärrts mir guat, ös zwoo Michelidrachan!* CHRIST Werke 586 (Rumpelhanni).

[Mist]d. wie →*D.*3a, NB, OP vereinz.: *du Mistdrak!* Mengkfn DGF; *Mīstdrak* „Schimpfname für ein recht böses Kind“ ANGRÜNER Abbach 58.

[Sau]d. wie →*D.*3a, °OB vereinz.: °*der Saudrack!* O'ammergau GAP.

[Schind]d. wie →*[Haus]d.*: *mei alddr Schinddrackch hodd mi schou wiedr gchould bein Wrdd dennt* Mering FDB.

[Schlau]d., [Schlauder]-, Schlauderach(er), Schlauderack gefräßiger Mensch, °OB, °NB, °OP vereinz.: °*heind muaschd zun Nåchban geh, då koscht fressn, wåsd mogschd, du Schlaudråcha!* Dachau; *Schlāudrach(á)* ANGRÜNER Abbach 74.– Phras.: *fressen wie ein S.* sehr gefräßig sein, °OP vielf., °OB, °NB vereinz.: °*dea frißt wöi a Schlaudaracha* Nabburg; *Freßen wie ein Schlaudrach* SCHMELLER II, 496.– Spielform von →*[Schlauder]affe*, vgl. ZEHETNER Bair. 306.

SCHMELLER I,565, II,496. M.S.

†Drachin

F., weiblicher Drache, Lindwurm: *Dracena … drachin* Aldersbach VOF 12./13.Jh. StSG. III,82,3; *An einem helligen Montag Morgen … drach und drachin … Da sey Dir verbotten mein Gutt, mein stall, mein Hoffrath* Etzenricht NEW 1743 Oberpfalz 3 (1909) 157.

Etym.: Ahd. *trahhin(na)*, mhd. *trechinne, drekin* stf., Abl. von →*Drache*; DWB VI,1303.

WBÖ V,223. M.S.

Tracht[1], -ä-

F. **1** für eine best. Volksgruppe typische Kleidung, Volkstracht, °OB, °NB, °OP, OF, SCH vereinz.: °*heit ziage mei ganze Tracht oo* Wildenroth FFB; °*Miasbegga* (Miesbacher) *Dracht* Neufraunhfn VIB; „die Tegernseer Schuljugend ist so gut wie vollzählig *im Trachtl* zur Stelle“ B. LEWANDOWSKI, Dirndlkleid u. Lederhose, Tegernsee 1897, 29; *8 Päurinen verschidtener Trächten* Erding 1758 MITTERWIESER Weihnachtskrippen I 27.

2 best. Menge, die auf einmal getragen, transportiert wird, Last, °OB, NB, OP, MF vereinz.: °*a Tracht* „eine Fuhre, eine Trage voll“ O'bibg WOR; *a Dråcht Hoiz hoamdrågn* Mittich GRI; *Von Würst'n … Und schweinam Fleisch a ganze Tracht, De gibt s' 'm Deand'l mit in d' Schul'* LAUTENBACHER Ged. 14.

3 Aufgetragenes, Verabreichtes.– **3a** †aufgetragene Speise, Gang einer Mahlzeit: *Tracht* „Eine mit Speisen gefüllte Schüssel“ WESTENRIEDER Gloss. 584; *Es sollen … die Wiert den … Gessten … Fleisch vnnd Vischmaal vber 4 Richt oder Tracht nit geben* nach 1553 BREIT Verbrechen u.Strafe 85.– **3b** übertr. Schläge, Hiebe, meist in der Fügung: *eine T. Prügel* u.ä. °OB, °NB, °OP, °MF mehrf., °SCH vereinz.: °*an Sepp gherat scho lang amoi a gherige Tracht Prigl, wei er går so gfozat is* Weilhm; °*dem kert a Tracht hintn aufi* O'viechtach; *daß er alle Tag sei' Tracht Prügl kriagt* Münchener Ratsch-Kathl 10 (1898) Nr.44[,2].

4 Ertrag aus der Zucht von Pflanzen od. Tieren.– **4a** Menge der von einer Pflanze getragenen Früchte, Ernteertrag, OB, °NB, °OP vereinz.: °*gute Tracht* „bei Obstbäumen“ Winklsaß MAL.– **4b**: *a Tracht Hühner* „Menge des Hühnernachwuchses“ Passau.

5 imkersprl.– **5a** von Bienen eingetragene Nahrung, v.a. Nektar, Pollen od. Honigtau, °OB, °NB, °OP, °MF vereinz.: °*heuer håts a guate Tracht* Pittenhart TS.– **5b** Bienenweide, OB, °NB, OP vereinz.: *d Tråcht* Naabdemenrth NEW.

6 Nachgeburt, Fehlgeburt.– **6a** Nachgeburt, v.a. der Kuh, NB, °OP vereinz.: °*d Trocht* Pemfling CHA.– **6b** Fehlgeburt, in Phras.: *wilde T.* °OB vereinz.: °*des war a wuide Tracht* Brunnen SOB.

7 Gebärmutter, v.a. der Kuh, °NB, °OP vereinz.: *di Drochd* „Tragsack“ Altfalter NAB; *dracht* „Gebärmutter der Kuh“ nach KOLLMER II,535.

8 Trächtigkeit, Schwangerschaft.– **8a** Trächtigkeit, °OB, °NB, °OP, °MF vereinz.: °*dö Kojm hod a schwari Drachd ghabt* Taching LF; *šwāre drahd* Geisenfdn LF nach SOB V,40.– **8b** Schwangerschaft, °OB vereinz.: °*unser Nachbarin is in da Tracht* Hohenpeißenbg SOG; *ə˜ guədé, ə˜ bösé Tracht hàbm* SCHMELLER I,644; *weil sie in der Trächt einen Lust zu einem Fleisch gehabt* Wunderwerck (Benno) 179.– Auch: *dö hat scho a sölchana Tracht beianander, as wirs wenns zwoa Kinda grigat* „dicker Bauch einer Schwangeren" Arnstorf EG.

Etym.: Ahd. *traht(a)*, mhd. *traht(e)* stf., Abl. zur Wz. von →*tragen*; KLUGE-SEEBOLD 923.

SCHMELLER I,644; WESTENRIEDER Gloss. 584.– WBÖ V,226-228.

Abl.: *trachteln, trachten*[1], *trachten*[2], *-trachter, trächtig*[1], *Trachtler, -trächtlich*[1].

Komp.: †[**Altar**]**t.**: *Altertracht* „Opferung von Mehl, Butter und Eiern beim Trauergottesdienst" Ampermoching DAH 1883.

[**Bart**]**t.**: *Bächtträcht* „Barttracht" Mittich GRI.

[**Bauern**]**t.** typische Kleidung der bäuerlichen Bevölkerung, OB, NB, OP, SCH vereinz.: *Bauanträcht* Aicha PA; *Bauanträcht* BRAUN Gr. Wb. 42.– Reim: *söiwa gschbuna, söiwa gmächd, is dö schejnsdö Bauandrächd* Beilngries, ähnlich DELLING I,58.

DELLING I,58.

[**Ge-birgs**]**t.** typische Kleidung der Gebirgsbewohner, OB, NB vereinz.: *Gebirgsträcht* Wasserburg.

[**Ein**]**t. 1** Eintracht, Harmonie, NB, OP, SCH vereinz.: *Eindrächd* Derching FDB.– **2** †Einwand: *den ... schaden scholl ich ... dem egenanten herrn ... ablegen und widerkerenn, on alle widerrede unnd intracht* Mockersdf KEM 1440 VHO 63 (1912) 22.– Mhd. *eintracht* 'Übereinkunft, Vertrag', aus mnd. *endracht*, Abl. von mnd. *över en, in en dragen* 'übereinkommen'; PFEIFER Et.Wb. 271.

SCHMELLER I,643.

[**Volks**]**t.** wie →*T.*1, OB, SCH vereinz.: *Volksdrächd* Derching FDB.

[**Früh**]**t.** erste Honigernte im Jahr, OB, NB, OP vereinz.: *Friadrächt* Mittich GRI.

[**Haar**]**t.** Haartracht, OB, NB, OP vereinz.: *d Hårtrachtn* Zandt KÖZ.

[**Halb**]**t.**: *Holbtracht* „Bekleidung, die aus ländlichen und städtischen Kleidungsstücken besteht" Naabdemenrth NEW.

[**Kind(s)**]**t.**, [**Kinder**]- **1** Kinderkleidung, OB, OP vereinz.: *Kinatracht* Kohlbg NEW.– **2** wie →*T.*8b, °OB, °NB, °OP vereinz.: °*d Nachbarin is in da Kindstrecht* Endlhsn WOR; *Die Kindtracht* SCHMELLER I,644; *Ich manecualte diniv ser unde din chintraht mit laide* Spec. Eccl. 93,3f.; *dev erwarb mit im eynen svn . vnd der chint tracht starb sev auch* Gesta Rom. 28; *Ein Frau ist an einer schwären Kindsträcht gelegen* Teising AÖ 1631 J. WEINBERGER, Decimæ Od. Zechent, Landshut 1720, 87.

SCHMELLER I,644f.– WBÖ V,228.

[**Kirch(en)**]**t. 1** Meßgewand, OB, NB, OP vereinz.: *Kiachatrācht* Altötting.– **2** auch M., †Naturalabgabe der Gemeindemitglieder an die Kirche: *Kir'trácht, Ki'trácht* SCHMELLER I,645; *Kirchträhte* Rgbg 1220 MB XIII,361; *von des obgenanten Kirchträhts wegen* Vohburg PAF 1437 MB XIII,439; *so geben die ... Underhannen zu Thiernstetten ... dem Pfarer zu ... Kepflberg ... Jerlich die Kirchtracht* um 1615 WAGNER Kapfelbg u. Poikam 78.– **3** †Bezirk einer angrenzenden Kirchengemeinde: *Auf der Schwaig genannt der Vorder Vaterperg in Rieder* (Agatharieder) *Kirchträcht* Schliersee MB 1486 SCHMELLER I,1290.

SCHMELLER I,645, 1290; WESTENRIEDER Gloss. 285.

[**Kreuz**]**t. 1**: *Kreuztracht* „Kruxifix, das bei einem Bittgang getragen wird" Mchn.– **2** Bittgang mit Kruzifix, Prozession, °OB vereinz.: °*heit kimmt dö Kreuztracht vo Garching* Garching AÖ; „mit der *khraitstraxt* gehen" BRÜNNER Samerbg 151.– **3** Pfarrbezirk, Kirchengemeinde, °OB, °NB vereinz.: °*di Greizdrächt Dachau* Dachau; „Im übertragenen Sinn ist die *khraitstraxt* das ganze Pfarrgebiet, in dem das Kreuz herumgetragen wird" BRÜNNER Samerbg 151; *Die Kreuztracht* „Kirchspiel" Chiemgau SCHMELLER I,1389; *den hof P., der gelegen ist in chämnäter* [Kemathen AIB] *chreuzträcht und in ayblinger gericht* 1443 Rechtswb. VII,1518.

SCHMELLER I,645, 1389.– WBÖ V,228.

†[**Schild-kröten**]**t.** scherzh. Tracht der Dachauer Bäuerinnen: „Der dicke Faltenrock der Bäuerin ... und das hohe Schnür-Mieder, in das der Körper wie in einem Panzer gezwängt ist

… *Schildkrötentracht*“ DAH BRONNER Bayer. Land 217.

[**Kuh**]**t.**: *Kouhtracht* Nachgeburt der Kuh Willenhfn PAR.

[**Linden**]**t.**: *d Lindntrocht* „weißer Lindenblütenhonig“ Naabdemenrth NEW.

[**Nieder**]**t.** Niedertracht, Bosheit, OB, OP vereinz.: *des is a rechte Niederträcht!* Wasserburg.

[**Spät**]**t.** letzte Honigernte im Jahr, OB, NB, OP vereinz.: *Spatdråcht* Mittich GRI.

†[**Zwie**]**t.**, [**Zwei**]- Zwietracht, Streit, Unfrieden: *Und ob sie ein zwietracht … hieten … so soll der richter von Aschau komen gen Hittenkirchen* Prien RO 1498 BREIT Verbrechen u. Strafe 46; *Mit Enterbung der Stollen … soll es zur Vermeidung aller Zweytracht also gehalten werden* 1784 Berggesetze 372.– Mhd. *zwitraht*, aus mnd. *twedracht, twi-*, Abl. von mnd. *twedragen* ‘uneins sein’; PFEIFER Et.Wb. 272.

SCHMELLER I,643, II,1169. M.S.

Tracht[2]

1 M., Bestreben, Eile: °*der hat an Tracht* „bemüht sich, schnell mit der Arbeit fertig zu werden“ Arzbach TÖL.

2 F.: °*dös is a rechte Tracht* „übereifrige, strebsame Person“ Lenggries TÖL.

Etym.: Mhd. *trahte* ‘Gedanke, Vorhaben, Verlangen’ stf., Abl. von →*trachten*[3]; WBÖ V,228.

WBÖ V,228. M.S.

Trachtament → *Traktament.*

-trächte

N., nur in: [**Ge**]**t. 1** Nachdenken, Überlegen, Sinnieren, °OB vereinz.: °*i hob ganz im Getracht an Brotweckn zammgfressn* Mettenham TS; *Erluhte min getrehte* Mchn 14.Jh. Cgm 100,fol.11[r]; *Dy künigin in geträchten saß da vmb dise ding* FÜETRER Poytislier 101,329.– **2** †Trachten, Streben: *Motibus … gitrahtun* Tegernsee MB 2.H.11.Jh. StSG. II,129,26f.– Ahd. *gitrahti*, mhd. *getrehte, -trähte* stn., Abl. von →*trachten*[3]; Et.Wb.Ahd. IV,428.

SCHMELLER I,644.– WBÖ V,228. M.S.

Trachtel

F. **1** ungeschickte, schwerfällige Frau, °OB, °NB vereinz.: *a so a Drachdl!* Dachau.

2 schlampige, ungepflegte Frau, °OB vereinz.: °*Trachtl* Ohlstadt GAP.

3 bösartige Frau, °OB, °NB, °OP, °MF vereinz.: °*döi alt Trachtl könnt a wos Bessas tou, als d Leut asrichtn* Eslarn VOH.

Etym.: Wohl Spielform von →*Truchtel* ‘dass.’; WBÖ V,228.

WBÖ V,228. M.S.

trachteln

Vb., die Volkstracht tragen: *sie jodeln und trachteln und platteln* AIBLINGER bayer.Leben 13. M.S.

trachten[1]

Adj., trächtig, °OB vereinz.: °*unser Hund is trochtn* Gmund MB. M.S.

trachten[2]

Vb., trächtig sein, °OB, °NB, °OP vereinz.: °*dö Sau tracht ja scho wieda* Limbach PA. M.S.

trachten[3]

Vb. **1** sich bemühen, beeilen.– **1a** sich bemühen, trachten, erstreben, °OB, °NB, °OP, °MF, °SCH vereinz.: °*ma muaß trachtn, daß ma zu was kimmt* Polling WM; *a Dieb … der wo nach insern Hofguat tracht’* DINGLER bair.Herz 70; *Èppəs trocht·n … áf èppəs trocht·n* SCHMELLER I,643; *daz di læվt ze disen ziten mer trahtent nach gůt denn ander zit* Rohr ROL 1290 Corp.Urk. II,556B,27f.; *Hueber solle mit einant seinen Nachbarn trachten, das … ein anderer Marchstein gesezt … werdte* StA Mchn Hofmark Amerang Pr.18 (8.5.1751).– **1b** auch refl., sich beeilen, °OB, °NB, °OP vereinz.: °*mia ham a so tracht, daß ma s Heu vorn Weda no einabracht ham* Tacherting TS; °*jetz moußt di aba trochtn, daßd an Bus no dawischt* M’rfels BOG; *tracht di, Annamierl!* MATHEIS Bauernbrot 10.

2 nachdenken, ausdenken.– **2a** nachdenken, überlegen, sinnieren, °OB, NB, °OP, °MF vereinz.: *dös macht mi trachtad* „geht mir im Kopf rum“ Bayrischzell MB; *So steh i da und tracht a Wei(l)* Inzell TS SCHMIDKUNZ Bauernballaden 148; *Reputans trahtonī* Tegernsee MB 2.H.11.Jh. StSG. I,491,35; *do sazzen wir … vnde trahten wie ez also verrihtet wͤrde daz div Stat vnd wir ein dinch vrivntlich … wͤrden wͤrden* Rgbg 1281 Corp.Urk. I,418,8f.; *sy trachtet mangen weyse, wie sy die freüd zue unguet möchte pringen* FÜETRER Trojanerkrieg 31,22.– **2b** †ersinnen, ausdenken: *Hastu die red getracht: Oder hat dichs Herr Joab| zů mir sagen* *gemacht?* P. AEMILIUS, Die zway ersten Bücher der Künig, wölche Samuelis genandt werden, Ingolstadt 1562, diij^{v}.

3 †achten, beachten.– **3a** auf etwas achten, seine Aufmerksamkeit auf etwas richten: *Der vogel ... traht nihtz auf die vanchnůzz noch auf anders nihtz denn auf sein gesang* KONRADvM BdN 203,26-29.– **3b** beachten, Folge leisten: *Nu haben wir ettwivil dar zu mit dem rehtten getan, des trachtten si nicht* 1327 Rgbg.Urkb. I,294.

4 besorgen, sich einhandeln.– **4a** †besorgen, beschaffen: *reit hin, du sollt vnns allen trachten vmb ainen wirt vnd herberg gúet* FÜETRER Persibein 13,45; *Als man dem förgen ... ain züllen trachten müessen* 1613 MHStA HR II, Fasz.1,fol.294^{r}.– **4b** refl., sich einhandeln: *deandl, wos bistan so dik, hǫsd dar epa goar a kind drocht?* nach KOLLMER II,415.

5 brünstig, läufig sein, °OB, °NB, °SCH vereinz.: °*trochtn* Kchmatting SR; *t sąu hǫd easd kfąld* [geworfen] *und eitza drǫchts så wīda* nach KOLLMER II,415.– Auch scherzh. vom Menschen: *drochtn* nach KOLLMER II,96.

6 Part.Präs., vertrackt, kompliziert: °*boi ma se recht plång mua, na isch de Sach dråchdad* Dachau.

Etym.: Ahd. *trahtôn*, mhd. *trahten*, aus lat. *tractare* 'behandeln'; KLUGE-SEEBOLD 923.

SCHMELLER I,643, 645.– WBÖ V,228f.

Abl.: *Tracht²*, *-trächte*, *Trachter*, *trachtern*, *trächtig²*, *-trächtiglich*, *-trachtigung*, *-trächtlich²*, *-trachtung*.

Komp.: †[**ab**]**t.** durchdenken: *Iətz hàn I gràd dà enkə'* [euer] *Taə˜n à'tracht, aft hàn I gràd gschwind dà ə˜ Liədl drauf gmacht* Reit i.W. TS SCHMELLER I,643.

[**abhin**]**t.** refl.: °*die trocht si abö* „macht sich Sorgen" Arnstorf EG.

[**be**]**t. 1** ansehen, den Blick auf etwas richten: *betrachtn* „genau anschauen" Passau; *Mein' Schatz will i' 's Edelweiß gebn ... thaat sie's nit lusti' bitrachtn* KOBELL Ged. 86.– **2** bedenken, erwägen: *betrachtn* „geistig in Erwägung ziehen" Passau; *Drei Jahr ... bin i da Schütznkini gwen ... bal ma 's gnau betracht', hat mi zu den mei Stutzn gmacht* DINGLER bair.Herz 69; *Retractantes ... pitrahtunta* Frsg 9.Jh. StSG. II,168,12; *der ... alliu dinch durchbrůft mit vleizziger arbait vnd mit åmzzigem betrahten* KONRADvM BdN 52,21-23; *do ward durch die Hunn betracht, di Bairen ganz ze vertreiben* ARNPECK Chron. 457,39f.– **3** beachten, berücksichtigen: °*tou fei as Gwissn betrachtn!* Wdsassen TIR.– **4** †wie →*t.*1a: *das er nit seinen aignen nuz und êr, sunder des gemainen mans betracht* AVENTIN IV,856,32f. (Chron.).– **5** †bereiten, zufügen: *dem Lande zu Baiern möchte Unrath und Verderben betrachtet werden* Mchn 1466 BLH V,145.

SCHMELLER I,644.– WBÖ V,229.

†[**der**]**t.**, [**er**]- wie →*t.*2b: „*Iətz hàn I aə s də'trâcht·t* ... mich auf eins (Lied) besonnen" SCHMELLER I,643; *wan ir danne sô vil der edeln spîse ist daz ez nieman ertrahten kan* BERTHOLDvR I,220,20f.; *Da hetten es die Hayden/ Ein grossen list ertracht* P. AEMILIUS, Die zway ersten Bücher der Künig, wölche Samuelis genandt werden, Ingolstadt 1562, Xvii^{v}.

SCHMELLER I,643.

†[**ein**]**t.** wie →*t.*4a: „Jetzt wollen sie sehen, wie sie mit diesem Geld wieder einen Vorrath an Wolle *eintrachten* möchten" L.v.WESTENRIEDER, Jb. der Menschengesch. in Bayern, Bd I, Tl 2, München 1783, 78.

SCHMELLER I,644.

†[**für**]**t.**, [**vor**]- als Vorrat anlegen, vorsorglich beschaffen: *vnd ... beraubet er die amaizzen irr narung ... wan er hat ... nihtz fůrgetraht ... in dem sumer* KONRADvM BdN 332,4-6; *Die Mutter köndte ihm auß Armut keine Arzneymittl vortrachten* HUEBER Granat-apfel 397.

[**heim**]**t.** nach Hause eilen, °OB, °NB, °OP vereinz.: °*jezd muas i dånn hoamdråchdn, wei båid a Weeda kimd!* Ebersbg; *es is ... Zeit, daß mir heimtracht'n* THOMA Werke VII,373 (Münchnerinnen).

WBÖ V,230.

[**nach**]**t. 1** †nachstreben: *got ... nach demselben müessen wir uns richten, demselbigen nachtrachten* AVENTIN V,36,29-37,1 (Chron.).– **2** wie →*t.*2a: *nachtrachtn* „nachdenken" Bayrischzell MB.

WBÖ V,230.

[**zu**]**t.** wie →*t.*1a: °*tracht zou, daß oina am Leim kräicht* „daß du mit Tricks noch einen Mann bekommst" Wdsassen TIR; *dou habms zoutrachtn möin, daß d Reibm* [Kurve] *hammzou dawischt habm* HEINRICH Stiftlanda Gschichtla 13.

WBÖ V,230. M.S.

Trachter
M., strebsamer Mensch: °*dös is a guata Trachta, ojwai oana vo dee Erschtn* Weilhm. M.S.

Trachter(er), -ä-
M. **1** Trichter.– **1a** Trichter allg., °OB, °NB vielf., °OP, °SCH vereinz.: °*da brauchst scho an Drachda zon Eifülln* Degerndf RO; *Trachdara* Göttler Dachauerisch 70; *vmb ain trachter in den speis keller xx d* Burghsn AÖ 1459 MHStA Hzgt. Bayern, Ämterrechnungen bis 1506, Nr.114,fol.11r; *2 gläserne Trächterl* Bodenmais REG 1764 Haller Geschundenes Glas 56.– Phras.: *mit dem (Nürnberger) T. eingeben* u.ä. eintrichtern, einbleuen, OB, NB, OP vereinz.: *dem muaß mas mitm Trachter eigebm* M'lstetten FFB; *so gieß ich euchs mit diesem Nierenberger-Trachterl gewiß ein* Bucher Kinderlehre 72.– **1b** Trichter über dem Mahlgang in der Getreidemühle: *Trachta* Fischerdf DEG. **2** Brause an der Gießkanne, °OB mehrf., °NB, °OP vereinz.: °*bai den Spritzkruag geht da Trachter o* „fehlt die Brause" Pfaffenbg MAL. **3** †Würfelbecher: *ES sol auch der Scholder* [Glücksspiel]/ *als mit allerley Würflen/ in den Brendten vñ Trachter … abgestelt vñ verbotten sein* Landr.1616 570.

Etym.: Ahd. *trahtâri*, mhd. *trahter* stm., aus mlat. *trajectorium*; Kluge-Seebold 929 (Trichter).

Delling I,131; Schmeller I,645; Zaupser 77.– WBÖ V,230f.

Komp.: [**Pulver**]**t.** Trichter zum Füllen von Gewehrpatronen: *Pulvertrachterl* Hengersbg DEG.

[**Mahl**]**t.** wie →*T.*1b: *Moitrachta* Mahltrichter O'audf RO.

[**Spritz**]**t.** wie →*T.*2, °OB mehrf., °NB, °OP, °MF vereinz.: °*wou is da Spritztrochta fia d Schdizn* [Gießkanne]*?* Cham.

[**Strauben**]**t.** Trichter für Strauben: *Straumtrachta* Staudach (Achental) TS.

WBÖ V,231.

[**Wurst**]**t.** (Gerät mit) Trichter zum Füllen von Wurstdärmen, °OB, °NB mehrf., °OP, °MF, °SCH vereinz.: °*holt n Wuaschttrochta!* Cham. M.S.

-trachter
M., nur in Komp.: [**Zwerch**]**t.** hinterhältiger Mensch, Quertreiber, °OB, °NB vereinz.: °*du Zwerchtrachta!* Finsing ED.

[**Zwie**]**t.** wie →[*Zwerch*]*t.*: °*Zwietrachter* Deusmauer PAR. M.S.

trachtern
Vb.: °*de Sa trochtad* „ist brünstig" Grafenrd VIT. M.S.

trächtig[1]**, -a-, -trachticht**
Adj. **1** trächtig, schwanger.– **1a** trächtig, °Gesamtgeb. vielf.: *Kou is trachtö* Stadlern OVI; *dö Matz* [Hündin] *is trächte* Mering FDB; *Hast as g'seg'n, Bäurin, de oa Sau is guat trachti?* Thoma Werke III,78.– **1b** schwanger, °OB, °NB, °OP vereinz.: °*sei Wei is scho wieder trachti* O'schleißhm M.
2 fruchtbar, ertragreich, Frucht tragend, °OB, NB vereinz.: *dös is a trachtigs Stuck Föid* Kötzting; *des traachtige Korn dertrampeln* Dingler Arntwagen 40; *von ainem Neugereut* [frische Rodung] *daselbs/ so heuer/ erstenmals drechtig* 1536 MHStA Hochstift Regensburg Kanzlei 70,fol.38r.

Etym.: Mhd. *trehtec*, Abl. von →*Tracht*[1]; WBÖ V,232.

WBÖ V,232.

Komp.: [**ein**]**t.** in Eintracht, einmütig, friedlich, OB, OP vereinz.: *eiträchti* „gemeinsam handelnd" Mchn; *boi mir zwoa heiratn dean, na nehma de zwoa Oidn mit … und lebn schee eitrachti miteinand* Loew Grattleroper 70; *Asuil dem Wenger Zerung geben gein Newnburg zu Herzogen Chlemen das der eins tags eintråchtig wurde* Ingolstadt 1392 Freyberg Slg II,102.

WBÖ V,232f.

[**groß**]**t.** im letzten Stadium der Trächtigkeit befindlich, °OB, °NB, °OP, °MF vereinz.: °*wenn da Bauer a groußträchtige Kuah im Stoi hot, stäht er bei da Nåcht a poormoi auf* Pilsting LAN; „Ihm blieb ein *großträchtiges* Schaf auf der Hochalm zurück" Silbernagl Almsommer 76.

[**hoch**]**t.** wie →[*groß*]*t.*, °OB, °NB, °OP, °MF vereinz.: °*unsa Bläss is hochtråchde* Lenggries TÖL.

†[**miß**]**t.** nicht fruchtbar, nicht ertragreich: *mißträchtiges Jâr* Schmeller I,645.

[**nieder**]**t.** **1** niederträchtig, unverschämt.– **1a** niederträchtig, bösartig, °Gesamtgeb. vielf.: °*dös is niedertrachti!* Pittenhart TS; *a nidatrachtiga Mensch* Bruckbach R; *Du*

Matz, du nidadrɛchtige! AMAN Schimpfwb. 104.– **1b** unverschämt, respektlos, °OB, °NB vereinz.: *red mi net so nidatråchtat o!* Kreuth MB.– **2** demütig, ergeben: °*i bi scho guat niedertrachte zu mein Freind und hilf im a* Fronau ROD; „*jene gute vnd niderträchtige … Werck*, welche sie sich … zu verichten selbst auferlegt hat“ Errettung der Jungfrau 79.– **3** †leutselig, volkstümlich: *Ünsə' Landrichtər is gàr ə˜ nidə tráchtigə' Herr* SCHMELLER I,644; *ein kleines Wercklein … niderträchtig geschrieben: aber wohl gegründet* C.MEICHELBECK u.a., Kurtze Freysingische Chronica, Freising 1724, 2r.– **4** †von niederer Herkunft: *ich bin nur ein niederträchtiger Mensch* DELLING II,89.– **5** †: *niderträchtig* „vom Vieh: kurzbeinig“ SCHMELLER I,1728.

DELLING II,89; SCHMELLER I,644, 1728.– WBÖ V,233.

[zwie]t., †**[zwei]**- **1** hinterlistig, °OB, °OP vereinz.: °*dös is a zwietrachtiger Mensch* Trausnitz NAB.– **2** †uneinig: *darumb sy … in der maß zwitrachtig sein* Prien RO 1498 BREIT Verbrechen u.Strafe 46; *durch zweyträchtige Vneinigkeit* HUEBER Granat-apfel 2.– **3**: °*zwietrachti* „schlapp, schlaff“ Halsbach AÖ.

WBÖ V,233. M.S.

trächtig[2]

Adj., brünstig, läufig, °OB, °NB, °OP, MF vereinz.: °*trachti* Viechtach.

Etym.: Mhd. *trehtec* ‘trachtend, strebend’, Abl. von →*trachten*[3].

Komp.: †**[be]t.** trachtend, erstrebend: *die hohen fürsten wurden des peträchtig, das Vter ward bekrönet zu dem lannde* FÜETRER Merlin u.Seifrid 127,4.

[für]t. **1** †vorausdenkend: *Er prach in zumal vil ab, wann er vast fürtrechtig und gross anslegig was* FÜETRER Chron. 34,7f.– **2**: °*fürtrachte* „habgierig“ Gaißbach TÖL.

SCHMELLER I,644. M.S.

†-trächtiglich

Adj., nur in Komp.: **[be]t.** mit Überlegung: *Nu gedacht er betræchtichleich . wie er dem ritter daz læntel ab gewunn* Gesta Rom. 80.– Mhd. *betrehteclîche* ‘andächtig’, Abl. von →*trachten*[3].

[für]t. vorsätzlich: *was bey der Nacht mit freventlicher Hand … verdächtlich und fürträchtiglich geschieht* Landshut 1471 BLH VII,281.

SCHMELLER I,644. M.S.

†-trachtigung

F., nur im Komp.: **[Vor-be]t.** Erwägung, Überlegung: *darumb haben wir … unserer land und läut mit … gůter vorbedrachtigung … darzu erwelt* 1363 Stadtr.Mchn (DIRR) 551,21-25. M.S.

Trachtler

M. **1** jmd, der Tracht trägt, °NB, °OP vereinz.: °*döi Trachtla hom Wadlschtrümpf* Fuchsmühl TIR; *Trâchtlâ* „Trachtträger“ POELT-PEUKER Wb.Pöcking 46.
2 Mitglied eines Trachtenvereins, °OB vereinz.: °*a Tråchtler* Gauting STA; *In de 80er Johr hom nur de Trachtla und d'Bedienunga Dirndln trogn* Altb.Heimatp. 62 (2010) Nr.42, 10.

Komp.: **[Zwie]t.**: *Zwietrachtla* „streitsüchtiger Mann“ Arrach KÖZ. M.S.

-trächtlich[1]

Adj., nur im Komp.: **[nieder]t.**: *niederträchtlich* „niederträchtig“ Ursulapoppenricht AM. M.S.

-trächtlich[2]

Adj., nur im Komp.: **[be]t.** **1** erheblich, außergewöhnlich, denkwürdig.– **1a** erheblich, in hohem Maß, °Gesamtgeb. vereinz.: °*a beträchtlicha Schodn* Laaber PAR.– **1b** außergewöhnlich, nicht alltäglich, °OB, °OP, °MF vereinz.: *a betrachtlana Mensch* Achbg TS.– **1c**: *epas Betrachtlis* „Denkwürdiges“ Kochel TÖL.– **2** betroffen, nachdenklich.– **2a** betroffen, betreten, °OB vereinz.: °*du schaugst betrachtli drein* Rottach-Egern MB.– **2b** nachdenklich, in Gedanken: °*beträchtlich* „überlegend“ Gangkfn EG.– **3** beklagenswert, elend, °OB, °NB vereinz.: °*da Gsundheitszustand is betrachtli* Thanning WOR; *beträchtlich* „bedauerlich, jämmerlich“ Achental SCHMELLER I,644.– **4** unschön, häßlich, °OB vereinz.: °*dös schaugt ja ganz betrachtla aus* „abstoßend“ Reichersbeuern TÖL.

SCHMELLER I,644.– WBÖ V,233. M.S.

†-trachtung

F., nur in Komp.: **[Be]t.** **1** Erwägung, Überlegung: *so sol der rat daruber sitzen und mit gůter wetrachtung dem selben sein tail aus der ståt gůlt raiten* 1357 Stadtr.Mchn (DIRR) 531,21-23.– **2** Beratung, Besprechung: *Under irer rede oder betrachtung, so kumbt ain hirsz* FÜETRER

Chron. 49,30f.– Mhd. *betrahtunge* stf., Abl. von →*trachten*[3].
WBÖ V,233.

Mehrfachkomp.: [**Vor-be**]**t.** wie →[*Be*]*t.*1: *Darumb si nit unbesint … sunder mit zeitiger vorbetrachtung erst am achten Tag iren kindern nämen … geschöpft haben* AVENTIN IV,15,27-31 (Chron.).
WBÖ V,234. M.S.

Dracke →*Drache*.

Träckel, Tragholz, →*Trage*.

†dräckeln
Vb., langsam arbeiten, trödeln: *tráckln* „nicht fertig werden mit etwas" SCHMELLER I,646.
Etym.: Nebenf. von →*dreckeln*.
SCHMELLER I,646.

Komp.: [**ver**]**d.**: *verträckeln* „verziehen, durch herumziehen verlieren" SCHMELLER I,646.
SCHMELLER I,646.

[**umher**]**d.** wie →*d.*: *Trácklst 'n ganzn Tàhh ə'so ummər und arbətst kaə˜n Handstraə' nicks* SCHMELLER I,646. M.S.

Tracken, Tragholz, →*Trag*.

trackieren →*traktieren*.

-träckt, -a-
Adj., nur im Komp.: [**ver**]**t.** **1** verzwickt, verworren, °OB, NB, OP vereinz.: *ais bringt ea vatrackt daher* „redet unklar" Passau; *wos gånz Vadrakts* Naabdemenrth NEW; *bei ins is alls af Lager, vatrackte Kunscht, aba aa Bildln … wo a jeder glei woaß, wos oben und unten is* Simplicissimus 1955, 559.– **2**: *etwas vertrackt macha* „verkehrt" OB.– **3**: *vadrąkt* „unangenehm" nach KOLLMER II,327.– **4**: °*vertrackt* „aufsässig, widerspenstig" Bayrischzell MB.– **5** verschlagen, hinterhältig: „schlitzohriger, auch unehrlicher Mensch … *vâ:dragg:de Bea:son*" CHRISTL Aichacher Wb. 237; *Ein vertrakter … Kerl* HÄSSLEIN Nürnbg.Id. 133.– **6** verstärkend bei Schimpfw.: *Du Bluatsviech … du vertrackts!* DINGLER bair.Herz 19.– Aus Part.Prät. von mhd. *vertrecken* 'verziehen, verzerren'; KLUGE-SEEBOLD 957.
HÄSSLEIN Nürnbg.Id. 133.– WBÖ V,235. M.S.

Dradel, Kreisel, Wirbel, →*Drehel*.

Tradel, Kreisel, Wirbel, →*Trannel*.

Trader, -ä-
wohl F.: °*s Kind hat Tradern* „Durchfall" Arnstorf EG. A.S.H.

Traderer
M. **1**: °*an Drådara do* „Scheißhaufen" Dachau.
2: °*an Drådara do* „Furz" Dachau. A.S.H.

tradern, -ä-
Vb. **1** (laut od. dünnflüssig) scheißen, den Darm entleeren, °OB, °NB, °OP vereinz.: °*a Kind trådat* „hat Durchfall" Eging VOF.
2 furzen, °OB, °NB, °OP vereinz.: °*drådan* „dauernd Winde lassen" Klingenbrunn GRA.
3: °*tradern* „an vielen Stellen besudeln" Miesbach.
Etym.: Nebenf. von →*tredern* 'dass.'.

Abl.: *Trader, Traderer*. A.S.H.

Dradiwaberl, Kreisel, →[*Dreh-dich*]*barbara*.

Dradler, Kreisel, Wirbel, →*Dreheler*(*er*).

Tradler[1]
M., wohl jmd, der laut scheißt od. furzt: °*du bist a so a Tradla, Hosntradla* Hohenpeißenbg SOG.
Etym.: Abl. zur selben Wz. wie →*tradern*. A.S.H.

Tradler[2], Kreisel, Wirbel, →*Trann*(*e*)*ler*.

draf →[*dar*]*auf*.

Traf →*Trauf*(*e*).

Trag, Tracken, †Trage
M., vereinz. N. **1** tragendes Holz eines Geräts, Bauwerks u.ä.: *Drackn* „Holzträger, beispielsweise für den Gang (Balkon)" RASP Bgdn.Mda. 45; *vmb ain newen Tragen dem Wagner zw aim alten Rädel den.29* 1491 Frsg.Dom-Custos-Rechnungen I,633.
2 †Traglast, best. Menge, Maßeinheit: *ein santchretz* [geflochtene Wanne für Sand], *der sol haben zwelf tragen, daz iegleicher trag* [ca 37 Liter] *gefaecht* [geeicht] *sey* 2.H.14.Jh. Stadtr. Mchn (DIRR) 534,8f.; *vmb ain trag zun stainen geben 24½ dl.* 1573 Stadtarch. Rosenhm GRE 16, 100 (Rechnung).
3 †Stellvertreter: *jemant … der … einen hiet, der im nit ain rechter Erb war, der schol haben*

ain tragen, der ain rechter Erbman ist Essenbach LA 1450 HARTINGER Ordnungen I,166.

Etym.: Mhd. *trage* swm., Abl. von →*tragen*; WBÖ V,253. Zu Formen mit *-ck-* s. *Trage.*

WBÖ V,253.

Komp.: [**Ab**]**t.** **1** Nachteil, Schaden: *Otroch* Stadlern OVI; „Ein Wirthshaus thut dem andern *Abtrag*" SCHMELLER I,654.– **2** †Entwendung, Diebstahl, Plünderung: *Der Abtrag* „Entwendung" SCHMELLER I,654; *ploß Abtrags willen ... zu den Prunsten lauffen* Straubing 1673 JberHVS 69 (1966) 49.– **3** †Strafe, Entschädigung, Wiedergutmachung: *daß ihm die Stadt R. von Anschell Juden fug, kerung und abtrag schaff* 1476 Urk.Juden Rgbg 125; *wer ... gehackt holz wekfiert ... der ist ... dem andern, so das holz zugehörig, in abtrag des schadens verfallen* Teisendf LF 1671 GRIMM Weisth. VI,157.– **4** †steuerliche Abgabe: *Daß die Weber das belohnt Gewürch trewlich vnd on abtrag arbeiten sollen* Landr.1616 614.

SCHMELLER I,654.– WBÖ V,253f.

[**An**]**t.** **1** Vorrat, Ersparnis.– **1a** Vorrat: °*an Antrag machn* „damit im Winter das Heu reicht" Pittenhart TS.– **1b** Ersparnis, ersparte Summe, °OB, °OP vereinz.: °*ma muas scho a bissal an Otråg macha* „das Geld nicht verschwenden" G'berghfn DAH.– **2** Ersuchen, Antrag.– **2a** Ersuchen allg., °OB, NB, OP vereinz.: *Atråg* „bei einem Amt" Mchn; *Āntrăch* „Antrag, Gesuch, Bittschrift" BERTHOLD Fürther Wb. 7.– **2b** Heiratsantrag, OB, °NB vereinz.: *er hat ihr sein Antrag gmacht* Passau; *Hock di z'erst amoi hi. Zum Antrag konnst ja wieda aufsteh* Altb.Heimatp. 58 (2006) Nr.47,4.– **3** Absicht, Bestreben, Bemühen: *da Åndråg* „Ansinnen" Mittich GRI; *weil ein Handwerker ... den Antrag machen muß, daß der Beutel der Geistlichen an der Schwindsucht krank liege* O'alteich BOG 1754 JberHVS 36 (1933) 32.– **4** Angebot, Vorschlag: *„Atråg,* in einen Dienst einzutreten" Haag WS.

WBÖ V,254.

Mehrfachkomp.: [**Heirats-an**]**t.** wie →[*An*]*t.*2b, OB, °OP vereinz.: *dem Möidl hom scha vül Burschn an Heiartsoatrog gmacht* Wdsassen TIR.

[**Auf**]**t.** **1** †: „Christi Himmelfahrt ... wird von jedem Haus ein großer Teller von Kernmehl auf einem Seitenaltar geopfert. Dieß nennt man den *Auftrag*" LEOPRECHTING Lechrain 178.– **2** Anweisung, Befehl, OB, NB, SCH vereinz.: *Aufdrog* Derching FDB; *In de letzdn Kriagsjohr 1944/45 hod mei Vadda den Aufdrog kriagd, dass er des Schweinersdorfer Lager beaufsichdign soid* E. HARTL-GROETSCH, Eine Familie macht Geschichte(n), Norderstedt 2014, 156; *Höchstdieselbe machen ... der oberen Landesregierung den ... Auftrag zur Aufrechthaltung der Schrannen-Ordnung die thätigsten und wirksamsten Mittel zu ergreifen* Mchn 1795 Slg.Kurpfalz-Baier.Landesverord. 1784-1799 V,315.– **3** Bestellung einer Ware od. Leistung, OB, NB, OP vereinz.: *an Aufträg kriang* Hengersbg DEG.

WBÖ V,254.

[**Aus**]**t.** **1** Rechtsentscheidung, friedliche Beilegung, Vergleich: *Austrag* „Schlichtung" Passau; *Nach Austrag der Sachen* SCHMELLER I,654; *machen der sachen außtrag vnnd endt/ in gütlicher freundschafft* Landsfreyhait 1553 103; *hat an statt des Closters ... wegen etlicher Mißhelligkeiten/ einen guten Austrag ausgewirckt* ERTL Atlas II,177f.– **2** vertraglich vereinbarte Leistungen der Erben nach der Besitzübergabe, Altenteil.– **2a** Unterhaltsleistungen, vertragliche Vereinbarung darüber, °OB vielf., °NB, °OP, °MF, °SCH mehrf.: °*de ham an guatn Austrog voschrim kriagt* Finsing ED; °*Austrag* „freie Wohnung im Austragshäusel, Lebensunterhalt, Taschengeld" Frauenau REG; °*da Mudda mejß ma an Asdroch gem* Winklarn OVI; „Die Bäuerinnen ... horchen zu, wie die Mannsbilder den *Austrag* besprechen" THOMA Werke III,76; *Es sollen ... die Außträg deren/ so jhr Gerechtigkeit vbergeben ... mit deß Grundtherrns bewilligung bedingt werden* Landr.1616 300.– **2b** Austragshaus, Austragsstube, °OB mehrf., °NB, OP, °MF, SCH vereinz.: *in Austrag ziagn* Griesbach; *boi* [wenn] *mir zwoa heiratn dean, na nehma de zwoa Oidn mit und richtn eana an Austrog ei* LOEW Grattleroper 70.– Auch †: „In Baiern bedeutet *Austrag* auch die Wohnung eines Tagelöhners, ein Häuschen ohne Acker" ADELUNG I,663.– **2c** auch N., Ruhestand, °OB, °NB mehrf., °OP, SCH vereinz.: *in Asdrach kuma* Sulzbach-Rosenbg; „die *im Austrage* ... haben dann nichts mehr zu thun, werden Faulenzer und Andächtler" DGF HAZZI Aufschl. IV,3,278; *Der Muatter is aa recht, wann mi ins Austrag gengan* THOMA Werke III,80 (Hochzeit); *Wann auch sie, die Alten, auf den*

Austrag gestanden seind, will sie, die alte … zur Arbeit wie ein Hausdirn … nit … getrieben werden 1620 Chron.Kiefersfdn 381.– **3** zusätzlich zum Dienstbotenlohn ausbedungene Sachleistungen, °OB, °NB vereinz.: °*da Austråg* „Pantoffel, Stiefel, Schürzen, Kleidung“ Ebersbg; „Zum Geldlohn kommt noch der *Austrag* … an Naturalien“ Mühlrad 2 (1952) Nr.1,4.– **4** †Wittum, Unterhalt, Besitz der Ehefrau, Witwe: „Der Braut wird … ein *Austrag, Leibthum* … anverheirathet“ VIT Hazzi Aufschl. IV,1,219.– **5** †Unterhaltsleistung allg., in Phras.: *A Bas'n hon i fufzeh Jahr In Austrag g'haltn* [Unterhaltsleistungen gewährt] Gumppenberg Bergamseln 148.

Delling I,46; Schmeller I,654; Westenrieder Gloss. 31f.– WBÖ V,254f.

[**Be**]**t.** Betrag, Geldsumme, OB, NB, OP vereinz.: *der ganze Betrag is 100 Mark* Weiden.

WBÖ V,255.

[**Ein**]**t.** **1** Schußfaden beim Weben, fachsprl., °OB, °NB, °OP vereinz.: *da Eitrog* „das im Schiffchen befindliche Garn“ O'audf RO; *Das lezte Bartie mit 7 ¾ Pfd … etwas rohe Landwolle u 1 Pfd aufkartätschte Enden … alles zu Eintrag* Tirschenrth 1843 Heimat TIR 24 (2012) 23; „Nach jedem Durchschießen wurde der *Eintrag* … mit dem Schlagbaum angeschlagen“ Kerscher Handwerk 47; *wo der Zetl leinen vnnd der Eintrag wullen ist, das sollen Dirodey sein, wo aber der Zetl wullen vnnd der Eintrag leinen ist … das sollen Loden sein* 1572 Schlichthörle Gewerbsbefugnisse Mchn II,410.– **2** Beeinträchtigung, Schaden, Abbruch, OB, NB, °OP vereinz.: °*des macht eam koan Eitrog* Bruckbach R; *an allermenigclichs Eintrag und Hinderung* Hohenburg AM 1522 Hartinger Ordnungen II,603.– **3** †Einwendung, Widerspruch: *on Irrung. Eintrag v. Widersprechen* Indersdf DAH 1565 OA 25 (1864) 296.

WBÖ V,255.

[**Ver**]**t.** Vertrag, OB, °NB, OP, SCH vereinz.: °*mia hamma an Vodrog gmächt* Neufraunhfn VIB; *Nimm Dein Vatrog und schreib: Achtzge!* F. Grässmann, Eine offene Tür!, Berlin 2016, 138; *daß diese Ehehaft ihren Grund in einem Vertrag … hat* Petersglaim LA 1805 Hartinger Ordnungen III,443; *kain vertrag mocht zbüschen ir berden* Arnpeck Chron. 500,12.

WBÖ V,255.

Mehrfachkomp.: [**Dienst-ver**]**t.** Dienstvertrag, OB, NB vereinz.: *Deaschtvatråg* Kochel TÖL; *wenn eine solche Willkühr im Dienstvertrag … beliebt worden sey* Mchn 1800 Slg.Churpfalz-Baier.Landesverord.1800-1802 II,25.

WBÖ V,255.

– [**Ehe-ver**]**t.** Ehevertrag, OB mehrf., NB, °OP, SCH vereinz.: *an Evadråg aufsetzn* Ingolstadt; °*dia håbn koan Ehevertrag* „keine Gütergemeinschaft“ Laaber PAR; *Wann i an Eh'vatrag protakallier, kriag i aa'r an Hof* Thoma Werke VI,368 (Wittiber).

WBÖ V,255.

– [**Heirat**(**s**)-**ver**]**t.** wie →[*Ehe-ver*]*t.*, OB, NB vereinz.: *an Hairatvatråug måucha* „dafür zum Gericht gehen“ Mittich GRI.

– †[**Winkel-ver**]**t.** Vertrag ohne Rechtskraft: *Daher die vielen Winkelverträge zur Umgehung der Gesetze* Mchn Baier. Landtags-Ztg 1819, 275; *das khainer khainen haimblichen Winckhl Vertrag … zuegeben mache* nach 1553 Breit Verbrechen u.Strafe 75.

WBÖ 255.

[**Vor**]**t.**, [**Für**]**-** **1** Rede über ein best. Thema, juristische Stellungnahme, OB, °NB, OP vereinz.: *Voatråg* Aicha PA; *wegs dene boa Hansl hoit i koan Voatrog* s'Vereinsheft'l, hg. von der DAV-Sektion Ringsee, 27 (2008) Nr.1,22; *nach beder thail genugsamer Furtrag vnd Verhör der sachen* Kanzleiord.Ambg 1525 34.– **2** Darbietung, Vorführung: *Vortrag* „in einem Konzert“ Weiden.– **3** Übertrag, OB, OP vereinz.: *Vortrag* „vom Vorjahr übertragen“ Mchn; *den Vortrag über alle Taxnachlässe … Unsers geheimen Finanz-Departements … übertragen* Mchn 1800 Slg.Churpfalz-Baier.Landesverord.1800-1802 II,51.

WBÖ V,255.

[**Fruh**]**t.** erste Honigernte im Jahr: *Fruhtråg, Spaattråg* Staudach (Achental) TS.

[**Nach**]**t.** **1** Nachtrag, OB, OP vereinz.: *Nachtrag* „zu einer Rechnung“ Weiden.– **2** zusätzliche Portion beim Essen: *da Nochtrog hodn dahoitn* Metten DEG.– **3** zusätzlich von Dienstboten geforderte Arbeit: *da Nochtrog hod an Baunkned vodriem* Metten DEG.

WBÖ V,255.

[**Über**]**t.** **1** wie →[*Vor*]*t.*3, OB, NB, OP vereinz.: *da Iwadråg* Mittich GRI.– **2** Schutzbrett

am Ortgang, °OB vereinz.: °*Übertrag* Ü'acker FFB.
WBÖ V,255.

†[**Zümm**]**t.** **1** Richtfest: „Bis zum Jahre 1870 ... wurde, sobald der First ... errichtet ... war ... ein *Zümmtrag* veranstaltet" U'leiten TÖL ZVVkde 16 (1906) 165.– **2** die fürs Richtfest zusammengetragenen Eßwaren: „Hier verzehrten die Zimmerleute ... das *Zümmtrag*" U'leiten TÖL ZVVkde 16 (1906) 165.– Bestimmungsw. unklar, möglicherweise aus →[*zu*]*sammen*. E.F.

†Tragant

M. **1** Tragant (Astragalus): „Bei Nürnberg bis Roth ... der sandliebende *Tragant*" Bavaria IV, 81.

2 aus Tragant gewonnenes Harz: *ein electuari, gemacht aus magen sâmen ... vnd von tragant* KONRADvM BdN 449,11-13; *Wiltw das die lasur gern aus der federn gee So Nym tragant ... und gumj arabicum* 2.H.15.Jh. Liber illuministarum 226.

Etym.: Mhd. *tragant* stm., griech. Herkunft; WBÖ V,256.

WBÖ V,256.

Komp.: †[**Gummi**]**t.** wie →*T.*2: *nemme gumi tragant .3. bis .4. loth ... mit weinessig aufgelöst* BIHLER tierärztliche Rezepte Straubing 80.
WBÖ V,256. E.F.

Tragatsch, -e

M., F., Schubkarren, °OB (GAP), °NB (v.a. WEG, WOS) mehrf.: *der Dragetsch* M'nwd GAP; *drạgatʃ, drạgatʃn* Unterer Bay.Wald nach KOLLMER II,324; *Der Trágátsch* „Gestell-Schubkarren" Werdenfels SCHMELLER I,657; *So hatt man auf etlichen Wägen und Trageschn ... Teppich, Silbergeschür ... heraus geordnet* 1565 FREYBERG Slg IV,305.

Etym.: Slaw. Herkunft; WBÖ V,256.

SCHMELLER I,657.– WBÖ V,256. E.F.

tragbar

Adj. **1** sich ohne Mühe tragen lassend, OB vereinz.: *a tragbare Retsche* Osterratsche Hfhegnenbg FFB.

2 sich gut tragen lassend (von Kleidung): *der Anzug ist kaum no tragbar* Mchn.

3 ertragreich, fruchtbar, OB, NB vereinz.: *a drågbårö Wis* Mittich GRI.

WBÖ V,256. E.F.

Trage, -ck-

F. **1** Transportvorrichtung, Behälter.– **1a** Traggestell aus Holz mit vier Tragarmen für Holz, Steine, Mist u.ä., °OB, °NB, °OP, SCH vereinz.: °*di Trogn* „für Ziegelsteine" Muckenbach ROD; *drōŋ* Ehekirchen ND SBS XIII,357; *Feretrum traga* Windbg BOG 12.Jh. Clm 22201,fol.238va; *in offentlicher Procession ... an dem Charfreytag auf einer Tragen ... herumgetragen* Gnadenblum 22.– **1b** Totenbahre, °OB mehrf., °NB, °OP, °OF, °MF, °SCH vereinz.: °*Drong* Adelzhsn AIC; *Dragl* O'diendf PA.– **1c** Tragbahre, OB, °NB vereinz.: °*Drogn* Rattenbg BOG; *drogn* „Zum Transport Kranker und Verletzter" HUBER Bergmannsspr. 16.– **1d** Schubkarren, OB, °NB, °OP vereinz.: *Trog* Taching LF; *drouŋ* Pocking GRI nach SNiB VI,182.– **1e** Rückentraggestell, -korb, °OB, NB, OP vereinz.: °*Tragn* „für Brot oder Waren" Endf RO; *Trooch* „Gestell zum Tragen einer Ware" BRAUN Gr.Wb. 675.– **1f** Handkorb, Einkaufstasche, °OB vereinz.: °*Dragla* „aus Stoff, mit Eisenringen als Henkel" Todtenweis AIC.– **1g** meist Dim., Kiste, Kasten, v.a. für Getränkeflaschen, °OB, °NB, °OP, °SCH vielf., °MF vereinz.: °*in a Tragl Bier genga zwanzg Hoiwe nei* Wildenroth FFB; *Wenn'sd zun Brei fahrst, lod'sd hiezua d' Gerscht'n auf und herzua a boor Tragl Bier* BAUER gut bayer. 106; *18 Maß Bier, 2 trägel prandtwein* Sachrang RO 1687 JAHN Handwerkskunst 394.– **1h** Dim., Gefäß, Behälter allg., °OB, °NB vereinz.: *Tragl* „Fischfäßchen für gefangene Fische" Aichach; *Dragl* „Kartoffelbehälter bei der Ernte" Grattersdf DEG; *Drum haout se a' dös Trocherl* [Suppentopf] *haochauf vollg'füllt* Oberpfalz 62 (1974) 89.

2 Vorrichtung zum Halten, Tragen, Stützen.– **2a** Halte- u. Führungsbogen an der Holzegge: °*Trage* „zum Anheben der Egge, um Steine und Wurzeln zu entfernen" Hahnbach AM.– **2b** in heutiger Mda. nur Dim., eingemauertes Tragholz als Konsole, Träger, °OB vereinz.: °„in der Dörrkammer waren auf beiden Seiten 6 Reihen *Dragge* eingemauert, auf denen die *Diuchtbreda* (Dörrbretter) lagen" Weildf LF; *Drackl* BERGMAIER Ruhpolding 255; *zu gehörter Canzl die trakhen Und Stöfftlöcher außgebrochen Und solche trakhen eingemaurt* N'aschau RO 1688 JAHN Handwerkskunst 463.– **2c**: *Dracki* „Holzdübel" Berchtesgaden.– **2d** Dim., Tragbalken einer Holzbrücke, °OB vereinz.: *Drage* Burgharting ED.

3 Gebärmutter von Tieren, v.a. vom Rind, °OP vereinz.: °*Trooch* Poppenrth TIR; „Vielleicht hat sie auch einen Stoß auf die *Trag* gekriegt" ANGERER Göll 201.
4 †Amme: *Gerula* ... *trbgb* [*traga*] Tegernsee MB 2.H.11.Jh. StSG. I,391,9.
5 Traglast, best. Menge, Bündel, °Gesamtgeb. vereinz.: *a Trooch Hulz* K'schwand VOH; „Wöchentlich einmal steigen sie mit der *Trag* ... herunter ... Buttermenge, die sich während einer Woche angesammelt hat" Ruhpolding TS Bayerld 26 (1914/1915) 270; „von einem Kramer von jeder *Trage* 1 h." 1589 Chron.Kiefersfdn 178.

Etym.: Ahd. *traga*, mhd. *trage* swf., Abl. von →*tragen*; KLUGE-SEEBOLD 923.

Ltg, Formen: In Bed.2b-d sowie in →[*Melch*]*t.* Dim. *drake*, *-i* u.ä. (BGD, ED, LF, MB, TS), vgl. Lg. § 29b2. Auch als Dim. zu *Tracken* (→*Trag*) möglich.

SCHMELLER I,653.– WBÖ V,234f. (Träcklein), 257f.

Komp.: [**Adel**]**t.** Schubkarren mit Kastenaufsatz für Jauche, °OB, °NB vereinz.: °*Odltrogn* O'neukchn MÜ; *ōdldroŋ* Englmannsbg DGF nach SNiB VI,174.

WBÖ V,258.

[**Aus**]**t.** **1**: °*di Austrag* „was sich die Hofübergeber ausbedungen haben" Tacherting TS.– **2** †Bedingung, Vorbehalt: *in der austrag, das ich* ... *noch sunst jemand annder* ... *nichts mer zu sprechn oder zu uoderen habn* 1485 Burghs. Urkb. II,329.

[**Bach**]**t.** Brett od. Gestell zum Gehenlassen u. Aufbewahren von Brot: *Båchdråung* Mittich GRI.

[**Bären**]**t.** wie →*T.* 1a: °*Bärntrage* „Traggestell, von zwei Personen getragen" Wettstetten IN.– Zu →*Bäre*[1] 'dass.'.

[**Bier**]**t.** Dim., Bierkasten, °OB, °NB, °OP vereinz.: °*s ganz Biadragl is an Leabuam vom Grisd åwagfoin!* Ebersbg; °*Biertragl* „für 20 Flaschen" Ascha BOG; „schlenkert der Beni ... mit einem *Biertragerl* aus Draht daher" SZ 14 (1958) Nr.232,9.

[**Brot**]**t.** **1** Vorrichtung zum Tragen von Brotlaiben.– **1a**: °*Brouddrong* „Holzgestell mit Griffen" Sulzbach-Rosenbg.– **1b**: °*Brodtragn* „Rückentragkorb der Sennerin" Willharting AIB.– **2** Hängegestell zur Aufbewahrung von Brot, °OB, OP vereinz.: °*di Brottrach* Ingolstadt.

[**Toten**]**t.** wie →*T.* 1b, °OB, °NB, °OP, SCH vereinz.: *Tountroog* Tragbahre für den Sarg Ascholding WOR.

WBÖ V,258f.

[**Trag**]**t.** wie →*T.* 1b: *Tragtragn* Altenmarkt PA.

[**Truhen**]**t.** **1** Transportvorrichtung.– **1a** Kiste mit vier Tragarmen für Jauche, Mist, Steine u.ä., °OB, °NB, °OP, °SCH vereinz.: °*Drouadrooch* O'wildenau NEW; „Die *Truhentragen*, Trage mit einem Behältniß für weiche oder flüssige Dinge, z. B. Mörtel" SCHMELLER I,660.– **1b** wie →*T.* 1b, °OB, °NB, °OP vereinz.: °*Truadrogn* Wiesenfdn BOG.– **1c** Schubkarren mit Kistenaufsatz, °OB, °NB, °OP vereinz.: °*Truchatrågn* O'appersdf FS.– **2** Griff, Henkel einer Truhe, °OB, °OP vereinz.: °*Truhatrågn* Hart a.d.Alz AÖ.

SCHMELLER I,653, 660.

[**Essen**]**t.** Behälter, in dem Essen aufs Feld getragen wird, OB, NB vereinz.: *Össntrogn* Metten DEG; „*inaran blechern Küwala*, genannt *Essntrocherl*" SCHEMM Die allerneistn Deas-Gsch. 68.

[**Fisch**]**t.** kleines Faß für lebende Fische, OB, OP vereinz.: *Fischdragl* Wattersdf MB.

[**Fleisch**]**t.** Holzgestell zum Aufhängen eines geschlachteten Schweins: °*Fleischtrogn* Trausnitz NAB.

[**Heu**]**t.** Netz od. Tuch zum Heutragen, °OB, NB vereinz.: *d Haidråugn* „Tuch mit Bändern" Mittich GRI.

WBÖ V,257.

[**Hirsch**]**t.** Tragbahre für einen erlegten Hirsch: „eine *Hirschtrage* ... zwei Stangen und einige Bretter quer darüber" SILBERNAGL Almsommer 12.

†[**Hohl**]**t.** wie →[*Truhen*]*t.* 1a: *VI holtragen gůter vnd pŏser* PIENDL Hab und Gut 207; *ain Seÿten an ein Holtragen* 1448 Frsg.Dom-Custos-Rechnungen I,33.

[**Holz**]**t.** **1** Gestell mit vier Tragarmen zum Tragen von Holz, Gesamtgeb. vereinz.: *Hoiztrogn* Walkertshfn DAH; *hoedsdrōŋ* Schiltbg AIC nach SBS XIII,357; *Ain holcz tragen* 1495 Stadtarch. Rgbg Inv.Aman, fol.23[r].– **2**: °*Holztragn* „Korb für Brennholz" Töging AÖ.–

3 best. Menge, Bündel Holz, OB, OP vereinz.: *Holztrågn* „eine Bürde Holz" Etzenricht NEW.
WBÖ V,257.

[**Kranken**]**t.**: °*a Grangadrong* „Krankentrage" Neufraunhfn VIB.

[**Leichen**]**t.** wie →*T.*1b, OB, °NB vereinz.: *Leichndråg* Bodenmais REG.

[**Melch**]**t.** Melkschemel: *Mäichtraki* HELM Bgdn.Ld 158.

[**Milch**]**t.** Traggestell mit Milchkannen: „*mulxdrāgə* … zwei Eimer, die an einem Schultertraggestell hängen" Altenstadt SOG nach SBS XIII,486.

[**Mist**]**t.** **1** Traggestell mit vier Tragarmen für Mist, OB, NB, °OP, OF vereinz.: *d Misttrong* Wildenrth NEW; „Auf einer geschulterten *Misttrogn* tragen vier Schwarzgekleidete den leeren Geldbeutel herbei" Schmidmühlen BUL Servus in Stadt & Ld 2014, H.3, 110; *VI mistragen gůter vnd pŏser* PIENDL Hab und Gut 207; *1 Misttragen* Weiden 1662 SINGER Vkde Fichtelgeb. 56.– S. Abb. 1.– **2** Schubkarren für Mist, °OB, NB vereinz.: *mit da Mistdråung ausfåuᵉn* Mittich GRI; „beim Mistauflegen auf die zweispannige *Misttragen* … und … beim … Hinausradeln auf den Misthaufen" ANGERER Göll 214.– Phras.: °*umanandhenga tuats wia brochane Misttrogn!* „sie kränkelt" Garching AÖ.
WBÖ V,257.

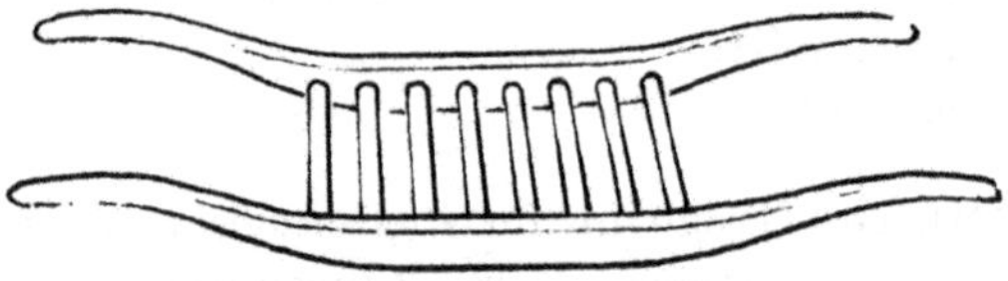

Abb. 1: *Misttrage* (Wildenrth NEW).

[**Mörtel**]**t.** **1** Tragbehälter für Mörtel, °OB, °NB, °OP, °MF vereinz.: *Meatltrång* Aicha PA; *mę̄ɑtldrāgə* Schwabhsn LL SBS XIII,357.– **2** Schubkarren für Mörtel: „die den Mörtel … mit der *Mörteltrage* … zum Maurer hinschafften" ANGRÜNER Abbach 56.

[**Obst**]**t.** Obstkiste: °*Obsttragl* Breitenbg WEG; „25 *Obsttragl* mit gut 30 verschiedenen Wildblumenarten" Stadtmagazin Ebersberg Juni 2019, 25.

[**Rad**]**t.**, [**Rädlein**]- Schubkarren, meist mit Kistenaufsatz, °OB, °NB vielf., °OP, °MF, °SCH vereinz.: °*des ganze Hei gehd ned auf d'Ralldrong auffe* Stammham AÖ; „So hat der Stallknecht am Ostertag in der Frühe seine *Radltragen* … suchen müssen" LETTL Brauch 49; *1 Radltrage* Alteglofshm R 1809 VHO 31 (1875) 179 (Inv.); *III rådeltragen* PIENDL Hab und Gut 207; *1 Alte Rädl tragen* M'rfels BOG 1693 BJV 1962,213 (Inv.).
SCHMELLER II,51.– WBÖ V,259.

[**Ruck**]**t.** **1** Rückentraggestell: °„*Rucktragn* hatten die Glaser, wenn sie über Land gingen" Griesbach.– **2** Rückenteil des Pferdegeschirrs, OB, °NB vereinz.: *Rucktragn* Ebersbg.

[**Sau**]**t.** **1**: °*Saudrong* „Holzgestell mit Füßen, worauf das Schwein beim Schlachten gelegt wird" Rottendf NAB.– **2**: °*Sautragl* unterbrochene Furche, auf der die Raben aufsitzen können Ried FDB.

[**Scheib(en)**]**t.** wie →*T.*1d, °sö.NB vielf., °OB vereinz.: *Scheibtrong* Edelmühle WOS; *šaibdroŋ* nach KOLLMER II,356.
WBÖ V,259.

[**Scheiter**]**t.** Traggestell mit vier Tragarmen für Brennholz: *Scheidatrogn* Kraiburg MÜ; *an die Scheitertrag einen neuen Tragbaum gemacht* Kay LF 1800.
WBÖ V,257.

[**Schieb**]**t.** wie →*T.*1d, °OB, °NB, °OP vereinz.: °*Schöibtrong* „früher beim Hochbau" Fronau ROD.

[**Schub**]**t.** wie →*T.*1d: *Schubtrång* Schnaittenbach AM; *šubdroŋ* Windorf VOF nach SNiB VI,174.

[**Stein**]**t.** **1** Traggestell mit vier Tragarmen für Steine: *Stoatragn* Simbach PAN; *II stayntragen* PIENDL Hab und Gut 207; *beyschaffung vnderschidlicher werckhzeug … Staintragn* 1738 BERGMAIER Ruhpolding 65.– **2** Rückentraggestell für Steine: *šdõɑdrõŋ* Eurasburg FDB nach SBS XIII,465.
WBÖ V,257.

[**Suppen**]**t.** Suppentopf: *Döi hom a' langs Stangl mit an Supp'ntrocha'l dra' fürs Fensta' einag'reckt* Oberpfalz 62 (1974) 89.

[**Wasser**]**t.** **1** Kasten für Mineralwasserflaschen: „Die *Bier-* und *Wassertragl* waren … schwer wie

Kanonenkugeln" SZ 75 (2019) Nr.100,R15.– **2** Behälter, Trinkgefäß für Wasser, °NB vereinz.: *Wassertragl* Behälter, in dem den Feldarbeitern das Wasser hinausgebracht wird Arnstorf EG.

[**Zieh**]**t.** Schleife, Kufen mit Querbalken: *Ziertragn* „vor allem in steilen Hängen, um Stämme aus dem Wald zu transportieren" O'nzell WEG.– S. Abb. 2. E.F.

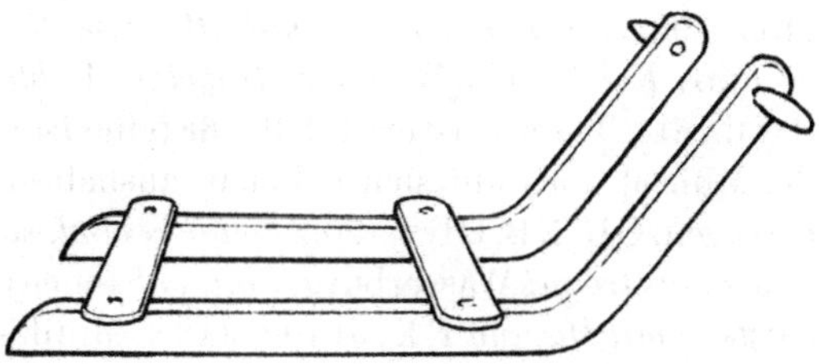

Abb. 2: *Ziehtrage* (O'nzell WEG).

träge

Adj. **1** träge, langsam, faul, °OP, OF, MF vereinz.: *draach* Fürnrd SUL; *drăch* mittlere Altmühl nach DMA (Frommann) 7 (1877) 391; *Deses trager* Frsg 2.H.9.Jh. StSG. II,7,16; *di tragen pist du zů dir ziehen* Tegerns.Hym. 27,123. **2** †feige: *Ayax unnd Poluxene – mit irer hilf sy waren nicht dy tregen* Füetrer Trojanerkrieg 68,204.

Etym.: Ahd. *trâgi*, mhd. *træge*, germ. Wort idg. Herkunft; Pfeifer Et.Wb. 1444.

Schmeller I,657.– WBÖ V,259. E.F.

tragen

Vb. **1** mit der eigenen Körperkraft haltend fortbewegen, befördern.– **1a** allg., °Gesamtgeb. vielf.: °*wos drejschdn do?* Garmisch GAP; *aufn Tandlmoak trogn* Hengersbg DEG; *auf dr Ågsl drong* Derching FDB; *Is Enk* [euch] *bein Büld- und Himmitrag'n Da Schnabi sauber blieb'n?* Gumppenberg Loder 29; *adportatus tragandi* wohl Rgbg 1.H.9.Jh. StSG. I,42,30; *Swer spelten oder paem in diu stat traet* 1365 Stadtr. Mchn (Dirr) 444,24; *Was von allerhand gemeinen victualien auff den marckt zuverkauffen getragen wird* Rgbg 1641 Wüst Policey 789.– **1b** zustellen, ausliefern, zum Verkauf forttragen, hausieren, ä.Spr., in heutiger Mda. nur in Komp.: *so di messer etwaz verdinen mit tragen oder annder arbait* 1460 Runtingerb. III,240.

2 das Gewicht von jmdm, etwas tragen.– **2a** von unten stützen, OB, NB vereinz.: *d Mauer tragt n Dachstuhl* Mchn.– **2b** ein best. Gewicht, eine Last aushalten (können), OB, NB, °OP, SCH vereinz.: °*des Eis dragd bestimmt nu niat, bass aaf!* Windischeschenbach NEW; *dör Wogn dråg virzg Zeendner* Derching FDB; *dreißig Mann wenn amoi drobn stehn, das tragt a so ein Grüst nimmer* Graf Werke XI,4,324; *von plahsaltz, swaz ein wagn getragen mach, gibt man zwen pfenninge* um 1300 Stadtr.Mchn (Dirr) 233,7-9.– **2c** tragend fortbewegen u. nicht untergehen lassen: *s Wåssa trågt* Stadlern OVI.

3 einen Körperteil in best. Weise tragen, sich in best. Weise verhalten.– **3a** einen Körperteil, Haare in best. Weise tragen, OB, NB, OP vereinz.: *trångs s Glied links oda rechts?* „fragt der Schneider" Aicha PA.– **3b** refl., sich benehmen, betragen, OB, NB, OP vereinz.: *der trogt si groußbäuerli* „hat Manieren wie ein großer Bauer" Aubing M.

4 kleiden, Kleidung u.ä. an seinem Körper, an, bei sich haben.– **4a** (Kleidung, ein Kleidungsstück) angezogen, aufgesetzt haben, OB, NB, OP, SCH vereinz.: *Handscha drogn* Derching FDB; *Bist leicht z'schö dazua, daß d' was Alts, was Guats tragst?* Christ Werke 207 (Erinnerungen); *Das Kranl ist das ehrbarste Tragen für eine Jungfrau* Schönwerth Opf. I,83; *die alten Teutschen ... truegen an ir claine wolfspelzlein, so si am jait fiengen* Aventin IV,306,31-307,2 (Chron.); *Der schwartze Paulus ... tragt ... Stöckl-Schuh mit Schnallen* Landstreicherord. 1.– **4b** an, bei sich haben, (eine Brille u.ä.) tragen, OB, NB, OP, SCH vereinz.: *Aungglasl drång* Mittich GRI; *Trogst du gor koan' Eh'ring?* Graf Werke XI,2,304 (Kalendergesch.); *Swer mezzir in der hosen/ oder anderswo verholen trait ... dem sol man ab di hant slahen* Rgbg 1281 Corp.Urk. I,417,15-18 B; *daß chain Wirt hintz* [gegenüber] ... *unsern Ehalten nicht ... weren* [gewähren] *schol, dan was sie ob der Gürtl tragen* Essenbach LA 1450 Hartinger Ordnungen I,165.– **4c** refl., sich kleiden, in best. Weise anziehen, OB, NB, OP vereinz.: *dea dragd sö schdädisch* Beilngries; *Wia si' der Teifi tragt* Allers-Ganghofer Jägerb. 126.– **4d** refl., eine best. Trageeigenschaft haben, OB, NB, SCH vereinz.: *des Gwånd dråg si schea* „passt gut" Derching FDB.

5 Frucht tragen, Nutzen, Nachteile bringen.– **5a** trächtig sein, °OB, °NB, °OP, °SCH vielf., OF, °MF mehrf.: °*gwampert wia a trogade Kuah* Tittmoning LF; *all Kia draga und d'*

Schdalldiera hodd o a baar Schbritzer derwischd Wölzmüller Lechrainer 145; *nach 4. Wochen (dann so lang tragt die Häsin) setzen sie ... und bringen ein oder zwey Junge* Schreger Speiß-Meister 85.– Phras.: *groß / hoch t.* im letzten Stadium der Trächtigkeit sein, OB, °NB, SCH vereinz.: °*a hochtrågerte Kuah* O'appersdf FS; *die Kua dråg groas* Derching FDB; *hôch tragen* „von Thieren" Schmeller I,653.– *Klein t.* im frühen Stadium der Trächtigkeit sein: °*gloadrogad* Gars a.Inn WS; *de is glõadrǭgad* Burgkchn AÖ nach SOB V,41.– Auch brünstig sein, °OB, NB, OP, MF vereinz.: *dö Kuah is trågat* Bgkchn DAH.– **5b** schwanger sein, °OB, °NB vereinz.: °*trågad* Frauenau REG; *a drochats Wei* Judenmann Opf.Wb. 45; *wiez einem tragendem wîbe ergie* LamprechtvR 145,2619; *Gegruesset seist dus iunckfraw tragen, mit götlicher frucht peladen* Tegerns.Hym. 36,1f.– Phras.: †: *hôch tragen* „hoch schwanger seyn" Schmeller I,653.– **5c** (Frucht, Früchte) tragen, hervorbringen, °OB, °NB, °OP mehrf., °MF, °SCH vereinz.: °*a guad trågada Bon* Simbach EG; *Bajm drong neat* Sulzbach-Rosenbg; *Obstbam ... Natürlich homs net olle Johr gleich trogn* Altb.Heimatp. 67 (2015) Nr.40,10; *vngedungt wils der ennden Nichts mer tragen* Neuötting AÖ 1556 MHStA Kurbayern Conservatorium Camerale 181,fol.29r.– **5d** (Ertrag, Nutzen) einbringen, sich lohnen, °OB, °NB, OP, SCH vereinz.: °*a trågads Gschäft* Passau; *wenn mir woll'n, daß unser Arbet was tragt* Thoma Werke VI,185 (Vöst); *daz selb gůt, daz dem, der nicht purger ist, gewinn tråt* 1365 Stadtr. Mchn (Dirr) 408,18f.; *hoch Tragende geschäfft* Schönsleder Prompt. Ii7r.– **5e** (Nachteiliges) einbringen: *i bin schwar eiganga, mei Guat-Sein hat mir a Feindschaft tragn* Passau.

6 eine best. Reichweite haben (vom Gewehr u.ä.), OB, NB, OP vereinz.: *d'Flintn trågt weit* Weiden.

7 die Mittel für etwas haben, aufbringen.– **7a** unpers., sich leisten können, die Mittel, v.a. Geld, für etwas zur Verfügung haben, OB, NB, OP, SCH vereinz.: *dönan trågts nöd amol a Kopfhaupm* „ein Kopfkissen" Rittsteig KÖZ; *An Höydar drågt's kâñ Stifl* Neuenhammer VOH Schönwerth Sprichw. 20; *und trägt ihm nicht einmal einen Dienstbothen* Bilanz 1782 31.– **7b** die Mittel, v.a. Geld, für etwas aufbringen, die Kosten übernehmen, °OP vereinz.: °*d'Hochzeit troch i* Neumarkt; *Dös trogt doch dös lumpert Häusl net!* Graf Werke XI,1,430; *alle die mit in tragen svln/ an der Stiwer* Rgbg 1297 Corp.Urk. III,133,16.

8 eine Pflicht, eine Last tragen, übernehmen.– **8a** †etwas als Lehen, Erbe, Besitz haben, dafür die Verantwortung tragen: *daz obgenant spital ... daz er das selb tragen sol als lang, bys daz dasselb gůt ... verchauft wirdt* 1419 Urk.Heiliggeistsp.Mchn 377.– **8b** †(ein Amt) einnehmen, (eine Aufgabe) übernehmen: *mein tragendes Amt* „das Amt welches ich trage" Schmeller Mda. 392; *so ermahn ich hiemit all meine liebe Pfarr-Kinder Krafft meines trageten Ambts* Selhamer Tuba Rustica I,229.– **8c** (eine Bürde, Mühsal u.ä.) auf sich nehmen, aushalten, ertragen, OB, NB, OP vereinz.: *wias kommt, so muas mas trågn!* Wasserburg; *I bitt enk* [euch], *tragts es mit Hamua* F.X. Judenmann, Minikinera Gschichtn, Neutraubling 1981, 5; *das si* [die Braut] *... müest ... glük und unglük mitsambt dem man gewarten ... heben und tragen* Aventin IV,112,6-9 (Chron.); *Die Esel tragten großen Verschmach, daß aus ihrem Geschlecht keiner unter denen Gestirnen Platz habe* Bayer. Barockpr. 244 (Ferdinand Hueber).

9 †hegen, empfinden, eine Haltung einnehmen: *den schůlle wir chain vngenad dar vmb tragen vnd chain feintschaft* Rgbg 1297 Corp.Urk. IV,162,41f.; *darob die verbrecher gar khein scheü oder forcht tragen* Neuburg 1606 Wüst Policey 673.

10 †enthalten, beinhalten, mit sich bringen.– **10a** enthalten, in sich tragen: *daz die paum all hartz tragent* KonradvM BdN 348,19f.– **10b** aufweisen, als Eigenschaft haben: *Cipressus ... tregt vil gemainschaft mit dem cederpaum* KonradvM BdN 348,17f.– **10c** mit sich bringen, bewirken: *mortiferis taod tracanti* wohl Rgbg 1.H.9.Jh. StSG. I,146,28; *Was aber andere Peinliche Vrthel belangt/ welche kein Todts- sonder allein Leibsstraff auff sich tragen* Landr.1616 795.

11 herabsetzen, schlechtmachen, ä.Spr., in heutiger Mda. nur in Komp.: *Dieweil wir vom Rath ... als die Regenten der Stadt in die königliche Majestät getragen sind* 1498 Gemeiner Chron. IV,21.

Etym.: Ahd. *tragan*, mhd. *tragen*, germ. Wort idg. Herkunft; vgl. Pfeifer Et.Wb. 1444f.

Schmeller I,653f.; Westenrieder Gloss. 584.– WBÖ V,260-267.

Abl.: *Trag, tragbar, Trage, Trager, Tragerin, tragerln, Traget(s), trägig, Tragler, Traglerin, -traglet(s), -träglich, Tragung.*

Komp.: [**ab**]**t.** **1** weg-, forttragen, mit sich nehmen.– **1a** (v.a. Eier) den Nestern entnehmen u. einsammeln, °OB vielf., °NB mehrf., °OP, °MF, °SCH vereinz.: °*i muaß in d'Tenna außi, Oar otragn* Rosenhm; *Jungé Vég·l à'tràgng* SCHMELLER I,654; „Im Rottal darf am Ostersonntag der erste Knecht die Eier *abtragen* … am nächsten Tage steht dieses Recht der ersten Magd zu" SHmt 42 (1953) 27.– **1b**: *Bråut atragn* „Entfernen der zum Wärmen ins Bett gelegten Brotlaibe" Simbach PAN.– **1c** abtragen, den Tisch abräumen, NB vereinz.: *atragn* Simbach PAN.– **1d** (Stroh, Getreide, Spreu) von der Dreschmaschine wegtragen, °NB, °OP vereinz.: °*Troid odrogn* „das Getreide auf den Kornboden hinauftragen" Weiherhammer NEW; *ādrāgə* Prittriching LL SBS XII,399.– **1e** Almerzeugnisse ins Tal tragen, hinuntertragen: °*mårng tuast du otrong, i richt da a da Früah glei d Krax zam* Lenggries TÖL; *ó'trogn* „Milch, Butter, Käse" HELM Bgdn. Ld 176.– **1f** heimlich auf die Seite schaffen, stehlen, °OB, °NB, °OP vereinz.: °*s Kochal tragt a* Rosenhm; °*vo meim Bodn is a Koan otrong woan* Fronau ROD; *dē trāŋ alwa ā* nach SCHWEIZER Dießner Wb. 4; *Dy sind mir gutt umb mein vordrung, mügen dester mynder abtragen, müsen sich fürchten* FÜETRER Chron. 211,12-14; *der Herrschaft ungetreu gewesen, Milch und Schmalz entwendet und abgetragen* 1609/1610 BREIT Verbrechen u.Strafe 261.– Auch: °*der tragt ihm s Feld ab* „räumt es durch zu starkes Ährenlesen leer" Pfeffenhsn ROL.– **2** beseitigen, zerlegen.– **2a** (eine Geländeerhebung, etwas Angehäuftes u.ä.) beseitigen, einebnen, OB, °NB vereinz.: *Ean otrogn* O'audf RO.– **2b** abbrechen, abreißen, in seine Einzelteile zerlegen, OB, NB vereinz.: *s Foß otrogn* O'audf RO; *ātrāŋ* „Gebäude" nach SCHWEIZER Dießner Wb. 204; *die aller orthen ganz ruinierte Tachung völlig abtragen und von neuem eindeckhen* 1720 WAGNER Kapfelbg u. Poikam 127.– **2c** †wegschwemmen, fortspülen, mit sich reißen: *mit abtragen grosser gemeur, stöckh, wurzen und alles miteinander aus dem erdtrich in di Thuna geworffen* Rgbg 1553 Chron.dt. St. XV,238,9f.– **3** refl., sich durch Tragen einer Last abmühen: *mous si dea otrogn, der haut an schwan Körpa af si* Arzbg WUN.– **4** (sich) auszehren.– **4a** auszehren, auslaugen, °OB, °NB vereinz.: *a atranga Ackha* Raisting WM.– **4b** refl., sich auszehren, auslaugen: °*dea Bodn hat si abtragn* Rosenhm.– **5** durch Tragen abnutzen, verschleißen, °OB, NB, °OP vereinz.: *der hot a ganz adragis Gwand aghöt* Hfhegnenbg FFB; *Gilg ferberin auf ain gelben frawen Rogk wol abtragen xx gr.* Rgbg 1519 ZBLG 51 (1988) 780,350f.; *in einem abgetragnen vnd schlechten Zeug* HUEBER Granat-apfel 269.– **6** Wiedergutmachung leisten, (eine Geldschuld) begleichen, bezahlen, OB vereinz.: *er håt no vui Schuldn åbztrang* Wasserburg; *ātrāŋ* „Schulden" nach SCHWEIZER Dießner Wb. 204; *daß man dieselben Wandl nicht abtrug in viertzehen Tagen* Essenbach LA 1450 HARTINGER Ordnungen I,161.– **7** †abhalten, abwehren: *Sie baueten mêr hütten denn heuser, nur das si den regen, wind, kelten und hitz abtrügen* AVENTIN I,348,32f. (Dt.Chron.).– **8** abweichen (von der Spur, Richtung): *Er* [der Stutzen] *geht nimmer recht gnau hi … nach rechts unten tragt er a bißl ab* LUTZ Brandnerkaspar 10.– **9** †jägersprl.: „das Abrichten der Falken oder das *Abtragen*, wie man es weidmännisch nannte" Bayerld 5 (1894) 151.

SCHMELLER I,654.– WBÖ V,267f.

[**an**]**t.** **1** an einen Ort tragen, transportieren.– **1a** herbei-, zusammentragen allg., °OB, NB vereinz.: *s Holz muas ma åtrågn* Haag WS; *ein kolschwarze … wolken, die ward von eins feueren winds gewissem anstoß und antragen troffen, zerstossen, zerrissen* AVENTIN IV,838,14-16 (Chron.); *ob sie … hey und stro … zu nuz gebrauchen und antragen thuen* FRIEDHAUSHOFER Dießen 32.– **1b** das Getreide zu Garben zusammentragen (u. binden), °OB, °NB, SCH vereinz.: °*heid is zon ådrogn* Garching AÖ; *o:droong* [Ef.] CHRISTL Aichacher Wb. 222; *antragen* „das geschnittene Getreide auf die Strohbänder zusammentragen, um es in Garben zu binden" SCHMELLER I,654.– **1c** den Tisch decken, das Essen anrichten, °OB, NB vereinz.: *fia wiavej is atrång?* Aicha PA; *fraw, nu haist tragen an* HAVICH St. Stephan 55,3845.– **1d** †hineintragen: *inportatus anagatragan* wohl Rgbg 1.H.9.Jh. StSG. I,177,20; *anagatragana* Windbg BOG 12.Jh. StSG. I,646,48.– **1e** anschwemmen: *då håts ātrågn* „an dem versandeten Wasserlauf" Kochel TÖL.– **2** †wie →*t.*4a: *zû dem tempel gewant, daz Aaron an trûch in dem gotz dienst* KONRADVM BdN 466,28f.; *claine subtile stiffelein, wie ietzo die weichpischof antragen* AVENTIN IV,108,16f. (Chron.); *Johannes Denck … antragend ein rothes Leibl* Landstreicherord.

27.– **3** planen, (vor)sorgen, (ab)zielen, achtsam mit etwas umgehen.– **3a** (Kleidung) entwerfen, abmessen: *zwoareihö atrogn* „muß der Schneider die Jacke" Hengersbg DEG.– **3b** hinarbeiten, planen, einkalkulieren, vorsorgen, meist in der Fügung: *auf jmdn / etwas a.* °OB, °NB, °OP vielf., °SCH mehrf., °MF vereinz.: °*heut hamma aufn Schnee otragn* O'stimm IN; °*mit'm Sepp hejt d'Muada recht af an Pfoara odrogn* „vorgehabt, daß er Pfarrer wird" Wiesenfdn BOG; °*haija möima s Fouda aadrogn* „einteilen" O'wildenau NEW; „Ich erwarte noch Gäste, auf die ich *antragen* muß" Delling I,27; *Drǫkt ma drav å̃, und nå kimda ned* nach Kollmer II,375; *daz chain prior … icht* [etwas] *taeten wurfen oder antrůgen … daz dem vorgenanten gotzhaus … ze schaden … chommen waer* Mchn 1330 VHO 62 (1910) 151; *der trug an, das di zben kaiser erschlagen wurden* Arnpeck Chron. 452,2f.; [*soll*] *auch niemand darauf antragen, daß er just an heylichen Sonn- und Feyertägen mit Versaumung der heylichen Meß wolten Salz führen* Beratzhsn PAR 1780 Hartinger Ordnungen II,460.– Phras.: *auf das Leben a.* nach dem Leben trachten, °NB, °OP vereinz.: °*der håt eam affs Löm åtrång* „wollte ihm das Leben nehmen" Klingenbrunn GRA;– das Leben aufs Spiel setzen, riskieren, °OB, °NB, °OP vereinz.: °*net aufs Lem ootrogn* Wildenroth FFB; *nöt auf's Leb'n antrag'n! Schreckschüss' müass'n g'macht wer'n!* Biberger Geschichten 24.– **3c**: *i hab drauf antragn* „beim Kegeln darauf gezielt" Sulzbürg NM.– **3d** (Geld) zurücklegen, sparen, °NB, °OP vielf., °OB mehrf., °OF, °MF vereinz.: °*dö zwoa trågn a jeds Markl o, drum bringens ös auf wås* Ismaning M; °*der trågt auf a Motorradl o* Sommerstorf EG.– **3e** achtsam mit etwas umgehen, schonen, °OB, °NB, °OP, °MF vereinz.: °*muaßt scho antragn mit deim Gwand* Marktl AÖ; *'sGwand … o˜tràgng* Schmeller I,654.– **4** wie →*t.*5d, °OP, °OF vereinz.: °*des tragt fei a* Weiden; *dös tregt nix oa* „das bringt nichts ein" Singer Arzbg.Wb. 162.– **5** anbieten, vorschlagen, beantragen.– **5a** anbieten, feilbieten, OB, NB, OP, SCH vereinz.: *åtrogn* „zum Kauf" Derching FDB.– Übertr. androhen: *Er hod an Xaverl a Fotzn odrong* Viechtach Bayerwald 74 (1982) 255.– **5b** empfehlen, nahelegen, vorschlagen, °OB, °NB, °OP, °SCH vereinz.: °*dear håt mir sein Bua als Lehrbub antrage* Eresing LL; °*der hätt si otragn, daß er zu da Hochzeit eigladn werd* N'viehbach DGF; *Dea hǫd se … viar an … daf-ded … å̃drǫŋ* nach Kollmer II,375; *Ea möcht da Köchen Kas otrong* Schuegraf Wäldler 30; *dise merfart tet das volk von im selb, das es weder pabst noch kayser antrug* Arnpeck Chron. 493,1f.; *weil du die gnad gottes, antragen thuest mir!* Lenglachner Gesängerb. I,101.– **5c** beantragen, ersuchen, OB, NB, OP vereinz.: *atragn* „in einer Versammlung einen Antrag stellen" Weiden; „ein Anliegen vorbringen … *o:droong*" Christl Aichacher Wb. 236; *Dyomedes … und Ulixes … ein frid aber antruegen, das zehen monat man do streit vermaid* Füetrer Trojanerkrieg 116f.,438.– **6** †hinterbringen, zutragen: *im hiet das heimlich antragen etlich teŵtzsch fürsten* Ebran Chron. 134,19f.

Delling I,27; Schmeller I,81, 654.– WBÖ V,268-270.

[aus-ein-ander]t. **1** ausbreiten, auf einer Fläche verteilen: *asananatrågn* „den Mist, vor allem an Abhängen" Iggensbach DEG.– **2** verbreiten, weitererzählen: *auseinandertragn* an die große Glocke hängen Steinebach STA.

WBÖ V,270.

[um-ein-ander]t. **1** mit sich tragen.– **1a** umhertragen, °OB, °NB, OP, SCH vereinz.: °*wos drejd a denn do umanand?* Garmisch GAP; *Aaf jeden Fall is des a Glump, wos du do in dein Korb umanandatragst* Lauerer Wos gibt's Neis? 134.– **1b** bei einer Prozession u.ä. feierlich tragen: °*ban an Umgang d'Fahn umanandadrång* Grafenau.– **2** wie →[*aus-ein-ander*]*t.*2, °OB, OP vereinz.: °*dem derfst net traun, der trågt alls umanand* Perchting STA; *dös G'red werd überhaupts im Dorf umanandatrag'n* Thoma Werke VI,120 (Andreas Vöst).

WBÖ V,261.

[auf]t. **1** an einen Ort (nach oben) tragen, befördern.– **1a** das gedroschene Getreide auf den Getreideboden tragen, °OB, °NB, °OP, °MF, °SCH vereinz.: °*mei Mo muaß heit auftrång* Gögging KEH; *au'tragn* „die etwa zwei Zentner schweren Säcke … auf den Boden … des Bauernhauses tragen" Schilling Paargauer Wb. 11.– **1b** (Getreide) zum Reinigen in die Windfege od. zum Mahlen in den Mahlgang schütten, °OB, °NB, °OP mehrf., °SCH vereinz.: °*du muasch auftraga und du treibsch um* Gundelshm DON; *s' drǫid afdrǫŋ* „Nachfüllen des Mahlgutes in den Rumpf" nach Höchstetter Müllerhandwerk 66.– **1c** wie →[*an*]*t.*1b, °OB vereinz.: °*auftragn* „das Getreide auf Bänder legen, damit es gebunden werden kann" Bayersoien SOG; *ǫovdrǭŋ* Gebrontshsn PAF nach SOB V,213.– Auch: „die zum Garbenbinden benötigten Bänder ... auslegen ... *ǫovdrǫŋ*" Truchtlaching TS SOB V,216f.– **1d** den Dachstuhl u.ä. aufrichten: °*auftragn* „Dachstühle und andere Holzkonstruktionen, auch ganze Stadel" Bruckbach R.– Als N., Richtfest: *Aftrong* Roding.– **1e** (Geweihtes u.ä.) an einen best. Ort tragen, im Brauch: *d'Waich aufdrong* „am Ostersonntag Palmzweig, Eierschale, Weihwasser und am Ostersamstag geweihtes Holz an die vier Ecken der Äcker tragen, damit der Getreidedämon nicht durchkommt" Kammerbg FS; „Beim Leichengottesdienste wird dem Meßner 1 Metzen Roggen, 1 Laib Brod, 3 Dreißiger Mehl *aufgetragen* das heißt auf die Tumba gestellt" DAH, FFB OA 35 (1875/1876) 235.– **1f** auftragen, Speisen u. Getränke servieren, °Gesamtgeb. vereinz.: *viamoi hamans aufdrång* „es gab vier Gänge" Vilstal; *damit's da Verwandtschaft „guat aftroang" håd kinna* KREUZER Rinchnachmündt 43; *im „Stern" ... tuat s' auftrag'n* STIELER Ged. 363; *aufTragen speiß* SCHÖNSLEDER Prompt. Ii6r.– **1g** aufhäufeln, Erde nach oben befördern.– **1gα** aufhäufeln, aufwerfen: *auftraga* „die Furche auf dem Acker" Peiting SOG.– **1gβ** am Hang die Erde nach oben befördern, in Phras.: *Fürch auftrogn* „an einem Hang wird die als erste, unten gezogene Furche abgehoben und die letzte oben damit ausgefüllt" Hundham MB.– **2**: *auftragn* Tragen der Säuglinge auf den Armen Mainburg.– **3** Kleidung tragen, dadurch wund werden.– **3a** †wie →*t.*4a: *man tregt die ganz fasten, kain paumwollin aufleger auf* 1600 MHStA Kloster Frauenchiemsee Amtsbücher u. Akten 14,fol.12r.– **3b** wie →[*ab*]*t.*5, °OB, NB, °OP vereinz.: °*die Hosn kannst an Wertag no auftragn* Teisendf LF.– **3c** refl., sich durch Tragen wund reiben: *si aftråŋ* Aicha PA; *sich aufTragen* „exulcerare se gestando" SCHÖNSLEDER Prompt. Ii6v.– **4** die Oberfläche mit etwas versehen.– **4a** auf etwas streichen, verteilen, OB, NB, OP vereinz.: *dö hot owa starg aufdrong* „Schminke" Mchn; *farb aufTragen* SCHÖNSLEDER Prompt. Ii6r.– **4b** übertr. großtun, prahlen, übertreiben, °OB, NB, °OP, SCH vereinz.: °*der hat so groß auftragn, daß eahm koaner no wos glaubt* Trostbg TS; *Deà hǫd digg auf-drǫng* „stark übertrieben" KAPS Welt d. Bauern 80.– **5** ergiebig sein, üppiger erscheinen lassen.– **5a** ergiebig, ausgiebig vorhanden sein, °OB, °OP, °MF vereinz.: °*der Woazn tragt auf* Polling WM.– **5b** dicker, üppiger, intensiver erscheinen lassen, °OB, NB vereinz.: °*dejs Gwånd trågg au* Todtenweis AIC.– **6** einen Auftrag erteilen, eine Strafe verhängen.– **6a** anordnen, eine Weisung erteilen, °OB, NB, OP, SCH vereinz.: *oan eppas auftrågn* Kochel TÖL; *amoi iß a wida fuat und had an kitzln recht aftragn ... spiads enk* [euch] *guad zua und loßts neamt ei* Hutthurm PA Ende 19.Jh. BzbV 3 (1914) 20; *ist ... gesezt vnd auftragen worden* 1467 J.G.B. HUBER, Gesch. der Stadt Burghausen in Oberbayern, Burghausen 1862, 99.– **6b** †(ein Amt) übertragen: *einen jeden/ deme ein Vormundschafft auffgetragen* Landesord. 1599 100.– **6c** (einen Gruß, eine Nachricht) überbringen lassen, OB, NB, OP vereinz.: *geh her Sepperl, i muas dir wås auftrang fiarn Herrn Lehrer* Wasserburg.– **6d** †(eine Strafe) auferlegen: *vor obauftragner straff* 1604 Stadtarch. Rosenhm PRO 144, 96.

SCHMELLER I,654.– WBÖ V,270f.

[aus]t. 1 an einen anderen Ort tragen, befördern.– **1a** hinaustragen, °OB, NB vereinz.: °*Stangen oder Papierholz austragn* „aus dem Holzschlag" Thanning WOR; *austragen* „etwas aus der Stube tragen" WESTENRIEDER Gloss. 30f.; *Eicerent uztruogin* Tegernsee MB 10./11.Jh. StSG. I,743,27; *mit dem toten leichnam gen, so man in austreit von dem haws* Rgbg 1392 VHO 8 (1844) 179; *ausTragen* SCHÖNSLEDER Prompt. Ii6v.– **1b** wie →*t.*1b, °OB, NB, OP vereinz.: *Brot asdrong* Sulzbach-Rosenbg; *austrāŋ* „Briefe" nach SCHWEIZER Dießner Wb. 204.– Phras.: *„Dés tragt si' ə'so* ... oder ... *von eəm sǫl' aus* ... das versteht sich von selbst" SCHMELLER I,655;– erweitert: *dés tragt si' am Buckl aus* SCHMELLER I,655.– **1c** wie →[*auf*]*t.*1e, OB, NB, OP vereinz.: *am 1. Mai wird da Taf ausdrogn* „das Taufwasser vom Karsamstag auf die Äcker gebracht" Rottbach FFB; *Kreuzl austragn* „Die kleinen Kreuzchen [aus Palmzweig u. Osterscheit] wurden von jedem Bauern auf seinen Feldern ... in den Boden gesteckt" HÄRING Gäuboden 153.– **1d** †schuldig bleiben, stehlen.– **1dα** schuldig bleiben, nicht bezahlen: *Swer dehainem leitgeben icht* [etwas] *auztrait vber seinen willen* 1307 Burghs.Urkb. I,50.– **1dβ** †wie →[*ab*]-*t.*1f: *so hat er im die phenninge avz getragen* Landau 1304 OA 45 (1888/1889) 229; *dem Jörg*

Schecken hab er ein Büchs austragen und dem Jörgen Wirt … geben umb 1 Gulden Burghsn AÖ 1527 Breit Verbrechen u.Strafe 188.– **1e** wie →[*aus-ein-ander*]*t.*1, NB vereinz.: *Mist austragn* „an steilen Hängen mit Körben auf dem Kopf" Gottsdf WEG.– **2** †beschlagnahmen, pfänden: *der derselben juden hab zu Str. icht* [etwas] *genumen hat mit austragen* Straubing 1338 Rosenthal Stadtrechtsgesch. 312; *daß khain Fronpoth jemandt in der Hoffmarch Macht hat zu pfendten oder Pfandt auszutragen* Berghofen LA 1587 Hartinger Ordnungen I,111.– **3**: *ausdrōng* „einpflanzen, setzen" nach Meister Hallertauer Hopfenbauern 48.– **4** Kleidung abtragen.– **4a** wie →[*ab*]*t.*5, OB, NB, OP vereinz.: *dös Gwand muaß ma austragn* „tragen, bis es ganz abgenutzt ist" Wasserburg.– **4b** refl., durch Tragen abgenutzt werden: *p'Fam* (Fäden) *dråŋ sö aus* Mittich GRI.– **5** Frucht tragen, Nutzen bringen, dadurch auszehren.– **5a** bis zur völligen Reife im Mutterleib tragen, behalten.– **5aα** (ein Junges, v.a. Kalb) austragen, °OB, °NB, OP, °MF, °SCH vereinz.: *s Kaiwi is austragn* Wasserburg.– Spruch: °*a Roß und a Maus trogn s Jåhr aus* „ein Roß ist elf Monate, eine Maus einen Monat trächtig" Thanning WOR.– **5aβ** (ein Kind) austragen, OB, °NB, °OP, °MF, SCH vereinz.: *si kå koa Kin ausdrogn* Derching FDB; *Ganz und gor guat hot sie's austrogn, dö Zwoa, mei Amalie* Graf Werke XI,4,148.– **5b** ergiebig sein, sich lohnen, ergeben.– **5bα** wie →[*auf*]-*t.*5a, °OB, °NB, °OP vereinz.: °*heit tragt aba s Essn aus* „ist ausgiebig Essen da" Rosenhm.– **5bβ** meist refl. od. unpers., wie →*t.*5d, °OB, °NB, °OP, °MF, °SCH vereinz.: °*dös tragts niat aus, daßd in d'Schwarzba gäihst* „es gibt zu wenige" Kchndemenrth NEW; *dees tragt eed* [nicht] *aus* Derching FDB; *Dischpatiern muaß ma mit dö Leut – du, dös tragt sih aus!* Haller Dismas 85; *Da aber der gewin clain war, die schuel im nicht austragen wolt, wurd er ain krieger* Aventin IV,890,8-10 (Chron.).– **5bγ** †in der Summe ausmachen, betragen: „Der Unterschid *tragt* kainen Gulden *aus*" Schmeller I,655.– **5c** wie →[*ab*]*t.*4a, °NB vereinz.: °*a Acka is ausdrång* „unfruchtbar geworden" Ruhmannsdf WEG; *Alte ausgetragene Schaaf taugen zum Essen nicht viel* Schreger Speiß-Meister 76.– **6** unpers., †wie →*t.*7a: *Und s Deənl is weit wégk, und wer schaugt mə' denn drau', und kaə˜n extə'nə˜ Hüətə'buəbm dèn tragts mə' nit aus* Schmeller I,655.– **7** ausbitten, vertraglich festsetzen, klären, zu Ende bringen od. kommen.– **7a** refl., sich ausbitten, verlangen allg., °NB vereinz.: *i trag ma aus, daß der Bledsinn aufhert!* Simbach EG; *Dás d· fei˜ morgng kimst, dés tràg ə mə' bsundə's aus* Schmeller I,655.– **7b** refl., sich (v.a. als Altenteil od. als zusätzliche Leistung zum Dienstbotenlohn) ausbedingen, °OB, °NB vielf., °OP mehrf., °MF, °SCH vereinz.: °*d'Wocha hod a eahm nu a Buicht Wied ausdrogn* Taching LF; °*i laß ma 20 Oa austragn pro Woche* Tegernhm R; *sitz dih amal in dei Stüberl und trag dir dee Erdöpfl aus!* Queri Bauernerotik 36; *austragen* „einem der seine Wirthschaft verlassen will, gewisse Bedingnisse, wie ihm sein Unterhalt künftig gereicht werden soll, festsezen" Westenrieder Gloss. 30f.; *Ich … hab mir, auch mein hausfraw in dem kauf ausgetragnn vnnser baider lebtag … das klain stüblkamer* 1478 Burghs.Urkb. II,233; *daß ihnen Knecht vnd Mägd/ wann sie dingt werden/ das Rollen* [Sichherumtreiben] … *und Gäßlen* [Ausgehen] *bey Tag und Nacht vor außtragen* Selhamer Tuba Rustica I,41.– Schnaderhüpfel: °*wann i amoi heirat, trog a ma's aus: Wenn's Wei nöt dahoam is, bin i Herr im Haus* Lalling DEG.– **7c** aushandeln, (abschließend) klären, entscheiden, °OB, NB vereinz.: °*mir ham dö Sach jetz austrong mitanand* Reichersbeuern TÖL; *Des wär' mei Traum, wenn in der groß'n Politik auch all's so friedlich austrag'n werd'n könnt'!* Altb.Heimatp. 5 (1953) Nr.49,1; *daz wir daz getrewlichen und an allez gevarde auztragen helffen* Rgbg 1359 Freyberg Slg V,151; *wo man betten soll/ tragt man allerhand krumbe Händl auß* Selhamer Tuba Rustica I,229.– **7d** durchführen, vollziehen, erledigen, OB, NB vereinz.: *austrogn* „eine Wette, Herausforderung" Mchn; *wann a' Wett' zum Austrag'n war* Fliegende Bl. 117 (1902) 202; *Ez sol auch ein schůltheizze den pan auztragen ân der stat schaden* 1378 Rgbg.Urkb. II,461.– **7e** †Erfolg haben: *Do daz niht auztrůg, do begerten si … daz er daz gůt ausgåb* 1374 Runtingerb. III,179.– **7f** †wie →[*ab*]*t.*6: *chōm er aber nicht weider hinein, so mag er In wol beclagen umb ain Austragen* Mchn 1332 Lori Lechrain II,50.– **8** weitererzählen, schlecht über jmdn reden.– **8a** wie →[*aus-ein-ander*]*t.*2, °OB vereinz.: °*des hom de zwoa Ratschn genau austrogn* „bis ins Einzelne weitererzählt" Dachau; *a(u)strogn* „ausplaudern" Singer Arzbg.Wb. 27.– **8b** wie →*t.*11, °OB, °OP, °OF, °MF vereinz.: *oan aus-*

trogn „ausrichten“ Endlhsn WOR; *a(u)strogn wer(d)n* „ins Gerede kommen“ SINGER Arzbg. Wb. 27; *daß er seinen Meister austrage, nämlich ihm Übels nachsage* Thiershm WUN 1860 SINGER Schacht 106; *andere leith außtragen und nachtheilig tadeln* Pullenrth KEM 1702 Wir am Steinwald 10 (2002) 133.

DELLING I,46; SCHMELLER I,654f.; WESTENRIEDER Gloss. 30f.– WBÖ V,271-273.

[**aushin**]**t.** **1** wie →[*aus*]*t.* 1a, °OB, NB, OP vereinz.: *d'Schtoi am Wech assitrogn* Vohenstrauß; *Drogs ausä* Samerberg RO HuV 7 (1929) 322.– Phras.: *jmdn* (*Füße voraus*) *a.* jmd ist gestorben, °OB vereinz.: *den håbn's aussitrågn* Wasserburg.– **2** unpers., übertr. hinausschleudern: °*hau d'Spia eine, sunst drogds di aus da Kuavn ausse* Stammham AÖ.

WBÖ V,261.

[**be**]**t.** **1** wie →[*aus*]*t.* 5bγ, OB, NB, OP, SCH vereinz.: *dös betrågt soviel* „kostet soviel“ Weiden.– **2** refl., †sich einer Sache bedienen, etwas gebrauchen: *Solcher kleidung betragen sich noch die baursleut* AVENTIN I,348,21f. (Dt.Chron.).– **3** refl., †für den eigenen Lebensunterhalt sorgen: *die lieb junckfraw ... betrueg sich ellendigklich von der arbait irer hendt* FÜETRER Chron. 93,6f.– **4** refl., †sich mit etwas begnügen, auskommen: *Sich mag ain waidman kaum allain betragen, er bedarf wol gesellschaft* HADAMARvL 205,169; *Man lit kain huererei nit; muest sich ainer ains weibes betragen* AVENTIN IV,78,10f. (Chron.).– **5** refl., †als Aufgabe, Pflicht auf sich nehmen, übernehmen: *sand Hainrich ... hat sich des reichs betragen* ARNPECK Chron. 491,8-12.– **6** refl., wie →*t.* 3b, OB, NB vereinz.: *der betragt si wia a Bauer* Geisenfd PAF.– Als N., Benehmen, Betragen, °OB, NB, °OP, °MF vereinz.: °*des is koa Betrong* O'viechtach.– **7** refl., †sich aussöhnen: *wande ich mich von rehte solte mit iu, hêrre, betragen* Kaiserchr. 315,12884f.

SCHMELLER I,655.– WBÖ V,273.

[**der**]**t.**, †[**er**]- **1** wie →*t.* 2b, °OB, OP vereinz.: *es is zum dadrong* Sulzbach-Rosenbg; *Wiaviel sein allăbests Rôß mag dătrågn?* OB 1805 HARTMANN Hist.Volksl. III,87; *Den dadrogsd scho den Rucksog!* MM 30./31.1.1993, 3.– **2** †wie →*t.* 5d: *wir süllen das gut beschawen lassen, ob es nach dem jar mer gült ertragen möcht* Indersdf DAH 1486 OA 25 (1864) 136.– **3** †wie →[*aus*]*t.* 7c: *diser Zait In rue steenn vnnd kunfftig was Irrtuung darInn furfuel in der Hanns ertragenn vnd entschiden werdn* 1514 MHStA RL Regensburg 558,fol.10v.– **4** aushalten, ertragen, °OB, NB, OP, SCH vereinz.: *s is niad zon datrong* O'viechtach; *des lout se dadrogn* GLEISSNER Genauer betrachtet 92; *er-Tragen* SCHÖNSLEDER Prompt. Ii6v.

WBÖ V,273.

[**ein**]**t.** **1** ins Innere tragen, befördern, sammeln.– **1a** ins Innere tragen, befördern, °OB, °NB, °OP vereinz.: °*neilö hob i an Stumbon auf dö Knia putzn müassn, sovui Drög hams ma eidrong* T'nbach PA; *gleich darauf hatte er Holz einzutragen* SILBERNAGL Almsommer 165; *Div luftrŏr ... tregt den luft auz vnd ein* KONRADvM BdN 41,13-15; *Dise wochen Straladen* [wohl Balken] *eintragen dem Lienhart Wagner 5 tag 5 ß 25 dl.* 1591 Stadtarch. Rosenhm GRE 29, 162 (Rechnung); *Knödel-Taig/ von dem soll man hernach in ein siediges Wasser Knödel eintragen* HAGGER Kochb. IV,2,29.– **1b** sammeln.– **1bα** wie →[*ab*]*t.* 1a: °*d Eier eintragen* Schlehdf WM.– **1bβ** (v.a. Honig) sammeln, eintragen, °OB, NB, °OP, SCH vereinz.: *d'Bina drogn ei* Derching FDB; *Laabrech* [Streu] *is a schös do, aba sunst derfst di mitn Eintragn plagn gnuag* ANGERER Göll 78; „aus jener Zeit hat sich auch der für das ... *Eintragen* von Wurzeln und Kräutern ... so wichtige *Frauendreißiger* erhalten“ HÖFLER Volksmed. 75; *also mit grozzem vleizz arbaitend si vnd tragend eyn* KONRADvM BdN 331,11f.– Übertr.: °*d'Madl tun eintragn* „bekommen ledige Kinder“ Walleshsn LL.– **1c** wie →[*an*]*t.* 1b: *an Oamvoll näma und adrong* Getreidebüschel nehmen und auf das Strohband legen Fürnrd SUL; *ęidrǭŋ* Kevenhüll BEI nach SOB V,213.– **1d** fachsprl.– **1dα** (Glas) in den Brennofen befördern: *vor ... 60 Jahr haben wir auf der ... Glashütte auf dem Ochsenkopf eingeschürt und eingetragen* 1839 EISCH Klingenbrunn-O'kreuzbg 26; „die Pfeife mit dem Glasbatzen vorne dran zur Erwärmung wieder in den Ofen *ei-trogn*“ FÄHNRICH M'rteich 85.– **1dβ** (Faden) einschießen, OB, NB vereinz.: *a Bawol is ätrång ön Dån* [Leinwand] „der Zettel besteht aus Leinengarn, der Einschlag aus Baumwollfäden“ Zandt KÖZ; *Es sol Nyemand kain garen ein tragn oder zeteln das geverbter vadem wår* Mchn 1444 MHStA GL 52,fol.3v.– **1e** wie →[*ab*]*t.* 1f: °*der trogt sauba ei!* „Rüben, Kraut, Kartoffeln, Holz heimlich an sich nehmen“ Wettstetten IN.– **2** Nutzen, Nach-

teile bringen.– **2a** wie →*t.*5d, °OB, NB, °OP vereinz.: °*umsonst dua i dös nöt, dös muaß scho wos eitrågn* Inzell TS; *Der wo ihm jeden Monat ganze neun Markl eintragt und dazu ein lausiges Fuchzgerl* PEINKOFER Werke II,7; *Es tragt nichts ein* SCHREGER Speiß-Meister 33.– **2b** wie →*t.*5e, OB, NB, OP vereinz.: *der Spaß hat ma Schläg eitrågn* Weiden.– **3** hineinschreiben, -weben.– **3a** hineinschreiben, vermerken, NB, OP vereinz.: *eidrong låun am Hybodegnambt* „tut das Brautpaar vor der Hochzeit" Beilngries; *kriagt's es* [ihr] *an Strafzettel, werd's es in Flensburg eitrogn* F. KOTTEDER, Georg Ringsgwandl, Berlin 1996, 48; *seines eigenen namens unterschrift mit dinte eintragen* Mchn 1781 WÜST Policey 165.– **3b** hineinweben, hineinsticken: °*trågs Monogramm ei* „in das gewebte Tuch" Inzell TS; *Ein Deppich, darein drey Historien ... von golt, unnd silber eingetragen* Mchn 1581 MJbBK 16 (1965) 135 (Inv.).– **4** verklatschen, °OB, °NB vereinz.: °*dea duad gern eidrong!* „erzählt alles dem Vorgesetzten" Rechtmehring WS.– **5** refl., sich einschmeicheln, °OB, °NB, °OP vereinz.: °*dea dragt se wieda ei* Tirschenrth.

SCHMELLER I,655.– WBÖ V,273f.

[**einhin**]**t.** **1** ins Innere hineintragen, hineinbefördern, OB, NB vereinz.: *tråg d'Nudeln in d'Stum aini* Wasserburg; *Mir wer'n Zeit hamm, daß ma s' no ins Bett einitragen* THOMA Werke VI,58 (Andreas Vöst).– **2** wie →[*ein*]*t.*5: *dea drogd eii* sich einschmeicheln Aicha VOF.

WBÖ V,261.

†[**ent**]**t.** **1** †wie →[*ab*]*t.*1f: *wer dem anderen das sein entregt* Hohenfels PAR 1450 VHO 83 (1933) 100; *stellt man nicht zu/ was man anderen entzogen/ enttragen ... verderbt/ so wird die Sünd nicht nachgelassen* SELHAMER Tuba Rustica I,445.– **2** entführen, verschleppen: *Man schol auch dehainem bůrger vmb vliezzent wůnden ... enphuren noch entragen* 1307 Burghs.Urkb. I,50.

WBÖ V,274.

[**erst**]**t.** Part.Präs., erstmals trächtig: °*an easchddrogade Loas* [Muttersau] Mühlhsn FDB; *ę̄əštrāgədə* Prittriching LL SBS XI,264.

[**ver**]**t.** **1** forttragen, verschleppen, vergeuden.– **1a** forttragen.– **1aα** an einen anderen Ort tragen, befördern, NB vereinz.: *vadrågn* Mittich GRI; „das *Vatroogn* von Krankheiten. Indem man allerlei Dinge ... an eine einsame Stelle im Wald trug" SINGER Arzbg.Wb. 252; *Feram ... uirtrage* Scheyern PAF 1241 StSG. I,613,29-31; *welche gar offt die Marckt-Stecken* [Grenzpfähle] *vertragen/ und versetzen* SELHAMER Tuba Rustica I,445.– **1aβ** unpers., übertr. die Kontrolle verlieren: „Hat sich die Schmelze verzögert, so *hat's den Schmelzer votragn*, aus der Bahn geworfen" HALLER Geschundenes Glas 153.– **1b** wie →*t.*1b: „Man mußte nun diese Erzeugnisse verkaufen ... sie *vertragen*" Wir am Steinwald 7 (1999) 163.– **1c** verstecken, verlegen, OB, NB, °OP vereinz.: *Kinder vodrong ållas* Sulzbach-Rosenbg; „die Walpurgisnacht ... in der es Brauch ist, daß Haus- und Hofgeräte, selbst Leiterwagen ... *vertragen* ... werden" ANDRÉE-EYSN Volkskdl. 186.– **1d** vergeuden.– **1dα** (Geld) vergeuden, verschwenden, °OP, °SCH vereinz.: °*dasdma fej niad s ganze Geld in der Schtod vodraggst* Rottendf NAB; *D'Schwiecha votragt eahm ollas* JUDENMANN Opf.Wb. 166.– **1dβ** (Zeit) vergeuden, vertrödeln: *aber ich kannidmer souill Zeidt Verdragen* Ried a.Samerbg RO 1785 (Br.); *Aber jetzt stellts enk* [euch] *auf, daß ma koa Zeit vertrag'n* THOMA Werke III,58.– **2** das Gewicht von jmdm, etwas tragen.– **2a** †wie →*t.*2a: *Subportantia firtragentiv* Tegernsee MB 10./11.Jh. StSG. I,471,6.– **2b** wie →*t.*2b: *dea Waga votreed dreißg Zöntnr* Peiting SOG.– **3** †wie →*t.*5d: *ich han gegeben ... dem Conuentt ze Mosburch ... auz dem hof ze Heder bei Ergolting/ zwelf ſchilling Geltz/ Regenspurger pfenning/ ob ez daz Gvt vertragen mvg* Moosburg FS 1296 Corp.Urk. III,502,8-11.– **4** aushalten, vertragen, leiden können.– **4a** wie →[*der*]*t.*4, °OB, °NB vereinz.: °*du glabst ja ned, wos a Mensch vodrong ko* Neufraunhfn VIB; *Dejs vardragg dr Doag ums Varecka id* [nicht] WÖLZMÜLLER Lechrainer 89; *Acide feras ... firtrages* Tegernsee MB um 1000 StSG. I,565,53-58.– **4b** vertragen, unbeschadet zu sich nehmen, OB, NB, OP vereinz.: *i kå s Wåsa net verträng* Wasserburg; *mei Magn votragt nix Schweiners* Passau; *i ko gar so vui Speck it* [nicht] *vatragn* DINGLER bair.Herz 58.– **4c** leiden können, ohne Verärgerung, Kränkung, Widerspruch ertragen, hinnehmen, OB, NB vereinz.: *s Frotzln kann i ned votragn* Passau; *Wenn's die Wahrheit ned vertragn kennan, dann ko i a nix dafür* MM 1.7.2008, 11.– **5** auskommen, versöhnen, verzeihen, verschonen.– **5a** refl., mit jmdm auskommen, ohne Streit leben, OB, °NB, °OP ver-

einz.: °*vodrogds eng* [euch] *hoid!* Neufraunhfn VIB; *Überoi vertrogt ma si, bloß bei dö Fargs* [FN], *do geht's oiwei in oana Feindschaft dahi* GRAF Flechting 159f.; *muest sich mit den freunden vertragen* AVENTIN IV,114,19 (Chon.).– Übertr. vereinbar sein: *s Rauchn votragt si nöt mitm Kranksein* Passau.– **5b** †veranlassen, miteinander auszukommen, versöhnen: *daß wir sie baider seits ... mit einander güetlich veraint, vertragen, und verricht haben* Friedbg 1470 LORI Lechrain 201.– **5c** †verzeihen, nachsehen: *vertragen ... Einem etwas* SCHMELLER I,656; *Daz stercher schol dem chränckern vertragen* KONRADvM BdN 151,9; *das ich dem andern vertrag, wes ich vertragen will sein* AVENTIN V,38,18f. (Chron.).– **5d** †entheben, von etwas befreien, verschonen: *daz sy aller Stewr Rais vnd all ander sachen ... vertragen ... sein sollen* Mchn 1465 VHR I,307.– **6** verträglich übereinkommen, lösen.– **6a** refl., einen Vertrag abschließen, übereinkommen: *vodrong* Sulzbach-Rosenbg; *Heu˜t sán's scho˜ zo˜'n Gricht gangə˜, dás sə si' və'trȧgng tèan'* Mchn SCHMELLER I,657; *Hätten sie aber ... Räume vonnöthen, so sollen sich die Gewerken um den Raum ... vertragen* 1784 Berggesetze 347.– **6b** †verträglich lösen: *soll die Sach wider vertragen und endlich gericht sein* Landshut 1513 Schrobenhsn.Stadtrechtsb. 35.– **7** †wie →*t.*11: *vertragen Einen* „ihn in (übeln) Ruf bringen" SCHMELLER I,656f.; *einen vbl verliegen vnd vertragen* SCHÖNSLEDER Prompt. Ii7[r].

SCHMELLER I,656f.; WESTENRIEDER Gloss. 627f.– WBÖ V,274f.

[vor]t., [für]- 1 (an einen Ort) tragen, befördern, mit sich nehmen.– **1a** voran-, herbeitragen, nach vorne tragen, OB, °NB vereinz.: *vortragn* „vorantragen" Mchn; °*da Knecht håd s Fuada scho fürtragn* Pfarrkchn; *Dez ersten sol der jude fůrtragen diu fůmf půch* um 1300 Stadtr.Mchn (DIRR) 285,19f.– **1b** wie →[*auf*]*t.*1a: °*fürtragn* „die Getreidesäcke von der Dreschmaschine auf den Getreideboden tragen" Limbach PA.– **1c** †wie →[*auf*]*t.*1f: *Es sollen auch die Wirth dergleichen süsse Wein den Gästen nit auffsetzen noch fürtragen* Landr.1616 531.– **2** vortragen, darbieten.– **2a** (ein Anliegen) vortragen, vorbringen, °OB, NB vereinz.: °*des hod a eahm hoid fürdrogn* Hirnsbg RO; *Daß sie dees solln da Gmoa voatrong* SCHUEGRAF Wäldler 63.– **2b** zu Gehör bringen, darbieten, OB, NB vereinz.: *voadrong* „eine Rede" Mchn; *der gůt rat, den sie andern laůten vor tregt* KONRADvM BdN 215,9f.– **3** †wie →*t.*5d: *vnd traet ... im nit für* „ist ihm nicht ... nüzlich" WESTENRIEDER Gloss. 584; *daz sol in nicht fůrtragen, er hab dann brief oder hantfest darumb* 1347 Stadtr.Mchn (DIRR) 369,19f.; *Es solle sie auch keine confirmationes, bestättigung ... gantz vnd gar nichts fürtragen* Landr.1616 367.– **4** vorsorgen.– **4a** wie →[*an*]*t.*3b, °OB, °NB, °OP, °MF, °SCH vereinz.: °*a jeda muaß a bißl fürtrågn* Tegernbach MAI; °*er tragt sa scho für spater für* Eslarn VOH; *Du hàst də' scho˜ bráv für 'tràgng* SCHMELLER I,656.– **4b** als Vorrat anlegen, °OB, °NB, °OP vereinz.: °*jetz muaß a ma a Hoiz fürtrong, daß i im Winta oans hob* Reichersbeuern TÖL.– **5** †wie →*t.*8a: „1414 hat Hans Roßler zu Wunsiedel einen Hof zu Lehen empfangen; er soll ihn *zu trewer hande Hansen Mayers kinder vortragen, bis sie mundig werden*" SINGER Schacht 121.

SCHMELLER I,656; WESTENRIEDER Gloss. 584.– WBÖ V,275f.

[fürhin]t. 1 an einen Ort tragen, befördern.– **1a** wie →[*vor*]*t.*1a, °OB, °OP vereinz.: „Kartoffeln im Korb *füritragn* zum Wagen" Thanning WOR.– **1b** wie →*t.*1b: °*s Brot füritrågn* G'berghfn DAH.– **2** ergiebig sein, sich lohnen.– **2a** wie →[*auf*]*t.*5a, °NB vereinz.: °*die Kartoffeln trogn füri* „die Ernte war gut" H'schmiding WOS.– **2b** wie →*t.*5d, °NB vereinz.: °*des hod uns weid füridrång* „vorangeholfen" Grafenrd VIT.– **3** vorsorgen.– **3a** wie →[*an*]*t.*3b, °NB, °OP vereinz.: °*der tragt scho füre* „für die Zukunft" Sommerstorf EG.– **3b** wie →[*vor*]*t.*4b, °OB, °NB vereinz.: °*a Möi, an Zucka und Soiz derf ma si firitrågn* Passau.– **4** refl., sich voranbringen, Erfolg erarbeiten, °OB, °NB vereinz.: °*die hat si richtig füritrågn* Heilbrunn TÖL.

WBÖ V,261.

[heim]t. 1 heimtragen, nach Hause tragen, °OB, NB, °OP vereinz.: °*s Gweichte hoimtrogn* „Speisen von der Osternacht" Pertolzhfn OVI; *hoamtrong* KOLLER östl.Jura 36.– Phras.: *laß di hoamtragn!* „du hast keine weitere Chance, kannst aufgeben!" Chieming TS.– *Schwa hoamtrång* „einen schweren Rausch haben" Aicha PA.– Übertr.: „einen älteren Knecht, der manchmal *an sakrischen Schiawa* [Rausch] *hoamtrong hot*" Erding HuV 6 (1928) 230.– Als N., Speisen, die man nach Hause mitbekommt, °OB vereinz.: *s Hoamdrong* Mitgebrachtes vom Tauf- oder Hochzeitsmahl Hohenlinden EBE; „Diese [Dienstboten] hatten sich ... ein *Heimtragen* ausbedungen" Moosburg FS Altb.Heimatp. 5 (1953) Nr.42,6.– **2** †wie →[*an*]*t.*5b: *Da kaiser Commodus ermördt war, ward im das kaisertumb ... haimgetragen und angepotten* AVENTIN IV,890,15-17 (Chron.).

WBÖ V,276.

[**her**]**t. 1** hertragen, herbeitragen, OB, NB, OP, SCH vereinz.: *tråg d'Erdepfl her!* Wasserburg; *I' hon ihm 's Bankei hertragn wolln* KOBELL G'schpiel 19; *än yeder trüeg än zötl her* Landshut um 1650 Jb.Schmellerges. 2012, 19,25.– **2** wie →[*ab*]*t.*5, OB, NB vereinz.: *heatrång* „ein Gewandstück viel tragen und abnützen" Simbach PAN.– **3** N., Benehmen, Betragen, °OB mehrf., °NB, °OP vereinz.: °*des is koa Headrång, wiast de du benimmst!* Perach AÖ.

WBÖ V,276.

[**hin**]**t. 1** hintragen, OB, NB, OP, SCH vereinz.: *s Brot zum Nachbarn hitragn* Haag WS; *ih ... wur mei Sitzfleisch wo anderst hitragn* QUERI Pfanzelter 45.– **2** †wie →[*ab*]*t.*1f: *wer dem anderen sein holtz hintraget von seiner haussung* Hohenfels PAR um 1450 VHO 83 (1933) 100.– **3** wie →[*an*]*t.*6, OB, NB vereinz.: *alles hidrong* „heimlich zutragen" Hitzelsbg ROD.

SCHMELLER I,656, 1118.– WBÖ V,276.

[**hin-und-her**]**t.** wie →[*aus-ein-ander*]*t.*2, OB, NB vereinz.: *si is a rechte Ratschn, gråd hin- und hertrang duats* „viel ratschen, klatschen" Wasserburg.

[**nach**]**t. 1** an einen Ort tragen, befördern.– **1a** hinter jmdm hertragen, nachbringen, °OB, °NB, OP vereinz.: *bald vergißt er sein Stock, bald sein Huat, ma muas eam åis nåchtrång* Wasserburg; *tregt man in ir lang vål nach in wålhischen landen* KONRADvM BdN 240,12f.; *der m' knaben d' bücher inn die schul nachtregt* SCHÖNSLEDER Prompt. Ii7r.– **1b** zusätzlich Essen auftragen, servieren: „Sind die aufgetragenen Speisen verzehrt, so fragt sie: *Schafft's nachtragen?*" Altb.Heimatp. 5 (1953) Nr.23,4.– **2** nachträglich schriftlich ergänzen, OB, NB vereinz.: *nåchdrågn* Mchn.– **3** †(nachträglich) erbringen, bezahlen, leisten: *Ein Ehalt oder ein gast muß einem burger dy raittung* [Rechnung] *nachtragen* Rgbg um 1320 FREYBERG Slg V,32.– **4** nachtragen, nicht verzeihen können, OB, °NB, OP vereinz.: *i werd dir's net nachtrågn* „eine Kränkung" Weiden; *Fritz, gelt, du tragst mir desweg'n nix nach?* MEIER Werke I,209.

WBÖ V,277.

[**zu-sammen**]**t.**, [**-sämmen**]**- 1** wie →[*an*]*t.*1a, °OB, °NB, OP, SCH vereinz.: *Goam zamtrång* „zum Aufstellen von Getreidemandeln" Mengkfn DGF; *D'Ameisn ham fleiße an Haufn zammtrong* Oberpfalz 93 (2005) 233.– Phras.: °*dera droogd's es nimma zsamm* „die ist geistig nicht mehr voll zurechnungsfähig" Stammham AÖ.– **2** Part.Prät.: *zammtronga Kinna* „uneheliche Kinder" Lauterbach REH.– **3** wie →[*an*]*t.*3d: *hab alle Kreuzer zsammtrågn zu an Kloidl* Weiden; *Jetza kann's Volk Goldstückerln zammatrag'n* M.A. v.GODIN, Unser Bruder Kain, Berlin 1919, 220.

SCHMELLER I,657.– WBÖ V,277f.

[**über**]**t. 1** an eine andere Stelle schaffen, bringen.– **1a** hinübertragen, OB, NB vereinz.: *s Allahalögst ös halö Grå iwatrång* Zandt KÖZ.– **1b** †gesetzwidrig ein- od. ausführen, schmuggeln: *übertragen* „über die Grenze" Werdenfels SCHMELLER I,656.– **2** an anderer Stelle nochmals hinschreiben, NB, OP vereinz.: *übertrågn* „auf eine neue Rechnung" Weiden.– **3** †: *übertragen* „übersezen ... von einer Sprache in eine andere" WESTENRIEDER Gloss. 597.– **4** refl.: *si iwatrång* „sich durch Tragen verletzen" Aicha PA.– **5** Part.Prät., abgenutzt, alt.– **5a** nicht neu, durch langen Gebrauch abgenutzt, OB, NB, °OP vereinz.: °*i kaf ma a iewerdrongs Auto* „ein gebrauchtes" Rottendf NAB; *A da Schulapack woa schaa hibsch lang üwadrong* WANDTNER Apfelbaum 90; *schon ybertragene Manns Schuech* Auerbach ESB 1723 Bayerld 18 (1907) 384.– **5b** ältlich, nicht mehr jung, °OB, NB, OP vereinz.: *üwatrång* „über die günstigsten Jahre zum Heiraten hinaus, so um die 30 herum" Reisbach DGF; *Die Stasi is a ledigs Leit; arg übertragn hoit scho* Passauer Dreiflüsseschreiber 54; *ən übə'trågngs Mensch* SCHMELLER I,656.– **6** zu lange im Mutterleib tragen: *s Kalb is übatrogn* Staudach (Achental) TS.– **7** weitergeben, weitergegeben werden.– **7a** (ein Amt, eine Aufgabe u.ä.) übergeben, OB, NB vereinz.: *er håt eam sai Gschäft iwatrang* Wasserburg.– **7b** von Krankheit.– **7bα** weitergeben, OB, NB vereinz.: *die Krankheit kann übertragn werdn* Haag WS.– **7bβ** refl., weitergegeben werden: *dös übatroogt sö* Hohenpeißenbg SOG.– **8**: *übatragn* „auf andere Verhältnisse anwenden, z.B. ein Gesetz" Mchn.– **9** †unterstützen, helfen: *Das die chinder sollten iren eltern Das ist vater vnd mueter vber tragen vnd helffen* 1469 Cgm 543,fol.1[r].– **10** aushalten, vertragen.– **10a** wie →*[der]t.*4, NB, OP vereinz.: *iwadrång* Mittich GRI; *iwatrāŋ* „aushalten, überstehen" nach Schweizer Dießner Wb. 204; *übertragen* Westenrieder Gloss. 597.– **10b** †wie →*[ver]t.*4b: *einen Würzburger trinken wir? Das kann der Teufel übertragen, ich aber nicht* Meidinger Verfall 23.– **11** †wie →*[ver]t.*5d: *vnd geruchet vns ze disen ziten vbertragen solcher sache* 1319 Gemeiner Chron. I,506.– **12** N., wie →*[her]t.*3: °*des is koa Ibatrågn* Flintsbach RO.– In Bed.1 u. 2 *[über]trågen* von *[ůber]tragen* nicht zu unterscheiden.

Delling II,183; Schmeller I,656; Westenrieder Gloss. 597.– WBÖ V,278.

[um]t., [üm]- 1 wie →*[um-ein-ander]t.*1a: *ümtroog'n* Braun Gr.Wb. 675; *vmbTragen* Schönsleder Prompt. Ii7[r].– **2** wie →*[um-ein-ander]t.*1b: *umtrång* „beim Umgang mittragen" Aicha PA; *das ... heiligste sacrament des fronleichnam unsers herrn ... umb das dorff ... umbtragen* Forchhm BEI 1486 Mitterwieser Fronleichn. 38.– **3** †wie →*t.*1b: *klainat, klaider noch ychtzit anders umbzetragen ... nit gestat* 1516 Urk.Juden Rgbg 302.– **4** wohl †weitergeben: *welcher Meister ... das Maß, das zu den Häfen gehört zu rechter Zeit unter uns alle Monat nicht wollte umtragen* Kröning VIB 1428 Zils Handwerk 48.

WBÖ V,278.

Mehrfachkomp.: **[her-um]t. 1** (an einen Ort) tragen, befördern, mit sich nehmen.– **1a** wie →*[um-ein-ander]t.*1a, °OB, SCH vereinz.: *s Kindla rumdrang* Friedbg; *sollt ma des Luder aufn Händn rumtragn* Queri Bauernerotik 15; *herumbTragen* Schönsleder Prompt. Ii6[v].– **1b** †im Kreis um etwas herumtragen: *die junga Bursch' ... hamm 'n mit Juchezn um den Baam 'rumtragn* Kobell Schnadahüpfln 84.– **1c**: *rumdrogn* „herübertragen" Derching FDB.– **1d** wie →*[um-ein-ander]t.*1b: *die Fahne mußt du herumtragn* Haag WS; *S' hab'n ... Boana in da Stadt h'rum trog'n* Pangkofer Ged.altb.Mda. (München 1845) 278.– **1e** wie →*t.*1b: *rumtrāŋ* „hausieren" nach Schweizer Dießner Wb. 204.– **2** weitererzählen, schlecht über jmdn reden.– **2a** wie →*[aus-ein-ander]t.*2, OB vereinz.: *überall rumtragn* Manching IN; *was drunt in der Stadt alls rumtragn werd* Orff Welttheater 50 (Bernauerin).– **2b** wie →*t.*11, OB, NB vereinz.: *von alle Leut rumtragn wern* O'alting STA.

[weg]t. 1 wie →*[ver]t.*1aα, °OB, NB, OP vereinz.: °*des is mit der Kirm* [Korb] *wegtrågn worn* Arnstorf EG; *wekxtrāŋ* nach Schweizer Dießner Wb. 227.– **2** wie →*[ab]t.*1f: °*der håt dös wegtragn* „gestohlen" Rehling AIC; *Mir ho(b)ms maa Göld weegtroogn* Singer Arzbg. Wb. 261.

WBÖ V,278.

Mehrfachkomp.: †**[ab-weg]t.** wie →*[ab]t.*1f: *ain häfel mit schmalz ohne erlaubnus ... abweckh getragen* DAH 1603 BJV 1952, 98.

[zer]t. 1 wie →*[aus-ein-ander]t.*1, °OB, °NB vereinz.: *an Mist zertrogn* Wasserburg; „Hernach war es meist schon Zeit zum *Heuzertragen* ... das Wiederanstreuen des tagszuvor zusammengerechten ... Heus" Mühldorfer Nachrichten 18 (1962) Nr.140,4.– **2** zerteilen, zerstückeln: *ös is a ztrongs Zeig* zersplitterter, geteilter, parzellierter Grundbesitz Lauterbach REH; *zatroogn* „weit auseinander, verstreut" Singer Arzbg.Wb. 282.– **3** refl., mit jmdm in Streit geraten, Streit haben, OB, NB, OP vereinz.: *d'Ehlait håm si ztrång* Wasserburg; *Er hat sich beim Tanz mit seim Madl z'tragen* Delling II,213; *ob sich ainer ... mit dem Würth zetrug* Althm LA um 1400 Hartinger Ordnungen I,85; *Zwei ... Schwestern hatten sich wegen des Viehhütens so miteinander zertragen, daß sie sich gegenseitig „Huren, schieckende Menscher" und dergleichen hießen* Burkhardsrth ESB 1579/1580 VHO 85 (1935) 168; *Si Ztragn* „Sich entzweien, uneins werden" Zaupser 85.

Delling II,213; Schmeller I,657; Westenrieder Gloss. 687; Zaupser 85.– WBÖ V,278f.

[zu]t. 1 wie →*[hin]t.*1, OB, NB, OP, °MF vereinz.: *Stoi[n] zoutrong* Stadlern OVI; *tzuatrāŋ* „herbeischaffen, bringen" nach Schweizer Dießner Wb. 204; *Congerit zuotruoc* Rgbg 10.Jh. StSG. II,465,48; *do daz chint dem pischof daz eiter zů truch* O'altaicher Pred. 106, 23; *dat* [dort] *hat man Jm dz Crönnlein ... zue gedragen* 1609 Haidenbucher Geschichtb. 12.– **2** handlangen, OB, NB, OP, °MF, SCH vereinz.: *bam Bau zuadrång* Mittich GRI.– **3** wie →*[an]t.*6, °OB, °NB vereinz.: *a Zuatra-*

chada „Zuträger“ Ingolstadt; °*der Nachbar hat ihms zuatragn, daß über ihn im Wirtshaus recht gschimpft worn is* Wiesenfdn BOG; *Dees iis ma va äimads … zoutroog'n wor(d)n* Braun Gr.Wb. 939.– Part.Präs., liebedienerisch, OB vereinz.: *zuatrogad* Rechtmehring WS.– **4** refl., sich zutragen, ereignen, OB, NB, OP, MF vereinz.: *beim Nåchban, då muas si wås zuadrång håm* Wasserburg; *Jetzt … will i enk* [euch] *noch was sagen, was sich heunt in der Hochzeitkirch hat zugetragen* Thoma Werke III,148 (Hochzeit); *Vatter, i mueß dir wunder sagn, waß sy nächten zue hat tragn* Landshut um 1650 Jb. Schmellerges. 2012, 18,1f.

WBÖ V,279. E.F.

†-tragen

Vb., nur im Komp.: [**be**]**t.** verdrossen, mißmutig machen od. sein: *sô betrâget sumelîchen zuo kirchen ze gênne* BertholdvR I,102,7f.; *gen ir niempt diensts betraget* Füetrer Trojanerkrieg 60,164.– Mhd. *betrâgen* swv., wohl gleicher Herkunft wie →*träge*; vgl. Schmeller I,657.

Schmeller I,657. E.F.

Trager, -ä-, -tragerer

M. **1** von Menschen.– **1a** jmd, der etwas trägt.– **1aα** Mann, der für Lohn Lasten trägt, OB vereinz.: *Träger* „schleppt für andere das Gepäck auf den Berg“ Mchn; *Ehnder amal is er a Wildschütz g'wesen – hiatzt macht er an Traager für die Herrn Jagdkawlier* Allers-Ganghofer Jägerb. [32]; *Gerolus … tracari* wohl Rgbg 1.H.9.Jh. StSG. I,164,8; *ain armer tragære* Kaiserchr. 136,3039; *Trager … taglöner/ der vmb n' lohn bürden tregt* Schönsleder Prompt. Ii6[r].– Phras.: *da brauchst du keinen Träger* „das bekommst du nicht“ Naabdemenrth NEW.– **1aβ** Mann, der bei einer Prozession einen geweihten Gegenstand, eine Statue u.ä. trägt, OB, NB, OP vereinz.: *Tråcha* „tragen die männlichen Figuren, z.B. den hl. Joseph“ Herrnthann R; „Der Pfarrkirchenpfleger, der pflichtmäßige *Träger* der schweren großen Schauerkerze“ Schlicht Bayer.Ld 172.– **1aγ** jmd, der ein Stück vom Osterfeuer heimträgt: °*die Trager von de Osterbrand* Barbing R.– **1aδ** Sargträger, OB, °NB, °OP, SCH vereinz.: *Tråga auswejn* Mittich GRI; *die Treecha* „meist die Nachbarn … bekommen … ein Trinkgeld“ Singer Arzbg.Wb. 240; *sol jedem Trager in den grossen Processionen 20. Creutzer … gegeben werden* Landr.1616 579.– **1aε** Hausierer, Bote, Mann, der Waren (zum Verkauf) trägt, °OB vereinz.: °*a Trager kommt* Rottau TS; „*Der Trager* … der die geringen Waaren … vom Land auf den Markt … oder von Haus zu Hause zu tragen pflegt“ Schmeller I,653; *von einem Trager, der seine Waren auf den Fürkauf trägt, 1 dn.* 1589 Chron.Kiefersfdn 178.– **1aζ** †jmd, der etwas an seinem Körper trägt: *Jaspis … macht seinen tragar sicher vnd genåm* KonradvM BdN 485,15-19.– **1b** †Sachwalter, Verantwortlicher, Vormund, Lehensträger: *in allem dem reht trager sol sin* Weilhm 1282 Corp.Urk. I,473,25; *daß wir … Enngelharten Marschalck, an stat und in Tragers Weise seiner Hausfrawen … zu Lehen verlichen haben die Vesten* Affing AIC 1447 Lori Lechrain 155; *die Vormunder … vnd Trager/ der Wittiben vnd Waisen* Landr.1616 383.

2 Griff, Holm, Riemen.– **2a** Henkel, Tragegriff allg., NB, °OP vereinz.: °„um ein verschnürtes Paket besser tragen zu können, gab der Händler einen *Trager* gratis“ Breitenbg WEG; *Troga* Kesselbogen Floß NEW.– **2b** Griff am Schubkarren, °OB, °NB, °OP vereinz.: °*Trocha* „die beiden Holme zum Tragen“ Hahnbach AM.– **2c** Halte- u. Führungsbogen an der Holzegge, °OB, °NB, °OP vereinz.: *Trager* Pfarrkchn.– **2d** Gurt, Riemen.– **2dα** Tragegurt für Schubkarren, °OB, °NB, °OP, °OF vereinz.: °*i brauch für unsan Schukarrn neie Trocha* „breite Hanfbänder, über die Schultern gelegt“ Dietfurt RID.– **2dβ** Tragriemen, angenähtes Band zum Tragen, NB, °OP vereinz.: °*Troocha* „Hanfgurt am Buckelkorb“ Neumarkt; *½ fl. … Wolffen Pfeiffers Weib für ein flechsern Tuch, darein Treger genähet* Wunsiedel 1590 Singer Totenbrauchtum 6.– **2dγ** Brust- od. Rückenriemen des Pferde- od. Hundegeschirrs, OB, °SCH vereinz.: °*Tråger* „Brustriemen des Pferdegeschirrs“ Ried FDB.– **2dδ** Hosenträger, NB, SCH vereinz.: *Droger* Derching FDB.

3 Teil, Vorrichtung zum Stützen, Tragen.– **3a** tragender Balken eines Bauwerks, °OB, °NB, °OP, °MF, °SCH vereinz.: °*Träga* Hauptbalken bei Holzbrücken Frieding STA; „Pfette … *drēχə*“ Dettenhm WUG nach SBS VIII, 68.– **3b** verstärkendes, tragendes Teil eines Wagens od. Schlittens, °OB, °NB, °OP, SCH vereinz.: *Tråga* „kurzer Querbalken in der Mitte unter den Wagenleitern, liegt auf der Langwied auf“ Fürstenstein PA.– **3c** Unterlage

für Backtrog od. Faß, °OB, NB, SCH vereinz.: *Träga, wo ma ön Trog auföschtejt* Hengersbg DEG.– **3d** Halterung zum Befestigen der Deichsel, °OB vereinz.: °*Trager* „am Schlitten" Peißenbg WM.
4 Behälter zum Tragen, Befördern, OB, MF vereinz.: *Trager* Behälter, in dem das Essen aufs Feld gebracht wird Penzbg WM; *Troogar* Rückentragkorb Schwand SC.

Etym.: Ahd. *tragâri, trager*, mhd. *tragære, treger* stm., Abl. von →*tragen*; Kluge-Seebold 923.

Schmeller I,653f.; Westenrieder Gloss. 584.– WBÖ V,279-281.

Komp.: [**Ab**]**t.** **1** Arbeiter, der beim Dreschen die Getreidesäcke wegträgt: *da Åtråga* Mengkfn DGF; „Immer wieder nahm er auch dem *Abtrager* ein paar Säcke ab" Altb. Heimatp. 43 (1991) Nr.40,29.– **2** wohl †wie →*T.*1aα: *Peter Denckh, Abtrager, 34 J. a., von Harthausen* Frsg 1724 Frigisinga 5 (1928) 388.– **3** †Dieb: *Ir rouber, ir abetrager, ir diube* BertholdvR II,70,4.
WBÖ V,281.

[**Achsel**]**t.** **1** Mensch mit Hängeschultern, NB, OP vereinz.: *Achseltroga* O'wappenöst KEM.– **2** Zuträger, Verleumder, °OB, °NB, °OP, MF vereinz.: °*Axltrager* Neumarkt; *alle die ienige/ welche den Ehrabschneidern ... und Achseltragern gern zulosen* Bayer.Barockpr. 300 (Andreas Strobl).– **3** Schmeichler, Liebediener, °OB, °OP vielf., °NB mehrf., MF, SCH vereinz.: *dea Åuchsldråga soi ma nimma as Haus ainakhema!* Mittich GRI; °*Assltroga* „tut nach beiden Seiten hin schön" Schwend SUL; *Achsltrocha* „den andern immer Recht geben" Regler Opf. Dorf 105; *die Politici, welche ... Achseltrager ... abgeben/ vnd sich nach allen Winden richten* Ä. Albertinus, Der Landtstörtzer: Gusman von Alfarche ..., München 1615, 600.– Phras.: *båida Achsltroga* „einer, dem nicht zu trauen ist, weil er es mit jedem hält" Naabdemenrth NEW.
WBÖ V,281.

†[**Alpen**]**t.** Teilhaber einer Genossenschaftsalm: *10 nachbern und albmtrager oder ...genossen der albm Underperg* 1619 Chron.Kiefersfdn 131.

[**An**]**t.** **1** Arbeiter, der das Getreide zu Garben zusammenträgt, OB, SCH vereinz.: *Åtroger* Derching FDB; „sie legten sie [die Halme] ... in kleine Haufen, um die sich dann ein *Antrager* ... kümmerte" Beck Ökonomie U'finning 132.– **2** †Bergmann, der im Schacht das Erz in den Förderkübel befördert, bergmannsprl.: *grubknechten, hauern, antragern ... unnd anndern pergs arbettern* Sulzbach-Rosenbg 1630 ZBLG 49 (1986) 75.
WBÖ V,281.

[**Um-ein-ander**]**t.** wie →[*Achsel*]*t.*2: *Umanandtrager* Bayrischzell MB.

[**Auf**]**t.** **1** von Menschen.– **1a** Arbeiter, der das zu reinigende Getreide in die Windfege schüttet, °OB, SCH vereinz.: *Audroger* Derching FDB.– **1b** †jmd, der Speisen u. Getränke aufträgt: *Ez schol ... dehein uftragår ... deheinem der der stat schedlich ist, weder ze ezzen noch ze trinchen geben* nach 1320 Rgbg.Urkb. I,728; *aufTrager* Schönsleder Prompt. Ii6[r].– **2** Förderband mit Schütten an der Windfege, °OB, °NB vereinz.: °*Aufträger* „Treibriemen mit Bechern, die das Getreide nach oben in die Windmühle befördern" Straßkchn SR.
Schmeller I,654.– WBÖ V,281.

Mehrfachkomp.: [**Ge-treide-auf**]**t.** wie →[*Ab*]*t.*1: „zwei *Troiaaftrocha* ... trugen das in Säcke eingefüllte Getreide auf den *Troibun*" Regler Opf.Dorf 59.

[**Aus**]**t.** **1** Austräger, Laufbursche, OB, OP vereinz.: *da Astrocha* „trägt Brot aus" Neukchn VOH.– **2** †wie →*T.*1b: *der lanndschaft furstand vnd austrager* Straubing 1427 Lerchenfeld Freibr. CCLVII.– **3** wie →[*Achsel*]*t.*2, °OB, °NB, °OP, °MF vereinz.: °*Austraga* „geht mit Dorftratsch von Haus zu Haus" Günzlhfn FFB.– **4** †Austrägler: *Giesser Peter, Austrager v. Engelsberg* [AÖ] Kreis-Amtsbl.OB 1854,11.
WBÖ V,281f.

Mehrfachkomp.: [**Brot-aus**]**t.** **1** Hausierer, Bote, der Brot zu den Kunden trägt, OB, OP vereinz.: *Braoudastroga* Wdsassen TIR.– **2** jmd, der Essen u. Trinken aufs Feld trägt, OB vereinz.: *Broutaustroger* Paunzhsn FS.
WBÖ V,282.

– [**Leute-aus**]**t.** wie →[*Achsel*]*t.*2, °OP vielf., °NB, °OF, °MF mehrf., °OB, °SCH vereinz.: °*Leitausträga* „Verleumder" Mallersdf; °*dou stengas wieder zamm döi altn Leitaastrocha* Windischeschenbach NEW; *Leitaastroocha* Braun Gr.Wb. 369.

[**Pack**]**t.,** [**Päcklein**]- **1** Kofferträger, jmd, der für Lohn Gepäck trägt, OB, NB, OP,

SCH vereinz.: *Backdrega* Möslbg WEG; *baktrēgə* „dienstmann“ nach GOODWIN Ugs. 105.– Phras.: *de Bellerei im Duett, de haud an stärkstn Packträga um* TOCHTERMANN Oiß wos Recht is 20;– erweitert: „Spruch bei besonders schwerem Gepäck oder bei Bedrängnis: *Dees hoidd ja da stärkste Baggdrega vo London ned aus*“ ILMBERGER Fibel 21.– **2** Gepäckträger am Fahrrad: °*Packltroga* Langdf REG.

WBÖ V,282.

Mehrfachkomp.: [**Ge-päck**]**t. 1** wie →[*Pack*]*t.* 1, OB, NB vereinz.: *Gepäggtråga* Mengkfn DGF.– **2** wie →[*Pack*]*t.* 2: *du hast des Packl oafach aufn Gepäckträger zwickt* MM 26./27.8.2000, 5.

WBÖ V,282.

[**Bälglein**]**t.** Hausierer mit Fellen: *Beiggödroger* (Ef.) Brannenburg RO.

[**Palm**]**t.** jmd, meist Bub, der am Palmsonntag den Palmbuschen trägt, OB, NB, OP, °MF vereinz.: °*der deaf heia an Boündrocher mâcha* Raitenbuch WUG; „die andachtslosen *Palmträger* geben dazu das Katzengeschrei: *Mau! mau!* bis der Pfarrer ... erscheint“ SCHLICHT Ndb. 260.

WBÖ V,282.

[**Bändlein**]**t.**: *die Bandltråga* „Kinder, die bei der Fronleichnamsprozession die von den Figuren herunterhängenden Bänder halten“ Frauensattling VIB.

WBÖ V,282.

[**Palm-baum**]**t.** wie →[*Palm*]*t.*, OB, °NB, OP vereinz.: *Boibamtråga* „bekommt gefärbte Eier“ Mettenhm MÜ; *De Poimboamtroga ham se aufn Kirchaplotz gsammet* PINZL Bäuerin 150.

WBÖ V,282.

[**Beter**]**t.** Verkäufer von Rosenkränzen (→*Beter*): „*Betatraga* ... priesen ... ihre Ware mit vielen Worten an“ Schlehdf WM HuV 15 (1937) 286.– Phras.: *Der redt wia a Betatraga* [sehr viel] Schlehdf WM HuV 15 (1937) 286.

[**Bildlein**]**t.** scherzh. Gerichtsvollzieher: *Bildltrager* Haiming AÖ.

†[**Bildnis**]**t.** umherziehender Bilderhändler: *Ainem Bildtnustrager ... hat mann 2 grosse und 2 claine Tafeln ... aberkhaufft* Kapfelbg KEH 1696 WAGNER Kapfelbg u. Poikam 120.

†[**Bill(en)**]**t.** Knecht in einer Mühle: *der oberknecht, vnterknecht, pil trager ... die In der Mul arbaiten vnnd darein gedingt sein* 1511 MHStA GL Landshut 60,fol.35[v]; *Billenträger* „weil er auch die Geschicklickeit haben muß die Mühlsteine, wenigstens nachzuschärfen“ HÄSSLEIN Nürnbg.Id. 50f.– Zu →*Bille* ‘Haue zum Schärfen des Mühlsteins’.

HÄSSLEIN Nürnbg.Id. 50f.; SCHMELLER I,231.

[**Platten**]**t.** Mann mit Glatze: *Blåttntraga* Erding.

Mehrfachkomp.: [**Kupfer-platten**]**t.** Rothaariger: °*Kupferplattentrager* H'schmiding WOS.

[**Blümlein**]**t.**: *Bleamatraga* Blumenkasten vorm Fenster O'audf RO.

[**Pöstlein**]**t. 1** jmd, der einen (bequemen) Posten, eine best. Arbeitsstelle anstrebt, °OB, °NB, °OP vereinz.: „ein *Pöstltraga* sucht einen schönen Posten, wo man sich nicht plagen braucht“ Limbach PA.– **2** jmd, der (Ehren-) Ämter anstrebt, Vereinsmeier, °OB, °NB, °OP vereinz.: °*da Pöstltroga* „übernimmt gern in der Öffentlichkeit ein Amt“ Winklarn OVI.– **3** wie →*T.* 1aε: °*Pöstltrager* „macht regelmäßig Besorgungen“ Bayersoien SOG.– **4** wie →[*Achsel*]*t.* 2, °OB, °OP vereinz.: °*Pöstltroga* „trägt Neuigkeiten von Haus zu Haus“ Fronau ROD; *Pöstltrager* „Zwischenträger“ SCHMELLER I,413.

SCHMELLER I,413.– WBÖ V,282.

[**Brand**]**t.** wie →*T.* 1aγ, °OB, °NB vereinz.: °*da Lugi is bei ins da Brandtroga* „trägt die Kohlen nach der Feuerweihe nach Hause und dann aufs Feld, wo sie Fruchtbarkeit und Wachstum bringen sollen“ Wildenroth FFB.

WBÖ V,282.

Mehrfachkomp.: [**Licht-brand**]**t.** wie →*T.* 1aγ: *der Lichtbrandtråger* Mchn.

[**Brettlein**]**t.**: *Brettltraga* Anfänger im Schilauf Chieming TS.

WBÖ V,280.

[**Brief**]**t. 1** Postbote, °OB, NB, OP, MF vereinz.: °*is da Briafdråga scho vobeikema?* Ebersbg; *Nacher bringt der Briaftrager wieder an Briaf* Mchn Jugend 20 (1915) 570; *Folgen die Brieftragere* BUCHER Charfreytagsprocession 58.– **2** †wie →*T.* 1aε: *Der Brieftrager* „Hausierer“ Mchn SCHMELLER I,351.– **3** †Flugschriftenhändler: *weder von Innlendischen noch frembden/ vnd zuraisenden Puechhendlern vnnd Briefftragern* Catalogvs. Der Büecher vnnd Schrifften/ vnser Heilige Religion

… belangendt/ welche im Landt zu Bayrn … zuuerkauffen/ erlaubt seindt, München 1566, Aij[r].– **4** †Amtsbote, Überbringer von Schreiben: *Brief- oder Trüchltrager* F.A. PÖHL, General-Instruction, München 1756, fol.3[r].

SCHMELLER I,351.– WBÖ V,282.

[**Pritschen**]**t.** wie →[*Achsel*]*t.*2: *Pritschentrager* Zuträger Pfatter R.– Zu →*Pritsche* 'Geschwätz'.

[**Brot**]**t. 1** wie →[*Brot-aus*]*t.*1, °OB, °NB, SCH vereinz.: °*Broadtroger* „hausiert mit Brot von Hof zu Hof" O'neukchn MÜ; „Der Postbote und der *Brottrager* mußten ja auch hinaus zu den abseits gelegenen Höfen" LETTL Brauch 18.– Auch: *Bråuttroga* „Brezenverkäufer im Theater und auf Volksfesten" Staudach (Achental) TS.– **2** wie →[*Brot-aus*]*t.*2, NB, OP, SCH vereinz.: *Brouttroga* Heiligenbg EG.

WBÖ V,282.

[**Brucken**]**t.** Tragbalken einer Holzbrücke: *Bruckntroga* M'nwd GAP.

[**Bündel**]**t.** der Mann im Mond: *Bündltrager* Gotteszell VIT.

Mehrfachkomp.: [**Reiser-bündel**]**t.** wie →[*Bündel*]*t.*: *Reisabündltroga* Außernzell DEG.

[**Bunden**]**t.** Hausierer, der seine Waren mit einem Rückentraggestell (→*Bunde*) trägt: „Die *Bundntrager* (Kraxentrager) brachten sie in alle Gegenden" KERSCHER Handwerk 60.

[**Burden**]**t.** jmd, der Heu in einem Vierecktuch trägt: *Burntroga* „Heuträger" Wb.Krün 8.

WBÖ V,282.

[**Buschen**]**t.**, [**Büschel**]- wie →[*Palm*]*t.*, NB, SCH vereinz.: *Buschndråga* Kötzting.

WBÖ V,282.

Mehrfachkomp.: [**Palm-busch(en)**]**t.**, [**-büschel**]- wie →[*Palm*]*t.*, °OB, °NB, OP vereinz.: *Poimbuschntråga* Wimm PAN; *Bolmbischltrocha* Hohenfels PAR; „viele *Palmbuschen-Träger* … Mädchen oder Buben" Icking WOR Isarkurier 57 (2017) Nr.14,30.

WBÖ V,282.

[**Butten**]**t.**, †[**Butt**]- **1** Hausierer, der seine Waren mit einem Rückentraggefäß trägt, °NB, MF vereinz.: *Buddntråga* Klinglbach BOG; *die durchziehenden … Buttenträger, Gänstreiber, Mausfallenhändler* SCHLICHT Bayer.Ld 101; *Hausierer, Huggner, Puttentrager* Ambg 1627 VHO 52 (1900) 137.– **2** †Silbermünze mit dem Bild eines Löwen, der einen faßartigen Helm trägt: *ich gab … zů zol von 15 lachken 10 puttrager* 1403 Runtingerb. II,205.

WBÖ V,282f.

[**Büttleins**]**t.** wie →[*Achsel*]*t.*2, MF, °SCH vereinz.: °*dös isch a Bittlastrager* Schulkind, das dem Lehrer alles anzeigt Gundelshm DON.– Zu →*bütteln* 'verklatschen'.

[**Mitt-tag**]**t.** jmd, der das Mittagessen aufs Feld trägt, OP vereinz.: *Mittótrocha* K'schwand VOH.

[**Decken**]**t.** Tragbalken der Zimmerdecke, °OB, °SCH vereinz.: °*Dekatroga* Pöcking STA.

[**Deichsel**]**t.** wie →*T.*3d, °OB, °NB, °OP vereinz.: °*Deichsldrocha* Kchnthumbach ESB.

WBÖ V,283.

†[**Teller**]**t.** Hausierer mit Tellern u. Schüsseln: *Täller Trager von Eggenfelden* 1760 BERGMAIER Ruhpolding 510.

[**Dielen**]**t. 1** wie →[*Decken*]*t.*: °*Duintroga* Pökking STA.– **2**: °*Dielenträger* „Querbalken der Tenne" Traidendf BUL.

[**Toten**]**t. 1** wie →*T.*1aδ, NB, OP vereinz.: *Dauntråga* Totenträger Aicha PA; *Von den Todtenträgern* Landr.1616 579.– **2**: °*Totentraga* Totenbahre Friedbg.

WBÖ V,283.

†[**Dracken**]**t.** einer der Männer, die bei der Fronleichnamsprozession in einer Drachengestalt stecken: „Ab 1730 wurde alljährlich *denen Drackhentragern* 30 kr. gegeben" Chron. Kiefersfdn 555.

[**Dreck**]**t. 1** von Menschen.– **1a** Handlanger beim Bau, Mörtelträger: *Drögtråga* Aicha PA.– Phras.: *stolz wie ein D.* u.ä. NB, OP vereinz.: *dea hod an Schtoiz wiara Dröcktroga* „bildet sich was ein" Metten DEG.– *Frech wia a Drecktrager* „sehr frech" Gotteszell VIT.– *Aufdrehen wie ein D.* u.ä. sich aufspielen, großtun, °OB, °NB vereinz.: *dea draht auf als wie a Drecktråga* „großer Sprüchemacher" Marktl AÖ;– schimpfen, aufbegehren, °OB, °NB vereinz.: °*aufdrah wia a Drekdrågå* Ensdf MÜ.– *Der spricht wieda wia a Drecktraga* den Mund voll nehmen Fdkchn AIB;– *der spricht wia a Drecktroga* „führt unanständige, obszöne Reden" Endlhsn WOR.– **1b** abwertend.– **1bα**:

°*Drecktrager* „Schmierfink" Peterskchn MÜ.– **1bβ** wie →[*Achsel*]*t.*2: *Drecktrager* Ehrabschneider Holzen WOR.– **1bγ** Schimpfw. allg.: °*Dregdroga* „Lümmel, Nichtsnutz" Birnbach GRI; *Drecktraga* SCHNEIDER Schimpf-Kal. 1971 (31. März).– **2** Schuhe mit grober Sohle, in der sich Schmutz hält: °*mit dene Dreegdroga gehst ma ned ins Haus eine!* Stammham AÖ.

WBÖ V,283.

†[**Treus**]**t.** wie →*T.*1b: *als ein trewßtrager* Mockersdf KEM 1456 VHO 63 (1911) 25; *Treußtrager vnd Versorger seyn/ biß die Kinder 21. Jar jhres Alters volkömmlich erraichen* Landr.1616 225.

SCHMELLER I,637f., 653; WESTENRIEDER Gloss. 587.– WBÖ V,280.

[**Trink(en)**]**t.** wie →[*Brot-aus*]*t.*2, NB vereinz.: *Trinkatroga* Person, die Essen und Trinken aufs Feld bringt Fürstenzell PA.

[**Drischel**]**t. 1** †jmd, der bei der Fronleichnamsprozession einen Dreschflegel trägt: *Zwei Trischelträger* Mchn 1587 K.A. MUFFAT, Beschreibung der prachtvollen Fronleichnams-Prozession, München 1839, 25.– **2** wie →[*Achsel*]*t.*2, NB, °OP vereinz.: °*a rechta Trischltrager* „Mensch, der jeden Tratsch herumträgt" Vilzing CHA.

[**Tritschel**]**t.** wie →[*Achsel*]*t.*2, °NB, OP vereinz.: *Tritschltrocha* Zuträger Dörfling ROD.– Zu →*Tritschel* ‘Geschwätz’.

[**Truh(en)**]**t.**, †[**Trühlein**]- **1** wie →*T.*1aδ, °OB, °OP, °MF vereinz.: °*Truchatrocha* „Sargträger" Schnaittenbach AM; *Dabei habn sie alle auf d'Füaß vo de Truchtraga gschaugt* M'nwd GAP SHmt 48 (1959) 117.– **2** †wie →[*Brief*]*t.*4: *Brief- oder Trüchltrager … die Amtsschreiben und Zettl hin und wieder bringen* F.A. PÖHL, General-Instruction, München 1756, fol.3[r].

SCHMELLER I,660.– WBÖ V,283.

[**Eichel**]**t.** Eichelhäher: *Oachitraga* Hirschbach PAN.

[**Ei(er)**]**t. 1** Eierhändler, °OB, °NB, °OP, °MF vereinz.: °*Oiatråga* Grafenrd VIT.– **2** jmd, der bei der Pfingstprozession Eier einsammelt: *d Oatrocha* Passau.

WBÖ V,283.

[**Ein**]**t. 1** Dienstbote, der Besorgungen macht: °*Eitraga* O'neukchn MÜ.– **2** Arbeiter, der das geformte Glas zum Kühlen trägt, fachsprl.: °*in die Ferien howi a poarmål als Eidrocha goawat* „die Glaswaren zum Abkühlen auf ein Förderband gestellt" Windischeschenbach NEW; „Die *Einträger* … hatten die Aufgabe, die Einblasformen einzunetzen … das Glas von der Pfeife zu schlagen … das heiße Glas mittels einer Gabel zum Kühlofen zu transportieren" HALLER Geschundenes Glas 29.– **3** wie →[*Achsel*]*t.*2, °OB, °NB, MF vereinz.: °*Eitraga* „erzählt alles weiter, um sich wichtig zu machen" Osterhfn VOF.

WBÖ V,283.

†[**Eisen**]**t.** Eisenhändler: *das Mandl J. … etlich eysen durch sich selbs ausserhalb der gesworনen eysentrager in sein behausung gelegt* 1516 Urk. Juden Rgbg 293.

WBÖ V,280.

[**Essen**]**t.**, [**Zu-essen**]- **1** von Menschen.– **1a** wie →[*Brot-aus*]*t.*2, OB, NB, OP, MF vereinz.: *Zessntrocha* „bringt Essen und Trinken aufs Feld" Waidhs VOH.– **1b** †Truchseß: *essentrager* Herrenchiemsee RO 15.Jh. Lib.ord.rer. I,187,1.– **2** Behälter, in dem Essen aufs Feld getragen wird, °NB (v.a. NO), °OP (v.a. O) mehrf., OB, OF, MF, SCH vereinz.: °*Essntroga* „aus Lindenbast geflochtenes Netz" Rattenbg BOG; *Suaviel Kniala sen doch gaouer niat eiganga innaran Essntrocher!* SCHEMM Stoagaß 60.

WBÖ V,280.

[**Fahn(en)**]**t.**, [**Fähnlein**]- Fahnenträger, °OB, NB, °OP, SCH vereinz.: *a guata Fa*[n]*altraga låußts sche*[n] *a da Luft wachaln* Mittich GRI; *Olle Himme-, Kreiz- und Fahndltroga zum Wiad* WANDTNER Apfelbaum 66; *portantibus vela, fanntrager* Moosburg FS 1481-1523 MITTERWIESER Fronleichn. 37; *Dem Fahnentrager, Mesner und Vorsinger … 26 Kr.* 1641 WAGNER Kapfelbg u. Poikam 100.

WBÖ V,283.

[**Federn**]**t.** Hausierer mit Bettfedern: °*Födantråga* Wimm PAN; *Mei Vada is a böhmischa Födantraga* Bayerwald 27 (1929) 108.– Phras.: *dahoam ham d' Fedandroga aa Weiwa!* [für jeden gelten die gleichen Rechte] BAUER gut bayer. 170.

†[**Fell**]**t.** wie →[*Bälglein*]*t.*: *Von wahren, tuech- und fehltragern, auch andern außla*[e]*ndischen und fremden kra*[e]*mern* 1658 WÜST Policey 691 (Landsordnung Oberpfalz).

SCHMELLER I,709.– WBÖ V,280.

[**Feuer**]**t.** wie → *T.* 1aγ, °OB vereinz.: °*da Feiadroga* Rechtmehring WS.
WBÖ V,283f.

Mehrfachkomp.: [**Oster-feuer**]**t.** wie → *T.* 1aγ, °OB vereinz.: °*Osterfeurtroger* „Buben, welche den Osterbrand zu Nachbarn und Verwandten tragen" Lenggries TÖL.

– [**Ge-weiht-feuer**]**t.** wie → *T.* 1aγ, °OB vereinz.: °*Gweichtfeiertrager* „tragen am Karsamstag das Osterfeuer von Haus zu Haus" Teisendf LF.
WBÖ V,283f. (Weih-).

[**Fleisch**]**t.** Gestalt in einem Rauhnachtspiel, die Fleisch einsammelt: *sunst kimmt ma da Fleischtroger a glei no* Meßnerschlag WEG Miller Lkr.WEG II,53.
WBÖ V,284.

†[**Frucht**]**t.**, [**Früchte**]- **1** Hausierer mit exotischen Früchten: „Der *Früchttrager*, eigentlich *Welschen-Früchttrager*" Mchn Schmeller I,806; *Fruchttrager* „Ein bürgerliches Gewerbe in München" Zaupser 27.– **2** Busen, weibliche Brust: *an den frawen, die chindlein genesen sind, haizzend sie … fruhttragerlein* KonradvM BdN 49,5f.
Delling I,187; Schmeller I,653, 806; Zaupser 27.

[**Geißel**]**t.** scherzh. Pferdeknecht: „der … Roßknecht und Kutscher … hatte den Spottnamen *Goißltroga*" St.Englmar BOG VHN 94 (1968) 119.

[**Geist**]**t.** Hausierer mit Arzneimitteln, OB vereinz.: *Geistdroga* Rechtmehring WS; „alle *Geistträger*, welche mit solchen Essenzen und Lebensgeistern betroffen werden" Rgbg Inteligenzbl.Regen-Kreis 21 (1835) 31.

[**Gelt-es-gott**]**t.** schmarotzerischer Mensch: °*des is a so a Goidsgodtroga, dea mecht ois umasischt* O'neukchn MÜ.

†[**Gerben**]**t.** Hausierer mit Bierhefe: *Ich Heinrich der gerbentragår … vergich … daz ich geselschaft gehabt han mit den, di di gerben herauz von Peheim tragent* 1358 Rgbg.Urkb. II,127.
Schmeller I,935.

[**Palm-gert(en)**]**t.** wie → [*Palm*]*t.*, °NB, OP vereinz.: *Bålngatträga* Palmbuschenträger Zandt KÖZ; „Als … die *Palmgartträger* … zum Stadtplatz zogen, machte der Regen Pause" Zwiesel REG Der Bayerwald-Bote … für den Lkr. Regen 70 (2015) Nr.74,24.

†[**Glas**]**t.** Hausierer mit Glaswaren: *Mer von Jorgen Hueber glastrager Burgerrecht 11 fl.* 1569 Stadtarch. Rosenhm GRE 13, 23 (Rechnung); *daß den in- und ausländischen Glasträgern außer den Dult- und Jahrmärkten alles Hausieren … verbotten* Mchn 1786 Slg.Kurpfalz-Baier.Landesverord.1784-1799 IV,707.
WBÖ V,284.

[**Herr-gott**]**t.**, †[**-gottlein**]- **1** Mann, der bei der Fronleichnamsprozession das Kreuz trägt, NB, °OP vereinz.: *Heagoddråga* Frauensattling VIB.– **2** Hausierer mit Christusbildern: *Herrgottlein-Trager* Schmeller I,1153; *der Herrgottrager* Winkler Heimatspr. 70.
Schmeller I,1153.

[**Hadern**]**t.** Lumpensammler: *Hodantroga* O'audf RO.

†[**Häfen**]**t.** Hausierer mit irdenem Geschirr: *Häfentrager* 1744 Bergmaier Ruhpolding 510.
WBÖ V,285.

[**Himmel**]**t.** Mann, der bei der Fronleichnamsprozession den Baldachin trägt, °OB, °NB, °OP vereinz.: „*d Himedroga* sind die Mitglieder der Kirchenverwaltung" Haimhsn DAH; *de vier Himmldrocha* Judenmann Opf.Wb. 80; *Am Tag Corporis Christi Herrn Pfahrrer sambt den … himeltragern verzörth 2 fl 8 Kr 4 hl.* Kapfelbg KEH 1619 Wagner Kapfelbg u. Poikam 92.
WBÖ V,285.

[**Hin**]**t.** wie → [*Achsel*]*t.*2, OB, °NB vereinz.: *Hidroga* Zuträger Anzing EBE.

[**Hinter**]**t.** wie → [*Achsel*]*t.*2, °OB, NB, OP vereinz.: *Hintertroga* Verleumder Donaustauf R.

[**Hin-und-her**]**t.** wie → [*Achsel*]*t.*2, OB, °NB vereinz.: *an Hinundhertraga macha* „ehrabschneiderisch, ohrenbläserisch sein" Pfaffenbg MAL.

[**Hörnlein**]**t.**: *Höirltrager* „Rauchtabak in einer Rolle" Berchtesgaden.

[**Hosen**]**t.** **1** Hosenträger, °Gesamtgeb. vielf.: *wo han meinö Hosntraga?* Simbach PAN; *a voschwitzta Hosndrocha* Nabburg; *Huas'ntroocha* Braun Gr.Wb. 276; „in der Vormundschaftsrechnung … 9 Kreuzer *vor einen Hosenträger*" Wunsiedel 1664 Singer Kloaida-Schrank 57.– Phras.: *a Fejd wia-r-a Hosndråga* „schmales Feld" Höhenstadt PA.– **2** übertr. langes,

schmales Feld, OB, NB, OP vereinz.: *Hosntroga* Erding.– **3** †Angeber, Wichtigtuer: *wo mir … ein solcher unerfahrner, junger Hosenträger weiß machen wollte, er hätte im vorgewesten Türkenkrieg solche Tapferkeit ausgeübt* MEIDINGER Verfall 118.
WBÖ V,285.

[**Schub-karren**]**t.** wie →*T.* 2dα, °OB, °NB, °OP, °MF vereinz.: °*Schubkarrnträger* „zur Entlastung der Arme“ Rohr SC; „daß der Mann über die Schultern einen *Schubkarrenträger* oder einen Strick gehabt haben muß“ A. SCHARRER, Der Hirt von Rauhweiler, Berlin 1946, 220.– S. Abb. 3.

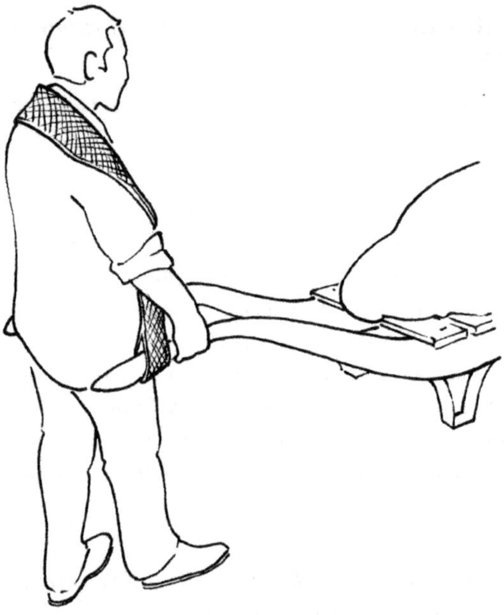

Abb. 3: *Schubkarrentrager* (Rohr SC).

[**Käse**]**t.**: *is des a Kastroga* „jemand, der sehr blaß ist“ O'audf RO.

[**Kittel**]**t.** Faschingsgestalt, die Unterröcke trägt: „*Kitteltrager*. Stellt ein altes Weib oder eine Hexe dar … Über die Schultern zieht man einen … Unterkittel … untenherum ebenso“ Werdenfels Bayer.Heimatschutz 23 (1927) 128.
WBÖ V,285.

†[**Klein**]**t. 1** Kleinbauer: *einiger Clein Trager die bey ihren Heusern dergleichen* [Gänse u. Enten] *ohnne anderer Leith Beschwerdte … nit erhalten mögen* 1709 BREIT Verbrechen u.Strafe 95.– **2**: „*Kleintrager* … Fischer, die nur mit kleineren Netzen, Reusen und Angeln fischen durften“ Waging LF 1556 OA 90 (1968) 149.
WBÖ V,285.

[**Koffer(lein)**]**t. 1** wie →[*Ge-päck*]*t.* 1: *Koffatrega* Fürstenfeldbruck; „Die *Kofferträger* haben im Dienste eine Schirmmütze mit der Aufschrift 'Kofferträger' … zu tragen“ Instruction für die Kofferträger auf den königlich bayer. Staats-Eisenbahnen, München 1876, 3.– **2** wie →[*Achsel*]*t.* 3: *Kofferltrager* Pattendf ROL.

[**Krapfen**]**t.** Gestalt in einem Rauhnachtspiel, die Krapfen einsammelt: *Der Kropfntrager tritt auch herfür* Meßnerschlag WEG MILLER Lkr.WEG II,53.
WBÖ V,285f.

[**Krätten**]**t.**, [**Krättlein**]- wie →[*Achsel*]*t.* 2, °OB vereinz.: °*Krattlatrager* „verrät andere“ Reichenhall.
WBÖ V,284f.

[**Krax(en)**]**t.** wie →[*Bunden*]*t.*, °OB, °NB, °OP, MF vereinz.: *da Kraxndrocha hod a Brülna und Aungglesa zon vokafa* Altfalter NAB; „daß die Ammergauer *Kraxentrager* auch mit Glasmalereien ziemlich weite Handelschaft getrieben haben“ Bayer.Heimatschutz 22 (1926) 48; *gleich wie es die Kräxentrager also zu tragen pflegen* 1702 BREIT Verbrechen u.Strafe 272.– Phras.: *jeden K. daherbringen* u.ä. in der Heiligenlitanei zu viele Heilige aufzählen: *do bringans nacha jedn Kraxntroga dahea!* O'audf RO; *Heut hat er wieder an jeden Kraxentrager in der Reißn!* ANGERER Göll 146.
WBÖ V,285.

[**Kreuz(lein)**]**t. 1** jmd, der bei einer Prozession od. einem Leichenzug das Kreuz trägt, °OB, °NB, °OP, °MF, SCH vereinz.: *an Kraizldråga muaß ma håm* Mittich GRI; „Dann ein Kind … genannt der *Kreizltrocher*“ FÄHNRICH M'rteich 293.– **2** scherzh. Ehepartner, OB, OP vereinz.: *zwoa neue Kreiztrager* „frisch Vermählte“ Finsing ED; *dös wiad a Kraiztråcha* „er heiratet“ Herrnthann R.
WBÖ V,286.

[**Kürben**]**t. 1** Hausierer, der seine Waren in einem Rückentragkorb trägt: „die … *Kirmtrager*, die … von Hof zu Hof wandern und für die Städter Schmalz und Eier zusammenkaufen“ CHRIST Werke 557f. (Rumpelhanni); *Ez* *sol auch dhain churbentrager … nicht vail haben, dann am rechten marcht* nach 1320 Rgbg. Urkb. I,718.– **2** Tragriemen am Rückentragkorb, °OB, °OP vereinz.: *Kürmdrochara* Neunburg; *khirmdrōχə* Bieswang WUG nach SBS XIII,454.– Zu →*Kürbe* 'Korb'.

[**Latern(en)**]**t.**, [**Laternlein**]- **1** von Menschen.– **1a** jmd, der bei einer Prozession od. einem Leichenzug die Laterne trägt, °OB, °NB vereinz.: *Lodienträga* „hatten an hohen Stangen befestigte Traglaternen" Zandt KÖZ; „Für Beischaffung zweier Chorröcke für die *Laternenträger*" Pöttmes AIC 1752/1753 Heimatpfleger des Bezirks Oberbayern, Reihe A, H.11, Schongau 1956, 52.– **1b** übertr.– **1bα** neugieriger Mensch: °*Laternträger* N'viehbach DGF.– **1bβ** Kiebitz, Zuschauer beim Kartenspiel, °OB, °NB, °OP vereinz.: °*Laternltroga* Hahnbach AM.– **1bγ** Letzter, Schlechtester von mehreren: *Laterntrager* O'neukchn MÜ; „*Laterndltrager* wurde diesmal … die CSU" Rott WS Wasserburger Volksbl. 21.2.2012, 15.– **2** Leuchtkäfer: *Laternderlträger* Fürstenfeldbruck DWA III,13.
WBÖ V,280.

[**Latten**]**t.**: *Lattntrager* „Mann, der im Wirtshaus heimlich die Bierreste austrinkt, wenn andere Karten spielen" Gögging KEH.

[**Lehen(s)**]**t.** für ein Lehen verantwortliche Person, meist auch dessen Inhaber: *Lehensträga* Wdsassen TIR; *Der Vormünder ist Lehenträger: er muß daher lehenfähig seyn* Edict über die Lehen-Verhältnisse im Königreich Baiern, 20 (eingebunden in: Constitution für das Königreich Baiern, o.O. 1808); *Wir haben auch in dez vorgenanten hofs … ainen lehentrager geben* 1371 Urk.Heiliggeistsp.Mchn 164; *dann soll der Lehenträger schuldig seyn, wenn die Trümmer aus der Vierung fielen* 1784 Berggesetze 366.
WBÖ V,280.

[**Leichen**]**t.** wie →*T.*1aδ, °OB, NB, °OP vereinz.: *Laichnträga* Aicha PA; *hod a zu seiner Arbat aa no Leichentroger gmacht* Maier Was mir begegnet ist 71.
WBÖ V,286.

[**Leiter**]**t.** Halterung der Leiter am Leiterwagen: *Loatadroga* Dfbach PA.
WBÖ V,286.

[**Leuchter**]**t.** Ministrant, der einen Leuchter trägt: *dort sind die Leuchterträger* Haag WS; „Ein Kruzifix mit 2 *Leuchtertragern*" Der Bayer. Volksfreund 18 (1841) 1000; *nach unser Clostervesper haltet P. Cellerarius die Vesper mit 2 Leuchterträgern und einen Ceremonario* 1683 Piendl St.Emmeram 144.

[**Licht(lein)**]**t.**, †[**Lichter**]- **1** von Menschen.– **1a** wie →*T.*1aγ: °*d Liachtltroga* „tragen den Osterbrand heim" Halfing RO; „War man dann der erste *Liachtltrager* … so konnte man mit einer guten Entlohnung rechnen" Altb. Heimatp. 63 (2011) Nr.15,17.– **1b** †jmd, der Lichter, Laternen anzündet: *ain liechttrager, der gwalt hat zum altar liecht anzezünden* BertholdvCh Theologey 653.– **2** †irrlichternde Sagengestalt: „brennende Geister … *Lichterträger*" OP Bavaria II,247.– **3** übertr. †Morgenstern, Venus: *ze deutsch liehtrager darvmb, daz er ein minnecleiches lieht bringt* KonradvM BdN 90,16f.
WBÖ V,286.

[**Los**]**t.** derjenige, der den letzten Schlag beim Dreschen tut u. ein aus Stroh gebundenes Schwein zu einem, der noch nicht gedroschen hat, trägt: *Losträger* Mchn.– Zu →*Los* 'Muttersau'.

[**Bettel-mann**]**t.** wie →[*Brot-aus*]*t.*2: *Bellmotroger* „bringt Essen und Trinken aufs Feld" Irgertshm IN.– Zu →[*Bettel*]*mann* 'best. Speise'.

[**Drischel-mann**]**t.** wie →[*Achsel*]*t.*2: *Drischlmatroger* Zuträger Pfeffenhsn ROL.

[**Mantel**]**t.**, [**Mäntelein**]- wie →[*Achsel*]*t.*2, °OP vereinz.: *Mandltrocha* Mensch, der andere heimlich verleumdet Wdmünchen.

[**Pritsch-maul**]**t.** wie →[*Achsel*]*t.*2: *Pritschmaultroga* O'bergkchn MÜ.– Zu →*pritschen* 'ausplaudern, verklatschen'.

†[**Mithridat**]**t.** wie →[*Geist*]*t.*: *Meadritoattragar* „mit Ölen und Arzneiwaren handelnde Zillertaler" Hoheneicher Werdenfels 46.
Schmeller I,1690.

[**Mörtel**]**t.**, †[**Morter**]-, [-ö-]- **1** wie →[*Dreck*]*t.*1a, °OB, °NB, °OP vereinz.: *da Meatldråga* Mittich GRI; *Meătltràgă* „Handlanger" Federholzner Wb.ndb.Mda. 149; *mortertragern IX taglon ze VIII d* Ingolstadt 1489 Sammelbl.HV.Ingolstadt 99 (1990) 194 (Rechnung); *für Tagwerker, Stain-, Mertl- und Wassertrager 20 fl 36 kr* O'ding ED 1702 Heimatpfleger des Bezirks Oberbayern, Reihe A,

H.14, Schongau 1958, 6.– Phras.: *aufdrehen / aufschneiden wie ein M.* u.ä. prahlen, großtun, °OB, °NB, °OP, °OF vereinz.: °*dea draht auf wia-ru Märtltråga* „ist ein Aufschneider" Moosach EBE; *Deà drààd auf wià-r-à Meàddldrǫgà* KAPS Welt d.Bauern 80;– *aufdrehen / schimpfen wie ein M.* u.ä. schreien, schimpfen, aufbegehren, °OB, °NB, °OP vereinz.: °*afdrahn wej a Mertltroger* Neukchn KÖZ;– °*dea draht af wie a Mörtelträger* „kommt in eine gute Stimmung, ist redelustig" Fronau ROD.– **2**: *da Meadldråga* „Blechwanne, in der Mörtel getragen wird" Ebersbg.

[**Nach**]**t.** wie →[*Brot-aus*]*t.*2: *da Nachtrager* „bringt Essen und Trinken aufs Feld" Wegscheid.

[**Nachher**]**t.** wie →[*Brot-aus*]*t.*2: *Nauchatrogar* Vilseck AM.

[**Nachhin**]**t.** wie →[*Brot-aus*]*t.*2, OP vereinz.: *Nåchedrocha* Fürnrd SUL.

[**Öl**]**t. 1** Hausierer mit Öl, OB vereinz.: *Oidroga* „Öl wurde auf dem Rücken hausiert, aus Butten" (Ef.) Staudach (Achental) TS.– Phras.: *der schwitzt wiar an Oidroga* „schwitzt stark" Staudach (Achental) TS.– **2** †wie →[*Geist*]-*t.*: „1805 erließ Landesdirektor Graf Kreith zu Amberg ... Aufträge ... die auswärtigen *Ölträger* ... nicht mehr hereinzulassen" VHO 52 (1900) 219; *die in der Hofmarkt ansäßigen Oeltrager, mit Katharinenoel, Stainoel, Mithridrat* BUCHER Charfreytagsprocession 32.– **3** scherzh. langweiliger Mensch: *Öitroga* „Spottwort" Passau.

SCHMELLER I,61.– WBÖ V,286.

Mehrfachkomp.: [**Pech-öl**]**t.** Hausierer mit Pech, Harz: *Pechötroga* „Händler mit Harzöl" O'audf RO; „die hausierenden *Pechölträger*" Tölz 1745 Bayerld 1 (1890) 106.

WBÖ V,286.

[**Rädlein**]**t.** Schubkarren: *rǭldrǭxa* Kelhm nach SNiB VI,172.

[**Reff**]**t.** wie →[*Bunden*]*t.*, °OP vereinz.: °*Refdrocha* (Ef.) Kchnthumbach ESB; *Der Reftrager* „Händler, der seine Waaren, besonders Victualien, als Geflügel, Eyer, Schmalz u. dgl., auf dem Rücken herumträgt" SCHMELLER II,66; „daß man künftig gegen *refftragern und victualverschlaichern* energischer vorgehen werde" Auerbach ESB Mitte 17.Jh. HELM Konflikt 106.

SCHMELLER II,66.

[**Ruck**]**t.**, [**Rück**]- Brustriemen am Zugtiergeschirr, °OB, °NB, °OP vereinz.: °*Rucktråga* „10 cm breiter Riemen mit Taschen für die Stränge, am Bauch schmäler und mit einer Schnalle geschlossen" Marktl AÖ; „ein Pferdegeschirr, *Rucktrager* mit Bauchgurte und Seitenblätter von Leder" Prien RO Kreis-Amtsbl. OB 1866, Beil., 717.

[**Säcklein**]**t.**, †[**Sack**]- Arbeiter, der Säcke trägt, NB vereinz.: *da Sackldråga* Mittich GRI; *Saggldrocha* JUDENMANN Opf.Wb. 134; *zur Bestreitung der Kosten auf Sackträger* BUCHER Werke III, 2. Abtheilung, 102.

SCHMELLER I,653, II,221.– WBÖ V,287.

†[**Salz**]**t.** Arbeiter, der Salz trägt: *Johann Georg Lerheimer, Beisitzer und Salztrager* Regensburgische Frag- u. Anzeigsnachrichten 41 (1802) 161; *die saltzmesser und salcztrager* 1470 Runtingerb. III,75; *Salztrager* Straubing 1634 JberHVS 54 (1957) 103.

WBÖ V,287.

[**Sam**(**en**)]**t. 1** Hausierer mit Pflanzensamen, °OB, °NB vereinz.: *Samtroga* „verkauft Samen und Gewürze" Rechtmehring WS; *Do san so Samatroga umanandganga, die hom a hoizane Buttn ghot* St.Englmar BOG VHN 93 (1967) 38.– **2** Pflanze.– **2a** Pflanze, die zum Aussamen dient: °*Samtrager* „Blumen, Bäume, die man stehen läßt" Pittenhart TS.– **2b**: *der Samtroga* „weibliche Hanfpflanze" Staudach (Achental) TS.

WBÖ V,287.

[**Sau**]**t.** wie →[*Los*]*t.*: °*Sautroger* „der den letzten Drischelschlag ausführt und deshalb ein Strohschwein zum Nachbarn trägt" Indersdf DAH.

[**Saum**]**t.**[1] Mann, der Waren mit Hilfe von Lasttieren befördert, °OB, °NB vereinz.: °*Samdråga* „transportierten früher Salz" Inzell TS.

[**Saum**]**t.**[2] **1** jmd, der den Kleidersaum od. die Schleppe von jmdm trägt, °OB vereinz.: °*Saamtroga* „hebt den Saum des Rauchmantels an" Weiherhammer NEW.– **2** übertr.– **2a** wie →[*Achsel*]*t.*3, °OB, °OP vereinz.: °*a Saamtråga* „Wohldiener" Rosenhm.– **2b** säumiger Mensch: °*a so a Samtrocha!* „wenn einer etwas Wichtiges versäumt" O'viechtach.

[**Schleif**]**t.** Teil der Bremsvorrichtung am Leiterwagen, NB, °OP vereinz.: °*Schleiftroga* „Kantholz am Pferdewagen, welches hinter den Vorderrädern die Bremsklötze hält" Fronau ROD.
WBÖ V,287.

[**Schlepp(en)**]**t.** wie →[*Saum*]*t.*²1, °NB vereinz.: °*Schlepptrager* „Kind, das die Schleppe der Braut trägt" Winklsaß MAL.– Auch scherzh. Trauzeuge: *Schleppntroga* Lauterbach REH.

[**Schlüssel**]**t.** Träger des Schlüssels eines Stadttors, (öffentlichen) Gebäudes: „An Geld erhielten entschädigt der *Weihbrunnkesselträger* ... und der *Schlüsselträger* je zwei Tagschichten" Kriss Sitte 61; „Die *10 Schlüsselträger* ... das sind die 6 Torwarte und vier Torbeisitzer" 1646 Fischer Verwaltung 474.– Phras.: *Jungfrau Marias Schlüsseltrager* „Marienkäfer" Winkler Heimatspr. 131.

[**Schmalz**]**t.** Hausierer mit Schmalz, ä.Spr., in heutiger Mda. nur in Phras.: *Anna Hofreitherin, Ist vmb daß sie von ainem frembten Schmalztrager, haimblicher weiß, Schmalz khauft* [gestraft] *p: 34 kr. 2 fl.* 1616 Stadtarch. Rosenhm GRE 49, fol.31ᵛ (Rechnung).– Phras.: *schwitzn wia a Schmalztrager* „heftig schwitzen" Törwang RO.
WBÖ V,287.

[**Schotten**]**t.** Hausierer mit Quark, in Phras.: *dea schwitzt wia Schottntroga* „schwitzt stark" O'audf RO.
WBÖ V,287.

[**Schwamm**]**t.** jmd, der den im Osterfeuer zum Glühen gebrachten Baumschwamm heimträgt: °*Schwammtrager* „trägt den gebrannten und geweihten Zunder" Ismaning M.

Mehrfachkomp.: [**Oster-schwamm**]**t.** wie →[*Schwamm*]*t.*: °*d Osterschwammtrager san do* „sie erhalten Eier" Bayersoien SOG.

†[**Seil**]**t.** Schiffsknecht, der beim Treideln für die Seile verantwortlich ist: „Außer den Genannten befand sich auf dem Hohenauer noch der *Seiltrager* (Seilaufsetzer) mit gleichfalls 15 fl." Passau 1.H.19.Jh. Bayerld 11 (1900) 284; *das khainem ... schifkhnecht, er sej ... steurer, vorreiter, sailtrager ... vber ain anläg ... in das lannd zefuern gestat werde* um 1552 Wüst Policey 457.
WBÖ V,287f.

†[**Sessel**]**t.** Sänftenträger: *Seßelträger* Schmeller II,333; *Sobaldt sÿe Sessltrager, einen an sein orth, wohin er daz tragerlohn bezahlt, werden getragen haben* Mchn 1688 Cgm 2093, fol.3ʳ.
Schmeller II,333; Zaupser 71.– WBÖ V,288.

[**Speisen**]**t.** Ober im Kartenspiel, °OB, °OP vereinz.: °*Speisenträger* „beim Watten" Hahnbach AM.

[**Sperr**]**t.** wie →[*Schleif*]*t.*, OB, NB vereinz.: *Schbiadroger* „der Unterbau für den Sperrprügel" Mchn.

[**Spieß**]**t.**: *Spiaßtroga* „einer, der während des Gottesdienstes die Kirchenwache hält" Neubeuern RO.

†[**Stangen**]**t.**, [**Stänglein**]- **1** Mann, der bei einer Prozession eine (Fahnen-)Stange trägt: *Am Auffartstag ... den Fannen- und Stangentragern geben 45 Krz.* Rotthalmünster GRI 1640 Volk u. Volkstum 1 (1936) 213.– **2** Feuerwehrmann, der den Löschwasserbehälter an einer Stange trägt: *Die grosse Wasserspritzen ... sollen ... zum Feur bringen/ alle ... Faßzieher/ und Stangeltrager* Verneuerte Feur-Ordnung Der Hochfürstlichen Haubt- vnd Residentz-Statt Passau, Passau 1701, E2ʳ.
WBÖ V,288.

[**Stecken**]**t.**, [**Steckelein**]- wie →*T.*1aγ, °OB, °NB vereinz.: „die *Steckerltrager* machen aus dem im Osterfeuer geweihten Holz kleine Kreuze, die sie gegen Hagel in die Felder stecken" Tittling PA.
WBÖ V,288.

[**Stein**]**t.** Bauarbeiter, der Steine trägt, OB, NB vereinz.: *Schtoatroga* Hohenpeißenbg SOG; „die *Stoatrager*, die ... ihre Last bis zum vierten Stock auf den Bau hinauftrugen" Altb. Heimatp. 9 (1957) Nr.14,7; *Ainem Stain oder Mertertrager ... zehen pfenning* Landesord. 1553 161ᵛ; *für Tagwerker, Stain-, Mertl- und Wassertrager* O'ding ED 1702 Heimatpfleger des Bezirks Oberbayern, Reihe A, H.14, Schongau 1958, 6.
WBÖ V,288.

[**Strang**]**t.**, [**Stränge**]- Teil des Pferdegeschirrs, durch dessen Ende der Strang geführt wird, NB, °OP vereinz.: *Bauchgurt und Strangtroga* Ursulapoppenricht AM; „Glockenspiel auf dem *Strangträger*" M. Petzet, König Ludwig II. u. die Kunst, München 1968, 213.– S. Abb. 4.

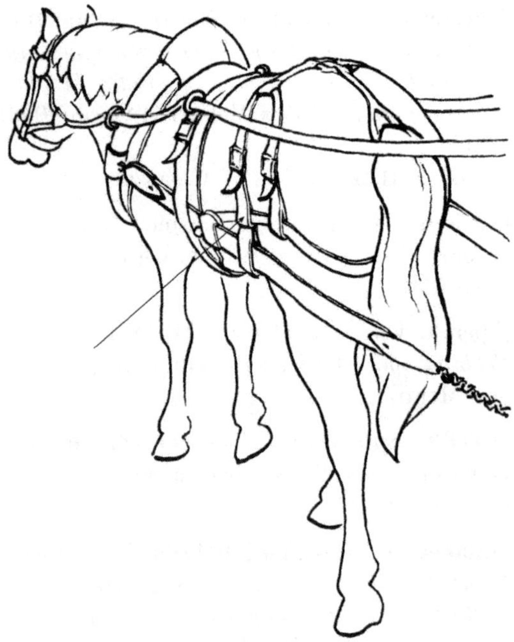

Abb. 4: *Strangtrager* (Arrach KÖZ).

[**Sturpen**]**t.** Hausierer mit Skorpionen, OB vereinz.: „die *Sturpentroga* aus dem Zillertal bringen in Rinden verpackte lebende Skorpione, die in Baumöl destilliert als Heilmittel verwendet werden“ Kiefersfdn RO; „der *Sturpntrager* mit lebendigen Skorpionen, die er in einer großen, mit Gras und Grünzeug gefüllten Schachtel verwahrte“ HAGER-HEYN Dorf 194.– Zu einer Nebenf. von →*Skorpion*.

[**Suppen**]**t. 1** wie →[*Brot-aus*]*t.*2, OP (v.a. NM) mehrf., °OF, MF vereinz.: °*Suppndroocha* „Essenträger“ Thierstein WUN.– **2** wie →[*Essen*]-*t.*2, OB, NB, OP vereinz.: *Suppntrocherl* Behälter, in dem das Essen aufs Feld gebracht wird Dietldf BUL.

[**Um**]**t.**, [**Üm**]- wie →*T.*1aε, °OB, °NB, °OP, °OF vereinz.: *Imtroocha* „Hausierer mit Kleinwaren wie Schuhbändern und Knöpfen“ Arzbg WUN; „Die *Umdroger* hatten einen Holzkasten auf den Rücken geschnallt, der mit kleinen Fächern und Schubläden versehen war“ WILDFEUER Kchdf.Ld 36; *Die Handelsleuthe, Crämmer, Umträger ... sollen sich des Silber und Goldverkaufs ... enthalten* Rgbg 1746 VHO 9 (1845) 119.
WBÖ V,288.

Mehrfachkomp.: [**Her-um**]**t. 1** wie →*T.*1aε, OB, °OP, °MF vereinz.: °*a Rumträger wor dou* Rohr SC; *die kleinen Krämer und Herumträger* Mchn Churpfalzbaier. Regierungs-Bl. 1805, 251.– **2** wie →[*Achsel*]*t.*2, °OB, OP vereinz.: °*a Rumtrocha* „Verleumder“ Inzell TS.

[**Umher**]**t. 1** wie →*T.*1aε, °OB, °NB, OP vereinz.: *Umatrochara* Hausierer Söllitz NAB.– **2**: °*do is aso a Umadroga vo Siddiroi kema, dea hod ins a da Schdum des ganze Hoiz gschdriecha* „ein Handwerksbursch, der mit einer Kraxe umherzieht“ G'holzhsn RO.
WBÖ V,285.

[**Umhin**]**t. 1** wie →*T.*1aε, °OB, °NB, °OP vereinz.: *Umitroga* Teublitz BUL.– **2** wie →[*Achsel*]*t.*2: *a Umidråga* Verleumder Grattersdf DEG.
WBÖ V,285.

[**Waag**]**t.** Beschlag an der Deichsel, wo der Waagbalken eingehängt wird, OB, °NB, OP vereinz.: *da Waugtroga* Naabdemenrth NEW; „Die Wage ... war durch eine Öse mit dem Wagnagel beweglich an der Unterseite der Deichsel im *Wagträger* eingehängt“ HÄRING Gäuboden 93.
WBÖ V,288.

†[**Ge-walt**]**t.** bevollmächtigter Stellvertreter: *ein ieglicher prelat oder sein gewalttrager* Asbach GRI 1481? GRIMM Weisth. VI,131; *unserem ... Georgen Kueffer ... alsz gewalt- und lehentragern desz ... Christophen Abbten desz gottszhausz und closters zu gedachten Welttenburgh* Rgbg 1664 VHO 34 (1879) 64.
WBÖ V,280.

[**Wälzlein**]**t.** wie →[*Ein*]*t.*2: „Dazu kam ein *Batzler* (Lehrbub) oder ein ganz junger *Walzltroger*“ FÄHNRICH M'rteich 82.

[**Wasser**]**t. 1** von Menschen.– **1a** †Bauarbeiter, der Wasser trägt: *Stain-, Mertl- und Wassertrager* O'ding ED 1702 Heimatpfleger des Bezirks Oberbayern, Reihe A, H.14, Schongau 1958, 6.– **1b** wie →[*Achsel*]*t.*2, °OB, °NB, °OP, °SCH vereinz.: °*Wassertrager* „Verleumder“ O'ammergau GAP.– **1c** wie →[*Achsel*]-*t.*3, °OB vereinz.: °*Wassertrager* „einer, der jedem nach dem Mund redet“ Weilhm.– **2** best. Biene, fachsprl.– **2a** Arbeitsbiene, die Wasser holt, °OB, °NB, °OP vereinz.: °*der Wassertrager* Reichersbeuern TÖL.– **2b** Drohne, °OB, °NB, °OP vereinz.: °*Wassatrocharl* Nittenau ROD.– **3** Pfette, meist Mittelpfette, °OB, °NB vereinz.: *Wossadroga* Waakchn MB; „die ...

Pfettenbezeichnung *Wassertrager* aus der Gegend südlich von Rosenheim“ O. Moser, Das Pfettenstuhldach, Wien 1976, 45.

WBÖ V,288f.

[**Weg**]**t.** wie →[*Ein*]*t.*2: „Der Glaszylinder … kann vom … *wêgdrôxa* zum Kühlband gebracht werden“ Dürrschmidt Bröislboad 25.

[**Weih**]**t.** **1** wie →*T.*1aγ, °OB, °NB, °OP vereinz.: °*heid kema no de Weihtroga* Lenggries TÖL.– **2** jmd, der an Ostern Speisen zum Weihen trägt: *Weitrocha* Beilngries.

WBÖ V,289.

[**Wurzel**]**t.** Hausierer mit Kräutern: „Die *Kräutlweiber* und *Wurzeltrager*“ Höfler Volksmed. 70.

Schmeller II,1015 (Wurz-).– WBÖ V,289 (Wurzen-).

[**Zecker**]**t.**, [**Zieger**]- jmd, der bei der Pfingstprozession Gaben einsammelt: *Ziechertrager* Cham; „In Wilting [CHA] gehen 5, nämlich der *Pfingstl*, der *Schier* (Scherge), zwei *Weiser* und der *Ziechertrager* (Armkorbträger)“ Brunner Heimatb.CHA 180.– Zu →*Zecker* ‘Handkorb’.

WBÖ V,289.

†[**Zehent**]**t.** Verantwortlicher, der den Zehent einsammelt: „Im Jahre 1762 … wurden dem *Zehentträger* des Pfarrers 6 Garben Dinkl von dem klosterlichen *Zehentträger* … abgenommen“ Möning NM VHO 30 (1874) 67.

[**Brot-zeit**]**t.** wie →[*Brot-aus*]*t.*2, OB, °NB, OP vereinz.: °*Brotzeittråga* „Bub, der die Brotzeit aufs Feld bringt“ Sommerstorf EG.

[**Zeitungs**]**t.** Zeitungsverkäufer, OB, SCH vereinz.: *Zeitungstroga* Valley MB.

[**Zu**]**t.** **1** best. Arbeiter.– **1a** wie →*T.*1aε: *Zutrager* „Verkäufer“ Landau.– **1b** Gehilfe, der Material an einen best. Ort trägt: *Zuudrocha* „trägt Ziegel in den Brennofen“ Sulzbach-Rosenbg; „Ignaz war … der *Zuträger*, Kopierer, Bücherholer“ J. Maurer, Felsenfest, Frankfurt a.M. 2014, 314; „Die desinfizierten Sachen wurden von einem *Zutrager* … in die Stadt gebracht“ 1634 Fischer Verwaltung 540.– **1c** †wie →[*Dreck*]*t.*1a: *achthundert Maurer und ein ieder seinen zuedrager* Ried a.Samerbg RO 1784 (Br.); *Dem mertrichkhocher vnnd Zuetrager 3 tag 2 ß 13½ dl.* 1590 Stadtarch. Rosenhm GRE 28, 159 (Rechnung).– **2** wie →[*Achsel*]*t.*2, °OB, °NB, °OP vielf., OF, °MF, SCH mehrf.: °*des is dem sei Zuadroger* „der hinterbringt ihm alles“ Grafing EBE; *Zuatraga* „Denunziant“ Aicha PA; „Ein *Zuadroga* trägt wahre oder erlogene Neuigkeiten anderen Leuten zu“ Ilmberger Fibel 50.

WBÖ V,289.

[**Zuhin**]**t.** wie →[*Achsel*]*t.*2, OB, SCH vereinz.: *Zuahidroger* Zuträger Rohrbach ND; *Zouetroga* „Informant“ Edelsfd SUL Regler Opf. Dorf 106.

[**Zundel**]**t.**, [-**er**]- **1** wie →[*Schwamm*]*t.*, °OB, °NB, °OP vereinz.: *Zuntltroga* Miesbach; „Das geweihte Feuer wird … mit Hilfe von Feuerschwämmen, die im großen Osterfeuer angekohlt werden, von *Zunderträgern* heimgetragen“ HuV 6 (1928) 101.– **2** Vorrichtung, mit welcher der Baumschwamm ins Osterfeuer gehalten wird: °*Zundatråga* „dicker Draht mit Haltering und Haken für den Zunder“ Moosach EBE.

[**Zwerch**]**t.** **1** falscher, unaufrichtiger Mensch: °*Zwerträga* N’höcking LAN.– **2** Querriegel des Hosenträgers: °*Zwerchträger* Kreuth MB.

[**Zwie**]**t.** wie →[*Zwerch*]*t.*1: °*a Zwietroocha* Kchndemenrth NEW.

[**Zwischen**]**t.** wie →[*Achsel*]*t.*2, OB, NB vereinz.: *Zwischntråga* Verleumder Haarbach GRI.

E.F.

Tragerin, -ä-

F. **1** weibliche Person, die bei der Fronleichnamsprozession eine Statue trägt, OB, NB, OP vereinz.: *Trågarinna* Innernzell GRA.

2 Frau, die beim Hochzeitszug die Aussteuergegenstände trägt: *bring' an Nußgeist außa für die vier Tragerinnen* Meier Werke I,144 (G’schößlbauer).

WBÖ V,290.

Komp.: [**Om-ab**]**t.** Frau, die beim Dreschen die Spreu (→*Om*) wegträgt: „Das Arbeitsinstrument der *Ahm-Abtragerin* ist die große *Kirbn* [Rückentragkorb]“ Wiethaler Bauern Brot 58.

[**Achsel**]**t.** Zuträgerin, Verleumderin: *Achseltrochere* Singer Arzbg.Wb. 17; *alles glaubend*/ *was ihm die verfluchte Achseltragerin vorgeschwätzt* A. Strobl, Geistlicher Artzney-Schatz, Nürnberg 1701, 100.

[**An**]**t.** **1** Arbeiterin, die das Getreide zu Garben zusammenträgt: *d'A*^{n}*trogarin* Staudach (Achental) TS; *Antragerin* BECK Ökonomie U'finning 132.– **2** †Kupplerin: *die antragerinne* BERTHOLDvR I,335,32f.
WBÖ V,290.

[**Blättlein**]**t.** Zeitungsausträgerin: *Blattldragerin* Staudach (Achental) TS.

[**Prangen**]**t.** wie →*T.*1: *Prångatrågarena* Trägerinnen bestimmter Statuen bei der Fronleichnamsprozession Mittich GRI.

[**Brot**]**t.** Botin, die Brot zu den Kunden trägt, °NB vereinz.: *Bråudtrågarön* Simbach PAN; „wenn am Donnerstag die *kropfert Brottragerin* gekommen ist" C. HEIM, Kindheit u. Jugend in Deutschland, München 1984, 40; *die armen dúrfftigen sullen furohin den brottragerin kain gelt geben* 1485 Urk.Heiliggeistsp. Mchn 541.
WBÖ V,290.

[**Büttleins**]**t.** wie →[*Achsel*]*t.*: °*Büttlistrageri* „Klatschmaul" Buchdf DON.– Zu →*bütteln* 'verklatschen'.

[**Tragen**]**t.** wie →*T.*1: *dann kommen die Drongtrågarinna mit ihren Drongan* „Statuenträgerinnen" O'ndf KÖZ.

[**Eier**]**t.** Eierhändlerin: °*jetzt kimmt d Euerträgaren* Hausen KEH.

[**Fahn(en)**]**t.** Fahnenträgerin, OB, NB vereinz.: *Fandrågarön* „trägt bei der Fronleichnamsprozession die Fahne mit dem Muttergottesbild" Garham VOF.
WBÖ V,290.

[**Figur(en)**]**t.** wie →*T.*1, OB, NB, OP vereinz.: *Figuadrågarina* „Statuenträgerinnen" Frauensattling VIB.

[**Frau(en)**]**t.** weibliche Person, die bei der Fronleichnamsprozession die Muttergottesstatue trägt, OB, NB vereinz.: *Fraudrogarena* „vier weißgekleidete Jungfrauen mit blauen Schärpen" Simssee RO.
WBÖ V,291.

[**Mutter-gottes**]**t.** wie →[*Frau(en)*]*t.*, OB vereinz.: *vier Muadagodesdrågarina* Ettal GAP.
WBÖ V,291.

†[**Häfen**]**t.** Hausiererin mit irdenem Geschirr: „registrierte 1785 der örtliche Pfarrer auch eine *Hefenträgerin*, neben einer *Häfenträgerin*" Röslau WUN SINGER Vkde Fichtelgeb. 175.

[**Kind**]**t.** weibliche Person, die den Täufling trägt: „bringt die *Kindtragerin* ... das Kind" BERGMAIER Ruhpolding 225.

[**Kränzlein**]**t.** Mädchen, das bei der Fronleichnamsprozession einen Kranz im Haar trägt, OB, NB vereinz.: *di Kranzltrogerina* Inntal.

Mehrfachkomp.: [**Wetter-kränzlein**]**t.** Mädchen, das bei der Prozession an Christi Himmelfahrt einen Kranz im Haar trägt, OB, OP vereinz.: *Wedagranzldrocharin* Beilngries; „die blumengeschmückten Jungfrauen ... *Wetterkranzeln-Trägerinnen*" OB Bayerld 25 (1913/1914) 678.

[**Reff**]**t.** Hausiererin, Botin, die ihre Waren mit einem Rückentraggestell trägt, °OP (ESB) mehrf.: °„um 1930 gab es hier noch eine *Refftrågarin*, die Butter und Eier aufkaufte und Hefe von der Stadt mitbrachte" Gunzendf ESB; *die Refftragerin* WINKLER Heimatspr. 69.

[**Speise**]**t.** weibliche Person, die an Ostern Speisen zum Weihen trägt: *Schbeistrogarin* Ostin MB.

[**Statuen**]**t.** wie →*T.*1: *Schdaduanadrochana* „tragen bei der Fronleichnamsprozession die Statuen" Altfalter NAB.

[**Aus-steuer**]**t.** wie →*T.*2: „die *Ausstuiatrogarin* trägt bei der Hochzeit die Aussteuergegenstände mit einer *Spitzkörm* [Rückentragkorb]" Lam KÖZ.

[**Um**]**t.** Hausiererin, Botin, Frau, die Waren (zum Verkauf) trägt: °*iatz kimmt scho wieda so a Umdrogerin* Reit i.W. TS.
WBÖ V,291.

Mehrfachkomp.: [**Her-um**]**t.** wie →[*Um*]*t.*: *Die Rummtrogeri houts halt immer g'hasn* Oberpfälzer Heimatspiegel 28 (2004) 138.

[**Weih**]**t.** **1** wie →[*Speise*]*t.*, OB, NB, OP vereinz.: „*d'Weichtrågarön* ist immer die *Oberdiarn*" NB.– **2**: °*Weichtrogerin* „Mädchen, das an Maria Himmelfahrt den Frauenbüschel zur Weihe trägt" Lenggries TÖL.
WBÖ V,291f.

[**Brot-zeit**]**t.** weibliche Person, die Arbeitern Essen u. Trinken bringt, °OB, OP, °SCH vereinz.: *Broutzeitrocharin* Wdmünchen.

[**Zimmer**]**t.** weibliche Person, die Bauarbeitern Essen u. Trinken bringt, °OB vereinz.:

°*dö Zimmerträgerin kimmt* Inzell TS; „Zu diesem Gang auf die Baustelle taten sich immer zwei oder drei Dirnen als *Zimmertragerinnen* zusammen" HAGER-HEYN Dorf 259.

[**Zu**]**t.** **1** wie →[*Brot-zeit*]*t.*: °*a Zuatragerin* „bringt das Essen aufs Feld" Reichenhall.– **2** wie →[*Achsel*]*t.*, °OB vereinz.: °*des is a Zuatrogarin* „Verleumderin" Schützing AÖ.
WBÖ V,292. E.F.

tragerln
Vb.: *trocherln* „begatten" Neustadt KEH.
Etym.: Wohl Abl. von →*tragen.* E.F.

†Traget
M., Seidenstoff: „3 Ellen roten *Traget*" Furth CHA 1757 Oberpfalz 94 (2006) 357 (Inv.).
Etym.: Zu fachsprl. *Droguet*, frz. Herkunft; WBÖ V,292.
WBÖ V,292. E.F.

Traget(s)
N., F. **1** Tragegurt für Schubkarren: °*s Trogat* „aus starkem Gewebe, z. B. alten Feuerwehrschläuchen" Schnaittenbach AM.
2 Traglast, best. Menge, Bündel, °MF vielf., OF mehrf., OB, OP, SCH vereinz.: *a Trochat Hulz* Litzlohe NM; °*Tragats* Allersbg HIP; *Die Traget* „so viel auf einmal getragen werden kann, Bürde" EIH SCHMELLER I,653.
3 Geschenk für die Braut: *Tragat* „Kleiderstoff von Mutter oder Schwiegermutter, Butter, Mehl, Eier von den Verwandten am Vorabend der Hochzeit" Reit i.W. TS.
4 †Brei: *Dicz sal man alles clain stossen ztu aynem traget* 1392 Runtingerb. II,25.
SCHMELLER I,653.– WBÖ V,256 (Tragach), 259.

Komp.: [**Auf**]**t.** auf den Altar gelegte Gaben: *das Auftragets* „Viktualien, die beim Leichenzug mitgetragen und dann auf der rechten Altarseite für den Meßner abgestellt werden" Landsbg 1900.

[**Aus**]**t.** Unterhaltsleistungen der Erben nach der Besitzübergabe, Altenteil, °OB, °NB, °OP, MF, °SCH vereinz.: °*as Astrochats* Maxhütte-Haidhf BUL.

[**Heim**]**t.** Speisen, die man nach Hause mitbekommt, °OB, °NB vereinz.: *s Hoamtraget* „ein eingewickeltes Stück vom Nachtbraten für jeden Hochzeitsgast" Hfhegnenbg FFB; °*s Hoamtrågerts* „im Quartal einen Laib Brot für die Dienstboten, am Samstag und am Kirchtag Küchlein" Attenhsn LA. E.F.

†trägig
Adj., fruchtbar, ertragreich: *Paustat Laÿmig, vnd nit an allen ortten trägig* Neuötting AÖ 1556 MHStA Kurbayern Conservatorium Camerale 181,fol.237^r. E.F.

Tragler, -ä-
M. **1** Hausierer, Bote, der Waren (zum Verkauf) trägt, °OB, °NB, °OP vereinz.: °*Tragler* Aufkäufer von Lebensmitteln auf dem Land Reichenhall; „Spanferkel, Kitze, Gänse ... Butter, Schmalz und Eier werden von den ... *Träglern* ... nach Regensburg ec. verhandelt" VIT HAZZI Aufschl. IV,1,233; *daß das gericht voller trägler seye, die alles bey dennen heusern aufkhauffen und anderwertig hin vertragen* Straubing 1700 HELM Obrigkeit 228.
2 †Tagelöhner, Kleinbauer: „Der *Trägler* ... Hanns Gruber ... hatte sich wieder verheiratet" Geisling R 1689 Altb.Heimatp. 53 (2001) Nr.48,4.
DELLING I,131; SCHMELLER I,653; ZAUPSER Nachl. 40.

Komp.: [**Aus**]**t.** **1** Austrägler, °OB, °NB, °OP, °MF, °SCH vielf.: *da Austragla get schå gåns zåm* Mittich GRI; *af den Hof lebn d'Austragla a no* Cham; *des is no^u a jungr Ausdregler* Mering FDB; *gegen 80 Taglöhner, und etwa eben so viel Austrägler* TÖL HAZZI Aufschl. II,1,25; *Hock di her zu mir, alta Austragla* THOMA Werke VI,439 (Wittiber); *ALBER der HAFNÆR PHERTOLT austräglär* Ingolstadt 1325 MB XVIII,116; *mit den Austräglern, die in absonderlichen Häußlen sich aufhalten* 1682 SEIFRIED Gesch. 287.– **2** †wie →*T.*2: „Wer ein bloßes leeres Haus ohne Grund und Boden besaß, hieß ein *Leerhäusler, Austrägler*" WESTENRIEDER Gloss. 249.– **3** Zuträger, Verleumder: *Austragler, gfotzata ...!* „Tratscher ... falsch, hinterlistig" MM 4./5.4.1998, J2.
SCHMELLER I,655; WESTENRIEDER Gloss. 31; ZAUPSER 14.– WBÖ V,256.

[**Ei**(**er**)]**t.** Hausierer, Händler v.a. mit Eiern, °OB, °NB, °OP, °MF vereinz.: °*Euatrogla* „Eieraufkäufer" Lauterhfn NM; *Aərtráglə*' SCHMELLER I,653.
SCHMELLER I,653.

[**Ein**]**t.** **1** †jmd, der hilft, die Aussteuer ins Haus zu tragen: „die *Eintragler* ... die Nachbaren, die bei dem Einräumen des Mitgebrachten behülflich waren“ NB Bavaria I,990.– **2**: °*a so a Eintragler!* „Einschmeichler“ Garching AÖ.

[**Stadt**]**t.** wie →[*Eier*]*t.*: °„die *Stadttragler* tragen mit der *Spitzkirm* [Rückentragkorb] die Eier in die Stadt“ Herrnwahlthann KEH.

[**Um**]**t.** wie →*T.*1, °NB vereinz.: °*Umtrogler* „kauft Eier, Brot, Schmalz auf und verkauft es von Haus zu Haus“ Viechtach.

[**Zu**]**t.** wie →[*Aus*]*t.*3, °OB, MF, °SCH vereinz.: *Zoutrogler* Langenalthm WUG. E.F.

Traglerin, -ä-

F., Hausiererin, Botin, die Waren (zum Verkauf) trägt, °NB, °OP vereinz.: „die *Traglerin* kauft Eier, Schmalz, Butter auf und trägt sie in der *Spitzkirm* [Rückentragkorb]“ Schwandf; „*Träglerinen*, da die Bäuerinen ihre Erzeugnisse selbst nie zu Markte bringen sondern durch diese Weibspersonen *vertragen* lassen“ 1858/1859 Heimat TIR 20 (2008) 59.

Komp.: [**Aus**]**t.** Austräglerin, °OB, °SCH vielf., °NB, °OP, MF mehrf.: *Austraglarön* Kötzting; „*Austraglerin* und *Sennerin* zugleich“ Silbernagl Almsommer 124.

Schmeller I,655.

[**Eier**]**t.** Eierhändlerin, °NB, °OP vereinz.: °*d Oiatroglaren trogt mit da Spitzkirm* [Rückentragkorb] *d Oia zam* Nittenau ROD.

[**Umhin**]**t.** wie →*T.*: °*de Umetrochlaren is scho lang nima daugwest* Schnaittenbach AM. E.F.

-traglet(s), -ä-

N., nur im Komp.: [**Aus**]**t.** Unterhaltsleistungen der Erben nach der Besitzübergabe, Altenteil, °OB, °NB, °SCH mehrf., °OP, °MF vereinz.: °*der hat a schöns Ausdraglads* Thanning WOR; °*Astroglats* Batzhsn PAR; *Dei Austraglats is da ja sicher, des is advikatisch gmacht* Zwiebelturm 4 (1949) 191. E.F.

-träglich, -a-, †-tragentlich

Adj., nur in Komp.: [**ab**]**t.** nachteilig, schädlich, OB, NB vereinz.: *åtraglö* Aicha PA.

WBÖ V,292.

[**aus**]**t.** **1** †bedeutend, wichtig, entscheidend: *die christen … unains sind … auch so lange zeit her gar nichts treffenlichs noch außträglichs gehandelt haben* Aventin IV,16,16-18 (Chron.).– **2** vorteilhaft, hilfreich, wirkungsvoll: *austregli* Mchn; *deszhalb aimm vngetaufften, als aimm toden, kain ander sacrament oder artzney zeraichen noch awsztraeglich ist* BertholdvCh Theology 411.– **3** †rechtsverbindlich: *solche billige und austragentliche Gebote* Ingolstadt 1439 BLH I,139.

Schmeller I,654f.– WBÖ V,292.

[**ein**]**t.** einträglich, gewinnbringend, OB, NB, OP, SCH vereinz.: *s Gscheft is aidraglö* Mittich GRI.

WBÖ V,292.

[**er**]**t.** fruchtbar, ertragreich, NB, MF vereinz.: *gout ertrogli* Lauf.

[**ver**]**t.** verträglich, gutmütig, friedfertig, OB, NB, OP vereinz.: *votreglö* Hohenpeißenbg SOG; *verträglich* Schmeller I,656; *sich in jhren herbergen … friedlich, auch … verträglich verhalten* Rgbg 1641 Wüst Policey 779.

Schmeller I,656.– WBÖ V,292.

[**für**]**t.**, †[**vor**]- wie →[*aus*]*t.*2, OB, NB vereinz.: *dös is fiadraglö* Mittich GRI; *fürträglich, vorträglich* „nützlich, behilflich, dienlich“ Schmeller I,656; *Damit … die underthonen …. dester furtreglicher Hausen und gemainem nuz zu guetem dester mer viech erzieglen* Sachrang RO 1558 Peetz Volkswiss.Stud. 374.

Schmeller I,656.– WBÖ V,292.

[**nach**]**t.** **1** nachträglich, OB, NB, OP, SCH vereinz.: *nåchdraglö håd ea sö entschuidögt* Mittich GRI.– **2** nachtragend, OB, NB vereinz.: *dea is nit nochtreglö* Hohenpeißenbg SOG. E.F.

Tragödie

F. **1** Bühnenstück mit tragischem Ausgang: *I kenn a Tragödi ned von a Kommödi weg* Loew Grattleroper 77.
2 schrecklicher Vorfall, etwas, das als schlimm empfunden wird: *A Tragödi, die uns olle troffa hod, is!* Loew Grattleroper 16; *O traurig vnd erbärmlich ding| O klägliche Tragœdi* Gesangb. 126.

Etym.: Aus lat. *tragoedia*, gr. Herkunft; Kluge-Seebold 924. E.F.

Dragoner

M. **1** leichter Reiter, Angehöriger einer Reitertruppe: *Z' Cham wiad a Tragona am Scheitahaffa vobrennt* Schuegraf Wäldler 66.
2 resolute, männlich wirkende Frau: °*Dragoner* „sehr große Frau“ südl.OP; *Hosd … den Dragona gesehgn, den greislichn …!* Binder Saggradi 44.

3: „Das Erkennungsmerkmal der Männer von Berchtesgaden ist der *Dragoner*, ein im Kreuz an der Joppe angebrachter Riegel" AIBLINGER bayer.Leben 174.
4: °*Dragoner* „schwerer Schuh" Gleißenthal NEW.
Etym.: Aus frz. *dragon*; KLUGE-SEEBOLD 214.
WBÖ V,293.

Komp.: [**Erd-äpfel**]**d.** dummer, ungebildeter Mensch: *du konnst do gar ned mitredn, du Erdepfedragona, du gscheada ...!* BINDER Saggradi 54.

[**Kuchel**]**d.** scherzh. Köchin, Küchenmagd, °OB vereinz.: *a Kucheidragona* Valley MB; *Kuchldragoner* MM 6.7.90, 28.
WBÖ V,293. E.F.

†Dragun
(Genus?), Estragon (Artemisia Dracunculus): „Kräutersalat ... *Dragun*" HUBERINN Kochb. 415.
Etym.: Aus frz. *dragon*; [2]DWB VI,1304. E.F.

Tragung
F., ä.Spr., in heutiger Mda. nur im Komp., Tragen, Bei-sich-Haben: *sollen ... die Obrigkeiten ... gegen jhrem Leib/ mit tragung deß Lastersteins/ oder anderer offentlichen Schandtstraff ... verfahren* Landr.1616 707.

Komp.: [**Ab**]**t. 1** †Abtragen, Abbauen eines Bauwerks: *dz schwedische khriegs volckh ... wögen ab thragung der Bruggen verhindert worden* 1632 HAIDENBUCHER Geschichtb. 88.– **2** Bezahlung, Zurückzahlung: *Ich kann zur Abtragung meiner Schulden nichts anderes tun, als haarig zu arbeiten* H. AHRENS, Ludwig Thoma, Pfaffenhofen 1983, 322; *daß die standt solchen Aufschlag allain E. Fr. Drt. Schulden Abtrachung begern* 1606 H. LETZING, Die Gesch. des Bierbrauwesens der Wittelsbacher, Augsburg 1995, 56.
WBÖ V,293.

†[**Auf**]**t. 1** Auftragen, Servieren von Essen u. Getränken: *mit aufftragungen vnnd verraichung mancherley trachten, essen vnnd getranckhs* Neuburg 1568 WÜST Policey 646.– **2** Eintragung, Einzeichnen: „Der Ober-Geometer hat die *Auftragung* der trigonometrischen Punkte ... zu besorgen" G.F. DÖLLINGER, Slg der von ... König Ludwig erlassenen organischen Edikte u. Verordnungen, Bd V, München 1832, 47.– **3** Auferlegung: *die aufftragung einer Geltstraff* Landr.1616 13. E.F.

Drah, Kurbel, Kurve, →*Drehe.*

Trähe →*Träne.*

drahn →*drehen.*

Draht
M. **1** Draht, schnurförmiges Metall, °OB, °NB, °OP, OF, SCH vereinz.: °*dejs Viich had se an Drood din vafoochd* Garmisch-Partenkchn; *a Dräidl stelln* „eine Drahtschlinge als Falle" Naabdemenrth NEW; *drǫud* DÜRRSCHMIDT Bröislboad 37; *ain Centen grossen Eisnen Drat* 1498 Frsg.Dom-Custos-Rechnungen 785; *1 Korn Sieb von Draht* Hzmühl WUN 1763 SINGER Vkde Fichtelgeb. 75.– Phras.: (*wie*) *am D. gehen* u.ä. reibungslos funktionieren, OB, OP vereinz.: *des hupft wiar an Droht* Staudach (Achental) TS;– (*wie*) *auf D. gehen* u.ä. eingebildet daherstolzieren, OB, OP vereinz.: *der steigt dahea wöi in Dröilan* Mehlmeisel KEM;– trippeln, OP vereinz.: *der geht auf Dräiln* mit kurzen, schnellen Schritten Luitpoldhöhe AM. **2** Telefon-, Telegrafenleitung: °*die ganze Welt is voi Draht und vodraht* „aus dem Gleichgewicht, Wortspiel" Mchn.– Phras.: *auf D. sein* wachsam, gut orientiert, tüchtig, °Gesamtgeb. vereinz.: °*wers heint zu wos bringa wüll, der derf scha gscheit aaf Draht saa* Windischeschenbach NEW; *daaß mir ... durchaus modern und aaf Draaht sen* SCHEMM Neie Deas-Gsch. 64.– Übertr. Verbindung, Beziehung: *de braucht zo da Frein* [Lehrerin] *an guadn Droht* WANDTNER Apfelbaum 9.
3 Zwirn, fester Faden, OB, NB vereinz.: *wenn ma koan Draht nimma ham, kinna ma koa Hosn und koan Kidl nimma flicka* Hengersbg DEG; „mit Pech einen *Draht* gewachst" TREMMEL Bruckschlitten 16; *Spacus drât* wohl Aldersbach VOF 12./13.Jh. StSG. III,151,34.
4 Grat an der Schneide zu stark geschliffener Schneidwerkzeuge, °OB, °NB, °OP, °OF vereinz.: °*jetz håts Messa a Drahtl kriagt!* Ismaning M; *haout er ... sachta üwern Daama gstrichn, ob er koin Draouht oibracht haout* SCHEMM Stoagaß 150.
5 Geld, °OB, °NB, OP, MF vereinz.: *dåu låungd da Dråud nemma* Floß NEW; *tu nur dein Draht außer* KROHER Ache 526.– Phras. im Wortspiel

mit Bed.1: °*bei dem is da Draht z kurz* „er hat zu wenig Geld“ Mammendf FFB.
6 Unkraut, Pfln.– **6a**: °*er hat lautern Trat in seim Acker* „Unkraut und Wurzeln“ Vilshfn.– **6b** Kleeseide (Cuscuta Epithymum): *Droht* Kareth R.

Etym.: Ahd., mhd. *drât* stm., germ. Abl. von →*drehen*; Et.Wb.Ahd. II,759f.

Ltg, Formen: *drǭd* u.ä. OB, NB, südl.OP, *drǫud* OP, OF, MF (dazu IN).– Pl. *drạ̄d* OB, NB, südl.OP, auch *drạt* OB (dazu MAI), *drẹid* OP, OF, MF (dazu IN), vereinz. wie Sg. *drǫud* (R; ND), daneben ugs. *drẹ̄d*.– Dim. *drạ̄(d)l* u.ä. OB, NB, *drẹidl* OP.

Schmeller I,560, 571.– WBÖ V,324-326.

Abl.: *Drahtel*, *drahten*.

Komp.: [**Anker**]**d.** Draht zum Abspannen von Stangen, °MF mehrf., °OB, °NB, °OP vereinz.: °*Ankerdraht* „bei Telefonmasten“ Rottau TS; *ånkadrǭd* nach Meister Hallertauer Hopfenbauern 41.– S. Abb. 5 (a).

[**Auf**]**d.** Draht, an dem der Hopfen in die Höhe rankt: °*Aufdraht* Deggendf.– S. Abb. 5 (b).

[**Blumen**]**d.**, [**Blümlein**]- Blumendraht, OB, NB, SCH vereinz.: *Bleamidroht* Staudach (Achental) TS.– Phras.: *oh B.!* u.ä. Ausruf der Verärgerung, Verwunderung, °OB vereinz.: °*o Blumendrat! Hast du die Briaftaschn verlorn?* Wettstetten IN; *Ah Blumendraht, san de hoaß* Valentin Werke III,59.

WBÖ V,325.

[**Bogen**]**d.** Bogensehne: *Bongdroht* Chieming TS.

[**Darm**]**d.** Schwarze Nieswurz (Helleborus Niger) od. Grindampfer (Rumex obtusifolius): *Damdrad* „Zitterwurz“ Berchtesgaden.

[**Telegrafen**]**d.** Telegrafenleitung, OB, OP vereinz.: *Dellegrafmdraod* Floß NEW; *De sitzn beinand wia d'Stárl aufm Telegráfndråht* Wagner Zuwanderung 10.

WBÖ V,325.

[**Bi-fang**]**d.** dem Ackerbeet (→[*Bi*]*fang*) entlanglaufender Draht in der Höhe, an dem die Rankdrähte für den Hopfen befestigt sind: °*Bifangdraht* Mainburg.– S. Abb. 5 (c).

†[**Vier**]**d.** grober Wollstoff aus vierfädigem Garn: „Röcke aus schwarzem *Vierdraht* und Tuch“ WUN um 1680 Singer Kloaida-Schrank 66.

†[**Für**]**d.**, [**Vor**]- wie →[*Vier*]*d.*: *ain neues Reitgesäß von fürtradt* Mchn 1585 Bayerld 19 (1908) 389.

Schmeller I,745.

[**Glocken**]**d.** durch den Bergstollen laufender Draht zum Läuten der Alarmglocke, bergmannssprl.: *gloggndrod* „für den Bremser“ Huber Bergmannsspr. 13.

[**Häfelein**]**d.** Schneidedraht des Hafners, fachsprl.: *Haferldraht* „Draht mit zwei Griffen zum Abschneiden des Werkstücks von der Drehscheibe“ Grasmann Hafner Kröning 383.

[**Holz**]**d.** Holzdraht, °NB, °SCH mehrf., °OB, °OP, °MF vereinz.: *n Hoizdrat stejßn* zur Zündholzerzeugung Mittich GRI; °*Holzdraht* „dünne Stäbe, zu Sonnenblenden verarbeitet“ Hexenagger RID; „daß sich … Menschen ihr Brot durch *Holzdrahthobeln* verdienen“ Sauer Arbeiten Bayer.Wd Abb.47.

WBÖ V,326.

[**Hopfen**]**d. 1** wie →[*Auf*]*d.*: °*Hopfadraht* Langquaid ROL; „weil an den *Hopfendraht* nur wenige Triebe aufgeleitet werden“ W. Hösl, In der Hallertau der Jahre 1940 bis 1950, Norderstedt 2011, 212.– **2** die Hopfenstangen verbindender Draht quer zu den Ackerbeeten: °*Hopfadraht* Brunnen SOB.– S. Abb. 5 (d).

[**Kupfer**]**d.** Kupferdraht, OB, °NB, OP, SCH vereinz.: *Kupfadråd* Mengkfn DGF.

WBÖ V,325.

[**Längs**]**d.** wie →[*Bi-fang*]*d.*: *lengsdrǭd* „Tragdraht, längs zu den Pflanzenreihen“ nach Meister Hallertauer Hopfenbauern 99.

[**Lauf**]**d. 1** wie →[*Auf*]*d.*, °OB, °NB, °OP vereinz.: °*Laufdroht* Arnschwang CHA.– **2** wie →[*Bi-fang*]*d.*: „Das Anbringen der … Auflaufschnur auf dem … über dem Bifang hängenden … *Laufdraht*“ W. Hösl, In der Hallertau der Jahre 1940 bis 1950, Norderstedt 2011, 257.– **3** wie →[*Hopfen*]*d.*2, °NB, °MF vereinz.: °*Laufdraht* Rottenburg.

Mehrfachkomp.: [**Auf-lauf**]**d.** wie →[*Auf*]*d.*, °OB, °NB, °OP, °MF vereinz.: °*Auflaafdroht* Pörnbach PAF; *auflaufdrǭd* „Doppelverzinkter Eisendraht, an dem der Hopfen aufgeleitet wurde“ nach Meister Hallertauer Hopfenbauern 45.

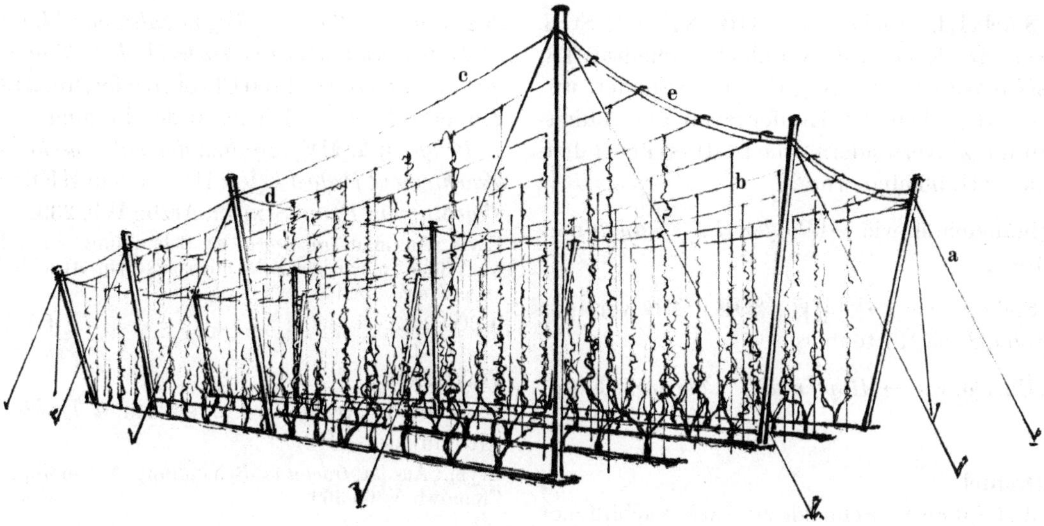

Abb. 5: Hopfengarten (a = *Ankerdraht*, b = *Auflaufdraht*, c = *Längsdraht*, d = *Überlaufdraht*, e = *Reiteldraht*, nach MEISTER Hallertauer Hopfenbauern 41, 45, 99, 108, 129).

– [**Über-lauf**]**d.** **1** wie →[*Bi-fang*]*d.*: *Überlaufdraht* Tegernbach MAI.– **2** wie →[*Hopfen*]*d.*2: °*Überlaufdraht* Abens FS; *iwalāfdrǭd* nach MEISTER Hallertauer Hopfenbauern 129.

[**Auf-leit**]**d.** wie →[*Auf*]*d.*: *auflaitdrǭd* nach MEISTER Hallertauer Hopfenbauern 45.

[**Leitungs**]**d.** Leitungsdraht, °OB vereinz.: °*schia ga wia d Schweiberl aufn Leitungsdrohd huggans* Reichenhall.

†[**Muster**]**d.** Draht von größerem Durchmesser (1,35 – 20 mm): *Dennen Trad ziehern … würdet in Tyroll … von ieden Zenten Muster Trad 2 fl. 4 x. Geding Geld verraicht* Rosenhm 1780 Stadtarch. Rosenhm PRO 1216, 186.

[**Quer**]**d.** wie →[*Hopfen*]*d.*2: *gweadrǭd* „Dickes Drahtseil, das die Überlegstangen ersetzt hat" nach MEISTER Hallertauer Hopfenbauern 107.

[**Reitel**]**d.**: „Gezwirbelter, dicker Querdraht am Außenrand des Hopfengartens, an dem die Längsdrähte befestigt sind … *roadrǭd*" nach MEISTER Hallertauer Hopfenbauern 108.– S. Abb. 5 (e).

†[**Scheiben**]**d.** Draht von geringerem Durchmesser (0,25 – 1,35 mm): *Es wird auch schwarzer sowohl Scheiben als Muster Draht viell versendet* Rosenhm 1780 Stadtarch. Rosenhm PRO 1216, 127.

†[**Schnür**]**d.** Schlinge, Falle aus Draht: *Es soll … ein jeder … Schnierträdt … auch alles Pirschen uf Hölzern und Wassern … sich enthalten* Floß NEW um 1610 HARTINGER Ordnungen II,552.

[**Schuster(s)**]**d.** **1** Pechdraht, °Gesamtgeb. vielf.: *da Schuastadråd is mitn Dråᵈböh gwichst* Mittich GRI; *öitzt wean s' g'flickt mit Schoustas draouht!* KRAUS lusti 28.– Schnaderhüpfel: °*z Straubing in da oitn Ståd sitzt s Mandl afm Rod, spinnt sö an Schuastadroht, weils koan mer hod* Lalling DEG, ähnlich °OP vereinz.– Auch scherzh. Zuruf an Schuster: *Schusterdraht! Pechvogel!* Ingolstadt, Mchn, Landshut BRONNER Schelmenb. 239.– **2** Pfln.– **2a** wie →*D.*6b: °*Schuasdadroht* Kleeseide Rechtmehring WS.– **2b** Gemeine Quecke (Agriopyrum repens): *Schuasdadraht* Tödtenrd AIC; *Schuastadraht* Scheyern PAF DWA XVII,80.– **2c** Borstgras (Nardus stricta): *Schuastadraht* SOB MARZELL Pfln. III,295.

[**Spann**]**d.** **1** wie →[*Hopfen*]*d.*2, °OB, °NB, °OP, °MF vereinz.: °*Spahdroht* Wettstetten IN.– **2** wie →[*Anker*]*d.*, °NB vereinz.: °*Spanndraht* Gögging KEH.– **3**: *Spanndråt* „Draht, mit dem Rechenhaupt und Stiel verbunden werden" Endlhsn WOR.

Mehrfachkomp.: [**An-spann**]**d.** **1** wie →[*Hopfen*]*d.*2, °OB, °NB, °MF vereinz.: °*Ospanndroht* Pörnbach PAF.– **2**: °*Ouspanndroht* „Draht zum Abspannen der Hopfenstangen und zur Verbindung der Überlegstangen" N'süßbach MAI.

[Stachel]d. Stacheldraht, OB, NB, OP, SCH vereinz.: *Stochidroht* Staudach (Achental) TS; *schdåhedrǭd* „als Längsdraht verwendet, um das Rutschen der Hopfenreben am Aufleitdraht zu verhindern" nach MEISTER Hallertauer Hopfenbauern 123.

[Stänglein]d. wie →[*Hopfen*]*d.*2: °*Stangldroht* Rgbg.

[Steig]d. wie →[*Auf*]*d.*, °OB, °NB vereinz.: °*Steigdraht* Rottenburg.

[Über]d. wie →[*Hopfen*]*d.*2: °*Überdraht* Frsg.
F. M.E.

Drahtel
M., Grat an der Schneide zu stark geschliffener Schneidwerkzeuge, °OB, °NB, °OP vereinz.: °*a Messa schleifen bis en Droudl hot* Marchaney TIR; *Drâul* „sich umbiegende Messerschneide" BAUERNFEIND Nordopf. 143. F. M.E.

drahten, †-ä-
Adj., aus Draht: *drohdn* Staudach (Achental) TS; *3 drätene Vöglheusl* U'wildenau NEW 1593 Oberpfalz 77 (1989) 230 (Inv.).
WBÖ V,331. F. M.E.

Drainage →*Dränage.*

trainieren
Vb. **1** Training betreiben: *d'Meringer ... wara ... so guat beim treniera* HÖRNING-KNITTEL Heimatgesch.Mering I/II,17.
2 einüben, sich aneigenen: *S Einmaleins wiad naa dreniat* WANDTNER Apfelbaum 8.
Etym.: Aus engl. *to train*; KLUGE-SEEBOLD 924. F. M.E.

Draisine
F., M. **1** Rad, Zweirad.– **1a** Laufrad: *Draisinâ* [Ef.] CHRISTL Aichacher Wb. 182.– **1b** Fahrrad, °OB, °NB, °OP vereinz.: °*du mit dein Dressiner!* Grafing EBE.
2 kleines Schienenfahrzeug, OB, NB, OP, SCH vereinz.: *da Dreisinn* Staudach (Achental) TS.
Etym.: Nach dem Erfinder Freiherr von Drais; KLUGE-SEEBOLD 214.
WBÖ V,459. F. M.E.

Träklein →*Traktor.*

Traktament, -acht-
N. **1** †aufgetragene Speise, Bewirtung: *zu kalten Traktamenten gegeben* HUBERINN Kochb. 202; *allda sie oft vier ... Täg mit allerhand Lustbarkeiten und überaus vortrefflichen Tractament ... zubringen* 1760 Chron.Kiefersfdn 313.
2 übertr. Schläge, Hiebe, in der Fügung: *ein T. Prügel* u.ä. MF vereinz.: *der hat a gscheits Trachtement Prügel kriegt* Hohenstein HEB; *a Trachtament Prügl* SINGER Arzbg.Wb. 239.
Etym.: Aus mlat. *tractamentum* 'Behandlung'; Fremdwb. V,369f. In heutiger Mda. mit volksetym. Anschluß an →*Tracht*[1],Bed.3.
WBÖ V,294. F. M.E.

Traktätlein
N., scherzh. Arznei in Pulverform: *a Traktetl* Altomünster AIC.
Etym.: Aus lat. *tractatus* 'Behandlung, Abhandlung'; Fremdwb. V,366-369. F. M.E.

traktieren, trackieren, trachtieren
Vb. **1** behandeln, mit jmdm umgehen: *traktiern* SCHWEIZER Dießner Wb. 204; *damit sie vom Mann nit hart und grob/ sonder mild und freundlich sol tractirt werden* SELHAMER Tuba Rustica I,13.
2 in reichlicher Menge bewirten, freihalten: *d Leit mit Bier traktiern* Passau; *traktiern* BERTHOLD Fürther Wb. 233; „Der Wirt ... *tractiert* ihn ... mit Speis und Trank" Bayer.Barockpr. 201 (Andreas Strobl).
3 mißhandeln, drangsalieren, ärgern, °OB, °NB, °OP, MF, °SCH mehrf.: °*den ganzn Dåg duad mö dea Bua mid sein neia Ral dragdian* „belästigen" Grafenau; °*trakier do niat allawaal di kloin Kinna sua, du machst as ja richti bäis!* Weiden; „plagen ... *dràki'ən*" Dinzling CHA BM I,78; *S' ganz Lejwa hodds n' bloas drakdierd* WÖLZMÜLLER Lechrainer 108; *Der Pfarrer ... der auch sein ... Muetter ... mit Schlegen tractirt haben soll* Viechtach 1617 ZBLG 65 (2002) 131.
4 ärztlich behandeln: *der Pfuscha traktirtn* Wasserburg.
5 †ausführlich besprechen, bereden: *freundlich und beschaidenlich davon zu reden und zu tractirn* Nabburg 1545 VHO 96 (1955) 189.
6 †verhandeln, einen Vertrag aushandeln: *Zwischen Hispanien und Frankhreich werde man auch ernstlich tractirn* Mchn 1645 G. GREINDL u.a., Die diplomatische Korrespondenz Kurbayerns zum Westfälischen Friedenskongress, Bd 3, München 2018, 145.
Etym.: Aus mlat. *tractare*; Fremdwb. V,369.
WBÖ V,294f.

Abl.: *Traktierer, Traktierung.* F. M.E.

Traktierer
M. **1**: *Traktierer* „scherzhaft Friseur, Bartscherer“ Garmisch-Partenkchn.
2 scherzh. Zahnarzt: *Traktierer* Garmisch-Partenkchn.

Komp.: [**Leute**]**t.** scherzh. Gerichtsvollzieher: *Leuttraktiera* Burglengenfd. F. M. E.

Traktierung
F.: *Traktiering* „große Plage, Qual“ SINGER Arzbg.Wb. 239. F. M. E.

Traktor, Trak
M., Bulldog, Traktor, ugs., °Gesamtgeb. vereinz.: °*Dragä* „von jungen Leuten gesagt“ Irschenbg MB; °*Dradoar* Wurmsham VIB; *„Der Traktor* ... muß noch ringen um den rechten Platz in unserer Sprache ... verschlampt zu ... *Dragda*“ BAUER gut bayer. 158.
Etym.: Aus engl. *tractor*; KLUGE-SEEBOLD 924.– Kurzf. u. Dim. dazu wohl aus dem Markennamen MB-Trac der Firma Daimler-Benz.
Ltg: *dr̥aktoa, -tōr* u.ä. OB (dazu EG, LA, MAI, PAN, VOF; TIR; LAU), *-tα(r)* u.ä. (ED; EG; SEL), *draktr* (A), *dr̥adoar* (VIB), ferner *dråktoa, -tōr* u.ä. (FFB, LF; REH, WUN), *dråkta* (WUN).– Kurzf. *dr̥ak* (AÖ).– Dazu Dim. *dr̥akai, -e, -ȩ* u.ä. (LF, MB, TÖL). F. M. E.

Dral, Kreisel, Wirbel, →*Drehel.*

Tral, Kreisel, Wirbel, →*Trannel.*

Drall
M. **1** Drehbewegung, Neigung in eine best. Richtung: °*der hat an Dråll* „schwankt wegen Trunkenheit“ Brannenburg RO.– Phras.: *mir laft der Drol ei* „ich werde damisch, verliere die Körperbeherrschung“ Passau;– *mir lauft der Troj ei* „mir pressiert es“ Bodenmais REG.– °*Die Kiah gehn im Troi* „haben die Drehkrankheit“ Parsbg MB.
2 Wirbel.– **2a** Strudel, Wasserwirbel, °OB vereinz.: °*des Wasser hat an Droi* Reit i.W. TS.– **2b** Wirbelwind, Windsbraut: *da Wind hot an Droi gmacht* O'audf RO.
3: °*a Droi* Drehkreuz als Zaundurchgang Parsbg MB.
4 Windung im Gewehrlauf, OB, NB vereinz.: *dös Gwehr hot an Drol* Pfaffenbg MAL.
5 Verrücktheit, Eigenheit, °OB, °NB, °OP, °MF, °SCH vereinz.: °*der hot an Drall!* „ist schwachsinnig“ Neumarkt.
6 Gewohnheit, übliche Bahn.– **6a** Gewohnheit, Trott, °OB, °NB, °OP, °MF vereinz.: °*da bin i wieder sauber ausm Drall kemma* Weilhm.– Phras.: °*die Arbeit kann ma ned in am Troi* [schnell und mühelos] *dahin doa* Limbach PA.– **6b** übliche Bahn, Linie: °*der is beim Ackern ausm Drall kemma* „macht krumme Furchen“ Schönbrunn LA.
7 wohl Schwung, innewohnende Kraft: *dös hat an Drall* „ist gut“ Haag WS.
Etym.: Abl. zur selben Wz. wie →*drall*; KLUGE-SEEBOLD 214. Teilweise nicht von →*Trannel* zu unterscheiden.
SCHMELLER I,560.– WBÖ V,296f.

Komp.: [**Haar**]**d.** Haarwirbel: °*zwoa Haardroi* Halfing RO.

[**Links**]**d.** wie →*D.*5: °*der hat ja an Linksdrall!* „ist närrisch“ Neumarkt. F. M. E.

drall
Adj., drall, kräftig, straff, OB vereinz.: *drallö Arm* Wackersbg TÖL.
Etym.: Über die Schriftspr. aus mnd. *drall* ‘fest gedreht’; KLUGE-SEEBOLD 214.
WBÖ V,297. F. M. E.

Trallach
M., häßlicher Mensch: °*Dralach* Geiselhöring MAL.
Etym.: Wohl Weiterbildung zu →*Tralle*; Südhess.Wb. I,1639.

Abl.: *Trallacher.* F. M. E.

Trallacher, Trallachter(er)
M. **1** häßlicher Mensch, °OB, °NB, °OP vereinz.: °*des is scho a solcha Trallacher* Indersdf DAH.
2: °*Trollochterer* „einer, der in Ruhe alles ausklügelt“ Falkenbg TIR. F. M. E.

trallaftern
Adj.: °*a Trållafterne* „furchterregende Person“ Söldenau VOF.
Etym.: Wohl gleicher Herkunft wie →*Trallach*. F. M. E.

trallamanschieren
Vb. **1** heimlich tun.– **1a** allg.: *tr̥alạmantschian* „heimlich, verstohlen machen“ nach POELT-PEUKER Wb.Pöcking 46.– **1b**: *tr̥alạmantschian* „ungesehen zur Seite schaffen“ nach POELT-PEUKER Wb.Pöcking 46.
2: *dr̥alạmạnschian* „etwas auseinandernehmen, teilen, zerlegen, z. B. eine gebratene Gans“ nach ANGRÜNER Abbach 25.
Etym.: Herkunft unklar.

Komp.: **[ver]t.** **1**: *vertrallamanschiern* „verheimlichen“ Passau.– **2** verlegen, verschlampen, °OB vereinz.: °*s Schnagglmessa* (Taschenmesser) *vodralamandschian* Tittmoning LF.– **3** verwirren, in Unordnung bringen, °OB vereinz.: °*d Kadz is min Woigneil davo, hådn gåns und går vadrallamandschiad!* Ebersbg.– **4** verwirtschaften, vertun: °*n Hof vodralamandschian* Tittmoning LF. F. M.E.

-trallatten

Vb., nur im Komp.: [**da-her**]**t.**: °*daherdraladdn* „schlampig dahergehen“ Gaißach TÖL.– Abl. zu österr. *Trallate* ‘ungeschickter Mensch’ (WBÖ V,298).

Abl.: *Trallatter, trallattern.* F. M.E.

Trallatter, Trelletter(er)

M. **1**: °*Draladda* „schlampig gehender Mann“ Gaißach TÖL.

2 häßlicher Mensch: °*Trälätara* Rötz WÜM.

3: °*Trållådda* „Schürzenjäger“ Reichersbeuern TÖL. F. M.E.

trallattern

Vb. **1**: °*dråladdan* „furzen“ Frauenau REG.

2: °*dråladdan* „scheißen“ Frauenau REG. F. M.E.

Trallatsch

M., Vielredner, Schwätzer: *Tralatsch, dalketer* Fliegende Bl. 124 (1906) 285.

Etym.: Herkunft unklar; WBÖ V,298.

Schmeller I,660.– WBÖ V,298. F. M.E.

Tralle, -en

F., M. **1** Doppelkinn: °*Dralln* Wiesau TIR.

2 Fleischlappen unter dem Schnabel des Hahns, °NB vereinz.: °*der Dralln* Wiesenfdn BOG.

3 Schwanz des Hundes: °*der Hund hat an Dralln eizogn* Wiesenfdn BOG.

4 abwertend von Menschen.– **4a** dicker, schwerfälliger Mensch, °NB vereinz.: °*Droin* Neuschönau GRA.– **4b** dummer, ungeschickter Mensch, °NB vereinz.: °*dös is a so a Trålln* Abbach KEH.– **4c** häßlicher Mensch: °*Trålln* Wiesenfdn BOG.

Etym.: Herkunft unklar; vgl. WBÖ V,298f.

WBÖ V,298f.

Abl.: *Traller*[1]. F. M.E.

Draller, Kreisel, Wirbel, →*Dreheler(er)*.

Traller[1]

M. **1** Doppelkinn: °*Trålla* Abbach KEH.

2 Fleischlappen unter dem Schnabel des Hahns: °*Trålla* Abbach KEH. F. M.E.

Traller[2], Kreisel, Wirbel, →*Trann(e)ler*.

Tralliri-Trallari

N., starker Rausch: „Wer dem *Rosoli* … zu sehr huldigt, den erwischt das *Traliri-tralari*“ HuV 12 (1934) 234.

Etym.: Wohl mit lat. Suffix *-ari(us)* zur Interj. *tralla* ‘Ausdruck fröhlichen Singens ohne Worte’, onomat.; vgl. Schw.Id. XIV,878. F. M.E.

Tram[1]**, -en, -ä-**

M., auch als Dim. M. (FDB). **1** Balken, v.a. im Dachstuhl u./od. als Tragbalken der Zimmerdecke, °OB, °NB vielf., °OP, °SCH vereinz.: °*auf die Leng brauchma scho schwarare Dram* „raumüberspannende Deckenbalken“ Ebersbg; *naiö Dram aizoing* Mittich GRI; *Trama* „Sparren“ Egenburg FDB; *de Tram han recht voi Klie* (Sprünge) *gwen* KÖZ BJV 1952,25; *der dràm, drom* Dinzling CHA BM I,78; *alle die tråmen … die schol er lazzen ligen* 1333 Rgbg. Urkb. I,399; *von einem weichenden Tram … zu boden geschlagen* Hueber Granat-apfel 391.– Phras.: *der hat an Tram im Haupt* „ist hirnrissig“ Wartenbg ED.

2 Brett, Bohle, °OB vereinz.: °*Drama* „dicke Stubenbodenbretter“ Garmisch-Partenkchn.

3 auch F., Holzdecke, Holzboden, OB, °NB, OP vereinz.: °*da Michl hat in seiner Stubn a scheene oide Draam* „Balkendecke im Wohnraum des Bauernhauses“ U'griesbach WEG.

Etym.: Ahd. *drâma, t-* swf.(?), *drâmo, t-*, mhd. *drâm(e), t-* st/swm., germ. Wort wohl idg. Herkunft; Et.Wb. Ahd. II,753f. In Bed.3 F. wohl nach →*Decke*.

Ltg: *drǭm* u.ä. NB, OP (dazu BGD, MB, RO, TS; ND), *drǭma* u.ä. westl.OB (dazu AM, VOH), *droum* u.ä. (FFB; FDB), *drouma* (FFB, LL; FDB), *drą̄m* OB, NB (dazu OVI), *drą̄ma* u.ä. westl.OB (dazu OVI), *draim* NB (v.a. O), *draum* (GRA, WEG), vgl. Lg. §13e.

Delling I,131; Prasch 24; Schmeller I,662; Westenrieder Gloss. 584; Zaupser 77.– WBÖ V,300f.

Abl.: *Tramel, tramen*.

Komp.: [**Binder**]**t.** **1** unterster tragender Querbalken des Dachs, Tragbalken der Zimmerdecke, °OB, °NB, °OP vereinz.: °„*der Bindertràm* verbindet die Mauern, auf ihm ruht der Dachstuhl" U'föhring M.– **2** unterste Pfette, auf der Mauer aufliegender Längsbalken des Dachstuhls, °OB vereinz.: °*Bindertram* „Längsbalken rechts und links in der Tenne" Bayrischzell MB.– **3** Hahnenbalken, °OB, °NB, °OP vereinz.: *der Bindatrama* „Querbalken, der die Dachstuhlsäulen oben zusammenhält" Polling WM.– **4** Dachsparren: °*Bindertram* Frsg.– **5** Strebe im Dachstuhl, °OB, °NB vereinz.: °*die Bindertram* „verbinden die Sparren mit dem Firstbalken" Gangkfn EG.

Mehrfachkomp.: [**Kehl-binder**]**t.** wie →[*Binder*]*t.*3: °*Kehlbindertram* Bayersoien SOG.

[**Rohr-boden**]**t.** Tragbalken der mit Schilfmatten verputzten Zimmerdecke: *hroabondram* nach Kollmer II,159.

[**Bretten**]**t.** wie →[*Binder*]*t.*1: °*Brettndroma* Althegnenbg FFB.– Zu →*Brette*[1] 'dass.'.

[**Brucken**]**t.** Längsbalken einer Holzbrücke, °OB, °NB vereinz.: °*Brucкntram* Ering PAN.

[**Bund**]**t.** wie →[*Binder*]*t.*1: °*Bundtram* Inzell TS.

WBÖ V,301.

[**Dach**]**t.** Balken im Dachstuhl, OB, °NB, OP vereinz.: *hinter an Dachtram in Stodl ar* [und] *in Stoll* „da werden die Palmbuschen aufgehängt" Cham; „das bis unter die *Dachtramen* gemauerte Hofgebäude" Der Bayer. Landbote 8 (1832) 1135.

[**Decken**]**t.** Tragbalken der Zimmerdecke: °*Dekatram, Weißdekatram* Pöcking STA.

[**Tennen**]**t.**: *Dehnadram* „Balken unter dem Tennenboden" Ottendichl M.

[**Diel(en)**]**t.** **1** wie →[*Decken*]*t.*, °OB vereinz.: °*Dilltram* Schleching TS.– **2**: *Dülndrâma* „Balken am Kamin" Tutzing STA.– **3**: *Düladrouma* „Deckenpfosten" Epfenhsn LL.

[**Trag**]**t.** wie →[*Brucken*]*t.*: °*Tragdroma* Steinebach LL.

[**First**]**t.** Firstbalken, °OB, °NB, °SCH vereinz.: °*der Firsttrammerl* Ried FDB.

[**Halb**]**t.** Stichbalken: °*der Halbtram* „wegen der geringeren Belastung halb so breit wie ein Tragbalken" Lenggries TÖL.

[**Auf-hänge**]**t.** Balken zum Aufhängen eines geschlachteten Schweins: °*Aufhängetram* Steinhögl BGD.

[**Katzen**]**t.** wie →[*Binder*]*t.*3, °OB (v.a. FFB) mehrf., °SCH vereinz.: °*Katzadrauma* Geltendf FFB.

[**Kehl**]**t.** **1** wie →[*Binder*]*t.*1, °OB, °NB vereinz.: °*Kehltram* „Querbalken, auf dem die Firstsäule ruht" Rottach-Egern MB.– **2** wie →[*Binder*]*t.*2, °OB vereinz.: *Kchejltram* Kochel TÖL.– **3** wie →[*Binder*]*t.*3, °OB, °OP vereinz.: °*der Kehltram* Fronau ROD.– **4** wie →[*Binder*]*t.*5, °OB, OP vereinz.: °*Kehltrama* Polling WM.

[**Ruß**]**t.** wie →[*Decken*]*t.*, OB, OP vereinz.: *Nögl im Roußtram* „zum Aufhängen der Hüte" Alletsrd NEN.– Zum Bestimmungsw. s. [*Ruß*]*baum*.

[**Ge-schieß**]**t.** wie →[*Binder*]*t.*2: °*Gschießdram* „unterste Dachpfette" Fronau ROD.– Zu →[*Ge*]*schieß* 'Giebelseite'.

[**Schließ**]**t.** **1** Holzriegel am Tor, °OB, °NB vereinz.: °*der Schliaßtram* „am Tennentor" Taching LF.– **2** mit der Schließvorrichtung versehenes Kantholz des Türblatts: °*Schließtram* Kchnthumbach ESB.– **3** Balken im Dachstuhl.– **3a** wie →[*Binder*]*t.*1, °OB, °NB vereinz.: °*Schließtram* Ruderting PA.– **3b** wie →[*Binder*]*t.*2, °OB, °OP vereinz.: °*Schließtram* „Längsbalken, auf dem die Dachsparren lasten" Traidendf BUL.– **3c** wie →[*First*]*t.*, °NB, °SCH vereinz.: °*der Schließtrammerl* „läuft den First entlang" Ried FDB.– **4** mittleres Brett im Tennenboden: °*der Schließtram* Kay LF.– **5** Balken einer Holzwand: *Schliaßtram* Kochel TÖL.

[**Schluß**]**t.** wie →[*Binder*]*t.*1: °*da Schlußtram* „liegt auf dem Giebelmauerwerk" Neukchn KÖZ.

[**Schwung**]**t.** wie →[*Brucken*]*t.*: °*Schwungtram* „Längsbalken der Holzbrücke" Haarbach GRI.

[**Stuben**]**t.** Tragbalken der Stubendecke, °OB, °NB vereinz.: °*Schtumdraam* Reit i.W. TS.

[**Stuhl**]**t.** wie →[*Binder*]*t.*3: °*Stuhltram* „Querverbindung von Mittelpfette zu Mittelpfette" Rottach-Egern MB.

[**Sturz**]**t.** hölzerner Sturz, oberer Abschluß einer Maueröffnung: *Sturzdram* Kochel TÖL.

WBÖ V,301.

[**Wasser**]**t.** mittlere Pfette im Dachstuhl: °*Wassertram* Thanning WOR.

[**Auf-zug**]**t.** Balken des Lastenaufzugs am Dachgiebel: *Aufzugdramma* Pestenacker LL.
F.M.E.

Tram[2]
F., Trambahn: °*de Scheffler kenna net danzn, wenn oi Aungblick d Tram duachfahrt* Mchn; *Frühra, wo ma mit da Tram gfahrn is, hod ma no wos gsegn vo da Schdod* BINDER Bayr. 215.
Etym.: Aus engl. *tram*; PFEIFER Et.Wb. 1447.
WBÖ V,304f. F.M.E.

Tram[3], Rückstand von Hopfen u. Gerste beim Brauen, →*Traben.*

Tramel
M., Tragbalken der Zimmerdecke: *Dråml* Nannhfn FFB.
Etym.: Abl. von →*Tram*[1] wohl unter Einfluß von →*Tremel.* F.M.E.

tramen, -ä-
Vb.: *tramen* „Balken legen" Haag WS.
Etym.: Mhd. *drâmen, t-*, Abl. von →*Tram*[1]; Et.Wb. Ahd. II,754.
WBÖ V,302. F.M.E.

tramhapicht, schlaftrunken, benommen, →[*traum*]*häuptícht.*

Trampel
M. **1** auch F. nach natürlichem Geschlecht, abwertend v.a. von Menschen.– **1a** Mensch mit übergroßen Füßen, °OB, land°NB, °OP vereinz.: *Trampl* Passau; *Trampl* LUSTICUS Mchn.Fremdw. 31.– **1b** meist von weiblichen Personen.– **1bα** ungeschickter, schwerfälliger Mensch, °OB, °SCH mehrf., °NB, °OP, °MF vereinz.: *des is a rechte Trampel!* Wasserburg; °*drisch* [geh] *net a so daher wiara Trampl!* Langquaid ROL; *Drambbe* „ungeschlachtes Frauenzimmer" SOJER Ruhpoldinger Mda. 11; *D'rum auf faule Trampel!* STURM Lieder 80; *Trampel* PRASCH 24.– **1bβ** derber, ungebildeter, dummer Mensch, °OB, °NB, °OP, °MF, °SCH vereinz.: °*des Weiwaleid is a richdega Drambbe, an Ren kennst as eahm scha a* Garching AÖ; *is dös a gscherda Drambö* ungebildeter Mensch Sossau SR; *Pfiat di God ... is des aa Drambbe!* BINDER Saggradi 44.– Auch Dienstbotin ohne Manieren: *dea Tråmpl!* „aus ländlichen Kreisen stammend" Ingolstadt; *der Meindlin ihra Trampl* Altb.Heimatp. 8 (1956) Nr.13,7.– **1c** übermäßig gutmütiger Mensch, °OP vereinz.: °*oam an Trampl machn* Tirschenrth; *drǫmpl* „Mensch, der sich alles gefallen läßt" nach DENZ Windisch-Eschenbach 269.– **1d** geistesgestörter, verrückter Mensch, °OB, °NB, °OP vereinz.: °*also de is wirkle a Trampe!* Reit i.W. TS.– **1e** mißgestalteter, häßlicher Mensch, OB, NB, °OP, MF vereinz.: *a schiacher Trampel* „auffallend häßliche Frau" Allersdf ROL; °*der bleibt a Trampl* „nach einem Unfall" Parsbg.– Auch: °*Trampl* Tier von kleiner, unvollkommener Gestalt Haselbach BUL.
2 übergroßer Fuß, °OB vereinz.: °*der hat so Trampön* Schweinersdf FS.
3 schwerer, alter Schuh, °OB, °NB vereinz.: *i ziag bloß meine Trampeln an und geh überd Gassn* Passau.
4: °*Drampe* „großes, unförmiges Trumm" Mchn.
5 Verkrüppeltes, Mißgestaltetes.– **5a** verkrüppelter Finger od. Zeh, °OP vereinz.: °*der hot a Tramperl dra an seiner Hand* Haselmühl AM.– **5b**: °*Trampl* verkrüppelter Baum Ensdf AM.– **5c** mißratenes Backwerk, v.a. Brot, °OP mehrf., °OB, °NB, °MF vereinz.: °*d Beiare haout statt Köichlan lata Trampala bachn* Kehnthumbach ESB.
6 scherzh. kleiner Acker: °*Traamperl* Plößbg TIR.
DELLING I,131; PRASCH 24; WESTENRIEDER Gloss. 585.– WBÖ V,302f.

Komp.: [**Bauern**]**t. 1** wie →*T.*1a: *Bauerntrampl* „starke Person mit übertrieben großen Füßen" LUSTICUS Mchn.Fremdw. 31.– **2** abwertend, meist von weiblichen Personen.– **2a** ungeschickter, schwerfälliger Mensch (vom Land), °NB, °OP, °OF vereinz.: °*Bauandrambbe* Simbach PAN; *A so an Bauantrambbe hob i scho lang nimma gsegn!* BINDER Bayr. 215.– **2b** derber, ungebildeter Mensch (vom Land), OB, °NB, °OP, °MF, SCH vereinz.: *Båandrambbe* „ungehobeltes Frauenzimmer" Kötzting; „die junge Frau mit ... Beschimpfungen wie *Bauerntrampel* fertig gemacht" MM 21.08.2000, 8; *Wie redst mit mir du blockether Baurentrampel?* SELHAMER Tuba Rustica II,126.– Auch Dienstbotin ohne Manieren: *des is a schena Bauantrampl* Ingolstadt.
WBÖ V,303.

[**Dorf**]**t. 1** wie →[*Bauern*]*t.*2a: *Dorftrampel* Mchn.– **2** wie →[*Bauern*]*t.*2b: *Dorftrampl* „ungebildetes, rückständiges Bauernmädchen" Altb.Heimatp. 5 (1953) Nr.52,18.

[**Haus**]**t.** wie →*T.*1bα: *hausdrampl* „ungeschickte weibl. Person" KILGERT Gloss.Ratisbonense 164; *Haußtrampel* PRASCH 24.
PRASCH 24.– WBÖ V,303.

[**Kuh**]**t.** wie →*T.* 1a: °*Kuadrampl* Rgbg.

[**Ge-mein**]**t.**: °*a Gmåitrampl* Landstreicher, Bettler Kchnthumbach ESB.

[**Schuh**]**t.** wie →*T.*3: °*Schuhtrampi* „schwere Schuhe" Vilshm LA. F.M.E.

trampeln, -ä-
Vb. **1** stampfen, laut gehen, °SCH vielf., °OB, °NB, °OP, MF mehrf.: *trampeln duats, daß mas scho vo weitn hert* Wasserburg; °*dö Köih drampeln so mit de Föiß* „kurz vor dem Kälbern" Schnaittenbach AM; *trâmmpən* POELT-PEUKER Wb.Pöcking 46; *trampeln* „gehen/ cum sonitu" PRASCH 24.– Phras.: *i her di scho trampeln* „ich ahne, was du sagen willst" Passau.– *Der muß schön zu trampeln gekommen* [verprügelt worden] *sein heut' bei der Nacht* SCHLAPPINGER Wurzelholz 21;– *Do bin-e ... ned z-drambben kema* „konnte ich nicht mithalten" nach KAPS Welt d.Bauern 112.
2: *trampeln* „Leute ausrichten" Kchdf KEH.
DELLING I,131; PRASCH 24.– WBÖ V,303f.

Komp.: [**durchhin**]**t.**: *an Bodn duachötrampön* „durch Trampeln durchtreten" Aicha PA.

[**nieder**]**t.** niedertreten: *nidatrampön* Aicha PA; *ich hab Angst gehabt, die trampeln mich nieder* HALBINGER Jahrgang 1900 104.

[**zu-sammen**]**t.** durch Trampeln zerstören: *zamdrampln* KILGERT Gloss.Ratisbonense 181f. F.M.E.

trampen
Vb., stampfen, laut auftreten, °OB, °NB vereinz.: °*tramp doch ned a so!* Abens FS.
Etym.: Germ. Wort zur selben idg. Wz. wie →*Treppe*; PFEIFER Et.Wb. 1447.
WBÖ V,304.

Abl.: *Trampel, trampeln, Tramperer, tramperln, trampicht, Trampler, tramplicht, Trampling.* F.M.E.

Tramperer
M., schwerer Schuh: °*des san schware Trampara* Wildenroth FFB.
WBÖ V,304. F.M.E.

tramperln
Vb., mit kurzen, schnellen Schritten gehen: °*trampaln* Steinlohe WÜM. F.M.E.

trampfeln
Vb., stampfen, laut gehen, °OB, °NB vereinz.: °*trampfe hoid ned a so!* Grafenrd VIT. F.M.E.

trampfen
Vb., stampfen, laut gehen, °OB, °NB, °OP vereinz.: °*trampfts nöt a so, könnts ihr nöt stada gäh* Passau.
Etym.: Wohl gleicher Herkunft wie →*trampen*; anders DWB XII,1,1,1184.

Abl.: *trampfeln, Trampferei.*

Komp.: [**da-her**]**t.** wie →*t.*, °OB, °NB, °OP vereinz.: °*geh tråmpf net a so daher!* Kreuth MB. F.M.E.

Trampferei
F., andauerndes Stampfen, lautes Auftreten: °*die Trampferei hört auf, drauß habt da Plotz gnouch!* Eslarn VOH. F.M.E.

trampicht
Adj. **1** stampfend, mit lautem Tritt: °*hat de an trampatn Gang!* Reit i.W. TS.
2 dumm, ungeschickt: *wia's halt geht mit dera trampetn Dingin* Trautes Heim 27 (1915) 79.
WBÖ V,302. F.M.E.

Trampler, -tramplerer
M. **1** jmd, der stampft, laut geht, °NB, °SCH vereinz.: °*da Trampla* Gögging KEH.
2: °*des is å so a Trampler* „junger Mensch, der sich beim Gehen keine Haltung angewöhnt hat" Polling WM.
WBÖ V,304.

Komp.: [**Mist**]**t. 1**: *Misttrampler* „abwertend Bauer, Landwirt" Cham.– **2** abwertend moderner Tanz: *Misttramplera* Naabdemenrth NEW. F.M.E.

tramplicht, -ä-
Adj.: *tramplert* „frech" Kchdf KEH.
WBÖ V,304. F.M.E.

Trampling
M., schwerer Schuh, OB vereinz.: *Trampling* Rimsting RO. F.M.E.

tramscheln, -ä-
Vb., Kreisel treiben: °*dramschln* Erding.
Etym.: Herkunft unklar.

Abl.: *Tramschler, tramschlern.* F.M.E.

Tramschler, Tramstler, -ä-
M., Kinderkreisel, °OB vereinz.: °*der håt an Dramstla, der singt* Taching LF; *Dramschla* MÜ, WS DWA XII,K.5f. F.M.E.

tramschlern, -ä-
Vb., Kreisel treiben: °*geh ma zum Tramschlern!* Erding. F.M.E.

Tramsel, -ä-
F., dumme, schwerfällige Frau, °OB vereinz.: °*des is so a Dramsl* Schlehdf WM.
Etym.: Wohl Spielform von →*Transel* 'dass.'.

Abl.: *Tramsler, tramslicht.* F.M.E.

Tramsler, -ä-
M., langsamer, umständlicher Mensch: °*a Dramsla* Dollnstein EIH. F.M.E.

tramslicht, -ä-
Adj. **1** langsam, umständlich: °*a Dramslada* „verspielter Arbeiter" Dollnstein EIH.
2 wohl sonderbar, seltsam: °*dramslad sei* „komisch" Dachau. F.M.E.

Tramway
F., N. **1** Pferdebahn, OB, NB vereinz.: *as Drammwai* Staudach (Achental) TS; *dramwę* nach Goodwin Ugs. 106.
2 elektrische Straßenbahn: *Tramwai, Tramwä* Fürstenfeldbruck; *dramwę* nach Goodwin Ugs. 106.
Etym.: Aus engl. *tramway*; Kluge-Seebold 924.
WBÖ V,304f. F.M.E.

dran[1] →[*dar*]*an*[1].

dran[2] →*drehen.*

Tran[1], **-trank**
M., Tran, aus dem Fett von Walen, Robben od. best. Fischen gewonnenes Öl, OB, NB vereinz.: *Trå*[n] Ingolstadt.
Etym.: Aus mnd. *trân*; Kluge-Seebold 924. Teilw. mit volksetym. Anschluß an →*Trank*; WBÖ V,305.
WBÖ V,305.

Komp.: [**Fisch**]**t.** wie →*T.*, OB, NB, OP, SCH vereinz.: *Fischdrang* Peiting SOG; *a Wåifisch liffat vui Fischdra*[n] Mittich GRI.
WBÖ V,305.

[**Leber**]**t.** Lebertran, OB, NB, OP vereinz.: *da Lebatrank* Naabdemenrth NEW; *Des Kind braucht an Lebertran* Gehrke I und der Ludwig 62.
WBÖ V,305. A.S.H.

Tran[2], **†Trän**
M. **1** Honigtau, °NB vereinz.: °*jatz hats an Drå*[n] *gwoafa* „auf Blättern und Fichtennadeln" Fürstenstein PA.
2 †giftiger Niederschlag: „Der giftige Thau, um Treffelstein *Drein˜*, um Tiefenbach *Dren˜* genannt, eine Art Mehlthau" WÜM Schönwerth Opf. II,56.
Etym.: Gleicher Herkunft wie →*Träne*; vgl. WBÖ V,305.
Schmeller I,665f.– WBÖ V,305.

Komp.: [**Hönig**]**t.** wie →*T.* 1: *hoia is khoa Henödrå*[n] *gfåin* Mittich GRI.
WBÖ V,305. A.S.H.

†Tran[3], **Tram**
M., Strömung, Fließen (von Wasser): *alsô des wazzeres tram uber daz aiter ran* Rgbg 14.Jh. Kaiserchr. 220,7554f., Anm.f; *Ob im wolt laisten der werd man Daz er im het verhaissen auf des meres tron* 1.H.15.Jh. Cgm 719,fol.52[r].
Etym.: Herkunft unklar; vgl. Frühnhd.Wb. V,1138.
Schmeller I,665. A.S.H.

Dränage
F., Dränage, Graben od. Rohr(system) zur Entwässerung des Bodens, OB, NB, OP vereinz.: *Drinaschn mit Rährn* Valley MB; *Lecha stecha, Drenaschn oleng, oblaffa lassn* Kroetz Stücke IV,258 (Bauern sterben).
Etym.: Aus frz. *drainage*; Pfeifer Et.Wb. 241.
WBÖ V,421. A.S.H.

Tränberl, Träne, →[*Trän*(*en*)]*perle.*

tranchieren
Vb. **1** tranchieren, (in Scheiben) aufschneiden, OB, NB, OP vereinz.: *d Antn dranschian* Mittich GRI; *Transchier den Radi net mit'm Messer* Mchn SZ 9 (1953) Nr.135,4; *MAche das Stuck| so groß du wilst| hacke es an zum Trantschieren* Hagger Kochb. III,1,33.

2 †herabsetzen, schlechtmachen: *der kann die Leut recht transchiren* DELLING I,132; *wenn er die Stadtleuth transchirt* BUCHER Jagdlust 67.

Etym.: Aus frz. *trancher*; Fremdwb. V,380.

DELLING I,132; SCHMELLER I,670f.; WESTENRIEDER Gloss. 585.– WBÖ V,313. A.S.H.

Drandel, Kreisel, Wirbel, →*Drehel*.

Trandel, Kreisel, Wirbel, →*Trannel*.

Träne, †Trähe, Trahen

F., †M., Träne, °Gesamtgeb. vereinz.: *d'Tränan hand eam åwakuglt* Zwiesel REG; *Die Træne* „minder volksüblich als *Zæher*" SCHMELLER I,666; *trā̜nal* nach WITTMANN Mchn 27; *Ir riwe erzeigte si mit mangem trâhen* Spec.Eccl. 44,3f.; *das ire liechte augen stät voll träher waren* FÜETRER Chron. 94,19.

Etym.: Ahd. *trahan*, mhd. *trahen*, *trân* stm., germ. Wort wohl idg. Herkunft, Formen mit Uml. aus dem Pl. u. in Anlehnung an swf.; PFEIFER Et.Wb. 1448.

DWA XX,K.12.– SCHMELLER I,659, 666.– WBÖ V,422.

Abl.: *tränen*.

Komp.: **[Christus]t.** Fuchsie (Fuchsia): „klein- und großglockige Fuchsien oder *Christustränen*" HAGER-HEYN Dorf 63.

[Mutter-gottes]t. Knabenkraut (Orchis): °*Muttergottestränen* Rgbg.

WBÖ V,422.

[Krokodils]t. Rührung heuchelnde, Mitgefühl heischende Träne, °OB, NB, OP, OF vereinz.: *ge ma waita mit deine Krokodijstrena* Ingolstadt.

WBÖ V,422.

[Laurentius]t. Sternschnuppe: „um den Tag des heiligen Laurentius ... 10. August ... vielfach zu beobachten ... *Laurentiustränen*" Altb. Heimatp. 55 (2003) Nr.34,4.

WBÖ V,422. A.S.H.

tränen

Vb. **1** tränen, OB vereinz.: *mia träna d'Aung* Ingolstadt; *Trenen trieffen zahern* Voc.Teutonico-Latinus gg.viij^v.– Auch Flüssigkeit austreten lassen (von der Nase): *hẹ̄id drẹnd ma d Nọ̄sn* Huglfing WM nach SBS II,330.

2 weinen: °*er tränt* Heng NM.

Etym.: Ahd. *trânen*, mhd. *trahenen*, *tre-*, *trânen*, *-ê-*, Abl. von →*Träne*; PFEIFER Et.Wb. 1448. A.S.H.

Tränerling, Träne, zum Weinen verzogener Mund, →*Trenerling*.

Drang

M. **1** wohl starker innerer Antrieb: *traŋ* SCHWEIZER Dießner Wb. 204.

2 †Zwang, Nötigung, Gewalt: *zu dem tet sich künig Ruprecht von Naplis und kriegten wider die kaiserischen, teten in grossen drang* AVENTIN V,470,21f. (Chron.).

Etym.: Ahd. *-drang*, mhd. *-dranc* stm./n., *dranc* st/swm., germ. Abl. zur Wz. von →*dringen* od. Abl. von →*drangen*; ^{2}DWB VI,1318.

SCHMELLER I,567.– WBÖ V,306.

Komp.: †**[Be]d.** wie →*D.*2: *dhweyl wir gemainer Jůdischhait halb sonst in vil weg zu hohem und großem betrang und abfall beladen sindt* 1514 Urk.Juden Rgbg 285.

†**[Ein]d. 1** feindlicher Einfall, Angriff: *weder die Franken noch Baiern kunten ... bestên vor dem gewaltigen eindrang und anplatzen der Haunen* AVENTIN V,52,34-36 (Chron.).– **2** Eingriff, Einflußnahme: *das si noch nit mit haimlichem eindrang der frembden falschen ler geschwecht war* AVENTIN IV,883,27f. (Chron.).

WBÖ V,306.

†**[Ge]d.** auch N. **1** Gedränge, Getümmel: *ein grosser aufflauff vnd geschrei vnder den weibern do ersprang mit vngestomkeit vnd gedrang* HAYDEN Salomon u. Markolf 348,1467-1469.– **2** wie →*D.*2: *So aber in der clager kain betru°g, gewalt noch gedrang angezogen* [vor Gericht gebracht] 1536 WÜST Policey 299 (Gerichtsordnung Passau).– **3** Druck, wirkende Kraft: *der dunst fůr sich schivbt die erden mit einem gedrang* KONRADVM BdN 132,14f.; *also das die wasser deiner zäher denn durch dein augen ausdringen als mit einem gedrang* HARTLIEB Dial. 112,25f.– **4** Durchfall, Diarrhö: *ist es auch guet für allen getrang in dem leib vnd für das darmgicht* 16.Jh. Cgm 4570,fol.38^r.

SCHMELLER I,567.– WBÖ V,306.

†**[Über]d. 1** wie →*D.*2: *teten so grossen überdrang den Römern, das die Römer weichen und fliehen ... muesten* AVENTIN V,22,33-23,1 (Chron.).– **2** Not, Elend: *solche Gesellen/ als wider die/ der Gart* [bettelndes Herumziehen] *vnd vbertrangs deß armen Manns halben/ starcker verdacht ist* Landr.1616 676.– **3** Übermacht: *Das römisch kriegsvolk ... mocht nit be-*

stên vor dem überdrang der Baiern Aventin V,14,15-17 (Chron.).

Schmeller I,567.– WBÖ V,306. A.S.H.

drang

Adj. **1** dicht, gedrängt, °OB vereinz.: *drång zuachasitzn* Achbg TS; „bei den meisten Bauernhochzeiten: *Hejt geht's awa wieda drång owa*" Rasp Bgdn.Mda. 46.
2 eng anliegend, straff, °OB vereinz.: *drang bundn* Siegsdf TS; *und 's Miada schö drang, net z' kurz und net z' lang* Gachenbach SOB H. Mayr, Bayr. Wanderschaft, München 1916, 27f.
3 von geringer räumlicher Ausdehnung: *drang* „eng im Gebirge" Chiemgau.
4 nahe, in großer räumlicher Nähe, OB vereinz.: *drang zuhibaun, so weit's geht* scharf zum Rain hinzuackern Staudach (Achental) TS; *drang hibei* „nah dabei" Sojer Ruhpoldinger Mda. 11.
5 †stark, kräftig: *D·Metzgə' greiffə˜ sovil drang* „Lied der Sendin" südl.OB Schmeller I,567.
Etym.: Mhd. *dranc*, gleicher Herkunft wie →*Drang*.
Schmeller I,567.– WBÖ V,306f. A.S.H.

†Dräng

M., N. **1** Gedränge, Getümmel: *do di flucht von den rossen daz treng so gross ward, da viel di pruk des Ins zu Müldorf darnider* Arnpeck Chron. 519,1f.
2 Bedrängnis, Gefahr, Notlage: *Poytislier vnnd dy seinen im streitt gros wunnder worchten ... wo er kam in drenng mit sein genossen* Füetrer Poytislier 54f.,175. A.S.H.

†-dränge

N., nur in: [**Ge**]**d. 1** Gedränge, Getümmel: *Gedreng* Ingolstadt; *S'Gedreng is oft so stoark* Bärnau TIR Schönwerth Leseb. 123; *Sie quamvn mit githrenge ... In dia burch* Otfrid vW I,fol.74[r],15f.; *In den herten gedrengen zer nacht was sich der Chriechen her vast schwachen* Füetrer Trojanerkrieg 116,437.– **2** Bedrängnis, Gefahr, Notlage: *ins Gedreng kumma* Ingolstadt.– Ahd. *gidrengi*, mhd. *gedrenge* stn., Abl. von →*drängen*; WBÖ V,424.
WBÖ V,424. A.S.H.

drangeln, -ä-

Vb. refl., sich drängelnd bewegen: *Zun „Herrn Professa" drangeln si etz d' Leit* Dingler bair. Herz 109.

Komp.: [**fürhin**]**d.** refl., sich vordrängeln: *a Gschaftiger, der si überall füridranglt* Haarbach GRI. A.S.H.

†drangen

Vb. **1** drängen, zusammendrängen: *Conprimaris gidrangot* Tegernsee MB 2.H.11.Jh. StSG. I,578,35.
2 erzwingen: *aůs getrangter not zů erhaltung meiner eren* vor 1563 Urk.Juden Rgbg 446.
Etym.: Ahd. *drangôn*, mhd. *drangen*, germ. Abl. zur Wz. von →*dringen*; [2]DWB VI,1320.
WBÖ V,307.

Abl.: *drangeln, -dranglich, Drangsal, drangsalieren, Drangsalierer.*

Komp.: †[**be**]**d. 1** in Not, in eine Zwangslage bringen, rechtlich beeinträchtigen: *ə˜ bédrangts Leut* Bay.Wald Schmeller I,567; „daß *gemeine Judischeit hie ganz beschwerlich sitzen und betrangt werden*" 1518 Urk.Juden Rgbg 336.– **2** seelisch quälen, bedrücken: *wie starck die Höllische Tyrannen ... dieser ... sonst höchst betrangten ... Junckfraw zugesetzt haben* Errettung der Jungfrau 69.
Schmeller I,567. A.S.H.

drängen

Vb., drängen, sich drängend bewegen, °NB, °OP vereinz.: °*das Wasser drängt vo untn nach obn* Schnaittenbach AM; „Durch die Flügeltüre ... *drängt* es von gaffenden Menschen in den Saal" Ruederer Schmied 5.
Etym.: Ahd., mhd. *drengen*, germ. Abl. zur Wz. von →*dringen*; [2]DWB VI,1321.
WBÖ V,425.

Abl.: *Dräng, -dränge, -drängerisch.*

Komp.: [**auf**]**d.**: *aufdrenga* „aufdringlich sein" Fahrenzhsn DAH.
WBÖ V,425.

[**ver**]**d.** verdrängen, wegdrängen, °Gesamtgeb. vereinz.: *dö Distl hanns Trai vadrängt* Selb; *fɑtreŋɑ* nach Schweizer Dießner Wb. 40.
WBÖ V,425.

[**für**]**d.**, [**vor**]- refl., sich vordrängen, nach vorne drängen, MF mehrf., OB, NB, OP, SCH vereinz.: *der drängt si vur* Buchschwabach FÜ.

[**fürhin**]**d.** refl., wie →[*für*]*d.*, OB, NB, OP vereinz.: *der drengt se überall firi* Luitpoldhöhe AM.
WBÖ V,425. A.S.H.

-drängerisch
Adj., nur im Komp.: [**auf**]**d.**: *aufdrengarisch* aufdringlich Fürstenfeldbruck. A.S.H.

†-dranglich
Adj., nur im Komp.: [**be**]**d.** durch Zwang, Nötigung, Gewalt: *daß sie jemandt ... mit betrohung oder betranglicher thätlicher weise/ jchts* [etwas] *abgenommen hetten* Landr.1616 675. A.S.H.

†Drangsal
F., N. **1**: *Drangsal* „Gewaltthätigkeit" SCHMELLER I,567.
2 Not, Elend: *nachdem man die wüttende Fewrflammen/ Wassergüssen/ Vichfall/ Suchten vnnd allerhand dergleichen Trangsalen hat überstanden* HUEBER Granat-apfel 88.
3 Eintreibungsverfahren gegen Kuxinhaber, die mit der Bezahlung ihrer Zubuße im Rückstand sind, bergmannssprl.: *Vom Retardat oder Drangsal* 1784 Berggesetze 356.
Etym.: Spätmhd. *drancsal* stm., Abl. von →*drangen*; [2]DWB VI,1325.
SCHMELLER I,567. A.S.H.

drangsalieren
Vb., drangsalieren, °Gesamtgeb. mehrf.: °*da Bua hot mi so lang drangsaliert, bis i eahm dös Spielzeug gern gem hob* Reichersbeuern TÖL; °*ebban in oana Dua dransalian* Birnbach GRI; *und tätst mi drangsaliern, daß i mitgeh – freiwillig – ?!* KOBELL-WILHELM Brandner Kaspar 68.
SCHMELLER I,567.– WBÖ V,307f. A.S.H.

Drangsalierer
M., jmd, der drangsaliert, OB, NB vereinz.: *nachert scheng a da's hajt in Gotznam, du ewiga Drangsaliera* Passau. A.S.H.

dränieren
Vb., den Boden mit einer Dränage entwässern, OB, NB, OP, SCH vereinz.: *a Rena zum Dränian* Mittich GRI; „*Drainiren* heißt man das Entwässern eines Grundstückes mit diesen Röhren" Bauern-Ztg 1 (1870) 174.
Etym.: Aus frz. *drainer*; KLUGE-SEEBOLD 215. A.S.H.

Trank, †Tranken
N., vereinz. M., auch F. (MAL). **1** Getränk, °OB, °NB, °OP, °SCH vereinz.: *da sauf amoi, des is a Drangl!* „verächtlich" Passau; *Das ist ein T[rànkerl], mein Lieber!* „wohlschmeckendes Getränk" ZEHETNER Bair. 349; *Sicera tranch* Tegernsee MB 2.H.11.Jh. StSG. I,539,44; *darvmb slaft der mensch gern ... von tunstigem* [berauschendem] *tranch* KONRAD vM BdN 32,12-14; *den Teutschen ... schmekt der wein (das neu trank, inen pisher unbekant)* AVENTIN IV,282,21f. (Chron.).– Übertr. †geistig-seelische Nahrung: *daz tôtlich tranch daz ist diu ůbel schůntsalung* [Reizung] O'altaicher Pred. 107,5f.; *Jesus ... ist ... dem herczen ein himlisches tranck* Tegerns.Hym. 20, 77-80.
2 dickflüssiges Viehfutter, v.a. für Schweine, °OB, °NB vielf., °OP, MF, SCH vereinz.: °*heid auf d'Nocht muaß i nu an Drang fia d'Sei kocha* „aus Speiseresten und Kartoffeln" Stammham AÖ; *ums Tråhk fån* Ruhstorf GRI; *S'Trank'n kreig'n Köü unttan Melk'n* Bärnau TIR SCHÖNWERTH Leseb. 73; *das Trank ... mögen die Knaben aus dem Schloß ... tragen und geben, wem sie wollen* 1471 OA 36 (1877) 40; *die Trebern ... samt dem Trank von Branntweinbrennen ... zu Unterhaltung des herrschaftlichen Viehs* 1743 BREIT Verbrechen u.Strafe 110.– Spruch: °*diggi Drangi, foasdi Faggi* [Ferkel] Ebersbg.– Übertr. Getränk, Suppe von minderer Qualität, °NB vereinz.: °*heut richt's wieder a Drangö her* „minderwertige Suppe" Sommerstorf EG.
3 meist Dim., (flüssige) Arznei, Gesamtgeb. vielf.: *a Dranchal* Egenhfn FFB; *s Drangl, wos eam eigöhm hamt, hat a nix gholfa* Passau; *Boi* [falls] *des Trank dein Heita* [altes Pferd] *... net hoifa tuat* SCHOLL Dachauer Gesch. 29; *Die aber niht sint gelêret ... und wellent den liuten trenke geben* BERTHOLDvR I,154,11-14.– Phras.: *Wiener Tränklein* best. Abführmittel: „der Bauer verlangte ... das beliebte *Wiener Trankl*" Bay.Wald um 1900 SHmt 44 (1955) 8.
4 †Gifttrank: *ə̃ Tránkl* SCHMELLER I,667.
5 †Trinken: *post potum after tranche* wohl Rgbg 1.H.9.Jh. StSG. I,80,7.
Etym.: Ahd., mhd. *tranc* stm./n., germ. Abl. zur Wz. von →*trinken*; KLUGE-SEEBOLD 925.
SCHMELLER I,667.– WBÖ V,308f.

Abl.: *-tränk, Trankach, tränkeln, tränkern, trankig.*

Komp.: [**Brenn**]**t.** Schlempe: °*Brenntrank* „flüssige Rückstände beim Brennen von Kartoffelschnaps, an Kühe verfüttert" Essenbach LA; „*Das Brenntrank* ... Rückstand in dem Kessel, nachdem die Lutter übergezogen worden" F. MEYER, Die Bayer. Bierbrauerei, Ansbach [2]1832, 176.

[**Fisch**]**t.** → *-tran*[1].

[**Gift**]**t.** Dim., scherzh. flüssige Arznei, OB, OP vereinz.: *Gifttrankl* Höll WÜM; *Das Waberl* [PN] *kann Gifttrankerl machen* STROBL Mittel und Bräuch 48.

[**Kälber**]**t.**, [**Kälblein**]- dickflüssiges Kälberfutter, °OB, °OP vereinz.: °*Kalwldrank* „warme Milch mit Kleie" Rottendf NAB; „nachdem sie *das Kälbertrank* zwischen die Herdringe gehängt hatte" Altb.Heimatp. 8 (1956) Nr.46,6.

[**Knödel**]**t.**: °*Knödltrank* „Knödelwasser, aufgeschmalzen als Suppe" Grafing EBE.

[**Kuh**]**t.**, [**Kühe**]- dickflüssiges Kuhfutter, OB vereinz.: *Khuadrång* Walpertskchn ED; „Haferspreu ... wird fürs nasse Kuhfutter (*Kiahdrang*) verwendet" SCHWARZ-MIRTES Vilstal 92.

†[**Lauter**]**t.** **1** mit Kräutern, Gewürzen u./od. Honig versetzter u. geklärter Wein: *Nehmt Lorbären 1 Quintl mit einen Lautertrank* OBERMEIER Abdeckersleut 66; *Mulsum ... luttertrach* Asbach GRI 13./14.Jh. StSG. III, 280,41f.; *Lautertranck* Voc.Teutonico-Latinus s.iij[v].– **2** Wein, berauschendes Getränk allg.: *Sicera ... lūtranc* [*lutertranc*] Windbg BOG 12.Jh. StSG. I,539,44-46.
SCHMELLER I,1532.

[**Leber**]**t.** → *-tran*[1].

[**Lein**]**t.** mit Leinmehl od. Leinkuchen versetztes dickflüssiges Viehfutter: °*a Leintrank* Lengenfd LL; „der Trank für die Kuh (nach dem Kalben) ... *lẹ̄idrångx*" Todtenweis AIC nach SBS XI,115.

[**Liebes**]**t.** Liebestrank, OB, NB, OP vereinz.: *dear hat ir a Liabstrankla geba* O'ammergau GAP.

†[**Manna**]**t.** wohl Abführtrank aus dem Saft der Mannaesche: „Lieferung von allerhand Mixturen ... *Mannathränkl*" Frsg 1757 Frigisinga 2 (1925) 139.

†[**Mehl**]**t.** mit Mehl versetztes dickflüssiges Viehfutter: *Pferdt: od horn viech, welches in der verstopfung laydt ... gibet man solches ein mehltranckl mit salz vermischet zum trinck* BIHLER tierärztliche Rezepte Straubing 79.

Mehrfachkomp.: [**Lein-mehl**]**t.** wie →[*Lein*]*t.*: °*Laimödrång* Burghm ND; „der Trank für die Kuh (nach dem Kalben) ... *lẹ̄imẹadrọ̄ux* ... mit geweihtem Salz" Tödtenrd AIC nach SBS XI,115.

[**Sau**]**t.**, [**Säue**]- dickflüssiges Schweinefutter, °OB mehrf., NB, OP, MF, SCH vereinz.: °*Resi, dua an Saudrång hidzn!* Ebersbg; *mir kaffa an Sautrank von de Wirt, also dö Küchenabfälle z'samm* VALENTIN Sämtl.Werke 230.
WBÖ V,310.

[**Schäfflein**]**t.** wie →*T.*2: °*Schaffitrank* „aus Wasser, Mehl oder entrahmter Milch für die Kälber" Schneizlrth BGD.

[**Spül**]**t.** Spülwasser als dickflüssiges Viehfutter, OB, OP vereinz.: *Schbüadraank* „den Kühen gegeben" Wörth ED.

[**Sterbe**]**t.** wie →*T.*4: *Er gib dö guatn Leut a Sterbtrankerl und dö Lumpn derhoit er* GRAF Werke XI,1,511.

[**Ge-sund**]**t.** dickflüssiges Viehfutter als Heilmittel: *Alle Tog hot de Bäuerin a Haferl voi ... Gsundtrankl kocht* STROBL Mittel und Bräuch 22.

[**Wasser**]**t.** kleines Holzfaß für Trinkwasser: °*Wassertrankl* „haben die Holzknechte umhängen" Weilhm.

[**Sechs-wochen**]**t.** best. Getränk als Geschenk an die Wöchnerin: „die Nachbarinnen ... brachten ... den *Sechswochatrank*" St.Englmar BOG VHN 93 (1967) 94. A.S.H.

-tränk, †-trank
N., nur in: [**Ge**]**t.** Getränk: *a Gitränk* Naabdemenrth NEW; *Wenn man den trinchwein macht mit dez tiers flaisch, so vertreibt daz getranch die vergift* KONRADvM BdN 268,2f.; *Wie es mit denen, so getranck an stat besoldung nehmen, zu halten* Rgbg 1654-1656 WÜST Policey 391.– Mhd. *getranc*, *getrenke* stn., Abl. von → *Trank*; DUDEN Wb. 1499.
WBÖ V,309. A.S.H.

Trankach, -ich, -et, Trä-
N. **1**: *Tranka* Getränke zu Fronleichnam Adlersbg R.
2 dickflüssiges Viehfutter, °NB (v.a. NO), °OP, MF vielf.: *Drånkat* Geiersthal VIT; °*Dranggger* „aus Kartoffeln, Getreide und Wasser"

Rottendf NAB; *Drangi* „nur für die Kühe" U'farrnbach FÜ; „wenn das Kälbchen versorgt und das Muttertier sein warmes *Tranka* ... erhalten hatte" Regler Opf.Dorf 52; *Tränkich* „grobes, schwarzes Meel mit Milch und Wasser angemacht, für das Rindvieh und die Schweine" Hässlein Nürnbg.Id. 133.– Übertr. Getränk, Suppe von minderer Qualität, °OP vereinz.: °*wos hast denn heut für a Tranka zamgricht!* „dünner Kaffee, dünne Suppe" Eslarn VOH.
3 flüssige Arznei, OP vereinz.: *a Tranka* Wenzenbach R.
4: °*Dranka* „Tränke, Wasserstelle für Haustiere" Erbendf NEW.

Hässlein Nürnbg.Id. 133; Schmeller I,667.– WBÖ V,310.

Komp.: [**Kühe**]**t.** dickflüssiges Kuhfutter: *Köihdranka* Pemfling CHA; *Köihtrånka* Braun Gr.Wb. 325.

[**Lein**]**t.** mit Leinmehl od. Leinkuchen versetztes dickflüssiges Viehfutter: „für Kälberkühe und Muttersauen galt ein *Leintranker* als geburtserleichternd" Mimbach u. Mausdf 111.

[**Sau**]**t.**, [**Säue**]- dickflüssiges Schweinefutter, °OP, MF vereinz.: *Saitranka* Maiersrth TIR; *Sau:drangadd* „Wässriges Gemisch aus Kleie, Schrot, Magermilch und Wasser" Christl Aichacher Wb. 53. A.S.H.

Tränke
F. **1** Stelle an einem Gewässer, an der Tiere getränkt od. gebadet werden: *Tränk* Wasserburg; *Die Tränke* „Bach, an [dem] das Weidevieh trinken kann" Christl Aichacher Wb. 236; *Aquare trenchi* Tegernsee MB 2.H.11.Jh. StSG. I,818,32.
2 Wasserbehälter, Vorrichtung zum Tränken des Viehs: *Gschaut wird, daß d' Tränkn abgstellt is* Dittrich Kinder 117.

Etym.: Ahd. *trenka, trenkî*, mhd. *trenke* stf., Abl. von →*tränken*; Pfeifer Et.Wb. 1448.
WBÖ V,426f.

Komp.: [**Vieh**]**t.** wie →*T.*2: °*Viehdrenk* Weichering ND; *vīχdrẹŋg* Bayrischzell MB nach SOB V,25.

†[**Leim**]**t.** mit Leim versetztes Wasser: *geůss daran ain leim trenck/ von weissem leim aus pergamen zettel gemacht* 2.H.15.Jh. Liber illuministarum 378.

Schmeller I,667. A.S.H.

-tränkelein
N., nur in Komp.: [**Buben**]**t.** Mädchen, das lieber mit Buben spielt, °OB vereinz.: °*a so a Buamatrankerl* Halfing RO.– Wohl gleicher unklarer Herkunft wie →*Tränkin*; WBÖ V,310 (Tränke).

[**Dirnlein**]**t.** Bub, der lieber mit Mädchen spielt: °*des war a Deandldrangal* Hirnsbg RO.

[**Heirats**]**t.**: *Heiradsdrangal* „eine sehr Heiratslustige" Simssee RO. A.S.H.

tränkeln
Vb.: *drangen* „Zeit vertrödeln" Spr.Rupertiwinkel 23.

WBÖ V,310. A.S.H.

tränken
Vb. **1** tränken, zu trinken geben.– **1a** (Vieh) tränken, säugen, OB, NB, °OP, MF, SCH vereinz.: *s Kalbla träechn* Ohlstadt GAP; *drẹinkα* „Tiere trinken lassen" nach Lechner Rehling 298; *sein fich hinauff zue dreiben vnd in den zway lackhen zue dreckhen* 1570 MHStA KL Schliersee 12,fol.11ʳ.– **1b** zu trinken geben: *d'Muada tränkt s Kind* „stillt" Aicha PA; *daz euer iegleihs ... di siehhen besorge ... mit ezzen, trenchen* 1328 Stadtr.Mchn (Dirr) 114,11-13; *der kinder warten, dieselben ätzen* [füttern] *und trenken* Aventin IV,18,15 (Chron.).
2 sich mit Flüssigkeit vollsaugen lassen, durchtränken.– **2a** sich vollsaugen lassen, °OB, °NB vereinz.: *Haar* (Flachs) *tränkn* Schliersee MB; *Stangen tränken* „in Jauche ... um eine grössere Haltbarkeit und eine Vernichtung von Ungeziefer zu erreichen" Horn Hersbr.Hopfenbauern 14.– **2b** durchtränken, durchnässen, °OB, °NB vereinz.: °*dös Wassa tränkt an Acka* Sommerstorf EG.– Part.Prät. mit Farbadj., von intensiver Farbe: *göiträngd* „dunkelgelb" Viechtach.
3 (sich) mit Flüssigkeit füllen, versenken.– **3a** füllen, voll machen, im Wasser versenken, °NB, °OP vereinz.: °*de Zuin håms tränkt* Würding GRI; *Ein Schiff ... wird getrenkt* Donau Schmeller I,667; *es sollen 16 galeen vor Antdorff getrenck sein worden* Rgbg 1533 Chron. dt.St. XV,127,26.– **3b** refl., sich füllen, voll werden, °OB, °NB vereinz.: °*dö Plättn hat si tränkt und is unterganga* Irlbach SR; *Ein Schiff trenkt sich* „läuft voll Wasser" Donau Schmeller I,667.

4 ertränken, °OB, NB vereinz.: *a Kotz drängga* Staudach (Achental) TS; *Jessmarandjosef! Der Hofbauer hat si' tränkt!* SCHRÖNGHAMER-HEIMDAL Kund'n 18; *lies si gên Straubing füeren, ain tail alda henken, ein tail trenken, die maisten köpfen* AVENTIN V,588,19f. (Chron.); *ausser das die ... Schneider Kinder ... geschrien, der Weber trenckht die Muetter* StA Mchn Hofmark Amerang Pr.17 (30.8.1735).– Phras.: *a Kind und a Fakl* (Ferkel) *soit ma trenka, oi zwoa mocha vui Gscherr* (Arbeit und Ärger) Tittmoning LF.– Rätsel: *haid håd sö oana drängt. – Wea dön? – da Zukka önn Kafé* Reisbach DGF.

5 fließen, strömen, °OB, °NB vereinz.: °*die Donau tränkt in unsre Wiesn* Aidenbach VOF; *Das Wasser trenkt in einen Acker* SCHMELLER I,667.

6 durch Ausbreiten schädigen, im Wachstum beeinträchtigen, OB, °NB vereinz.: *dränga* „ausbreiten, von Wurzeln, die den Boden aussaugen" Wald a.d.Alz AÖ; *Unkräuter, Bäume trenken auf einem Acker, einer Wisen* „wenn sie den Wachsthum der Feldfrüchte, des Grases hindern" SCHMELLER I,667; *wann von neuem das gewaxen holz oder poschen ... nit aufwaxen lassen, wann es trenkt* Winhöring AÖ 1593 GRIMM Weisth. VI,141.

Etym.: Ahd., mhd. *trenken*, germ. Abl. zur Wz. von →*trinken*; KLUGE-SEEBOLD 925. In Bed.5, 6 teilw. auch zu →*drängen* möglich.

SCHMELLER I,667.– WBÖ V,427f.

Abl.: *Tränke, Tränker*.

Komp.: [**an**]**t.** wie →*t.*2b, °OB vereinz.: °*da Acker is mit Wasser ådränkt* „naß" Tandern AIC; *à˜trenkt* „von einem Seile" Werdenfels SCHMELLER I,667.

SCHMELLER I,667.

[**aus**]**t.** **1** über die Ufer treten, °NB mehrf., °OB, °OP vereinz.: °*heit Nacht hots a so grengt, daß da Boch austränkt* Straßkchn SR.– **2** überschwemmen, unter Wasser setzen, °OB, °NB, °OP vereinz.: °*iaz ho i a Mausloch ausdrengt* Perach AÖ; °*iaz hots sovüi grengt, daß n Agga ausdrängt hot* Ruhstorf GRI.– **3** durch Überschwemmung, Nässe vertreiben, schädigen.– **3a** durch Überschwemmung vertreiben od. ertränken, °NB vielf., °OB, °OP vereinz.: °*d'Scheameis wern mid Odl ausdrengd* Rechtmehring WS; °*dö Viecha håm ma austränkt, dö kemand nimma* Eging VOF; „Mäuse durch Vergiftung oder *Austränken* ... tödten" NB Wochenschrift für Landwirthschaft, Industrie & Handel 8 (1874) 6.– Übertr.: *a peinliche Gschicht austränken* „aus der Welt schaffen" Benediktbeuern TÖL.– **3b** durch Überschwemmung od. zu viel Nässe schädigen, °OB, °NB vereinz.: °*s Wassa håt an Woaz austränkt* Marktl AÖ; *damit ... die unteriste im Sechtstal* [Schiffsbauch] *ligende Scheiben* [von Salz], *nicht ... durch unfleißig wässern ... etwas ausgetrenkt werden* Mchn 1615 LORI Bergr. 398.– **4** wie →*t.*6, °NB vereinz.: *dö Distln drängand n Howan as* verziehen dem Hafer die Wurzeln Iggensbach DEG; *rund herum steht Holz, welches nicht mein ist, aber mein Getreid weit ins Feld hinein austränkt* Neues Wochenbl. des landwirthschaftlichen Vereins in Baiern 2 (1822) 196.

WBÖ V,428f.

[**der**]**t.**, [**er**]- **1** (sich) mit Flüssigkeit füllen, eintauchen.– **1a** †vollständig füllen, voll machen: *ein halben teich, ertrenckt vff zwej tagwerck* Wunsiedel 1499 SINGER Schacht 117.– **1b** refl., wie →*t.*3b: °*des Schiff hot si datränkt* „ist voll Wasser gelaufen" Halfing RO.– **1c** †eintauchen: *Imbuit artrenchit* Rgbg 10.Jh. StSG. II,418,46.– **2** wie →*t.*4, °OB, °NB, °OP vereinz.: °*an gånzn Wurf Kadzl hoda dadrenggd, da Gnecht* Ebersbg; *Unser Liabë Frau ... möcht sïh derträngà* HALLER Frauenauer Sagen 96; *Man sol ein unsynnige person, dy einen menschen von dem leben zu dem tode pringt, erdrenkchen* Rgbg 2.H.13.Jh. FREYBERG Slg V,55; *OBwol ... etlichen Vbelthätern die Straff auffgesetzt ist/ daß sie ertrenckt werden sollen* Landr.1616 827.– Spruch: *i dränk mi beilei net in da Ocha, i dadränk mi im Bia, wei is Wossa net vokostn ko* Staudach (Achental) TS.– **3** überschwemmen, überschwemmt sein.– **3a** wie →[*aus*]*t.*2, °OB, °NB, °OP vereinz.: °*s Wossa datränkt d'Wiesn* Fischbachau MB.– **3b** überschwemmt sein, unter Wasser stehen, °OB vereinz.: °*dea Boch muaß gramt wern, sunst datränkt da Grund* Halfing RO.– **4** durch Überschwemmung, Nässe ertränken, schädigen.– **4a** †wie →[*aus*]*t.*3a: *ein groß graussam ungewitter ... zu Prifling hat es ... an einem parn 4 roß ertrenckt* Rgbg 1511 Chron.dt.St. XV,14,19-15,2.– **4b** wie →[*aus*]-*t.*3b: °*Frucht is ertränkt worn* Deusmauer PAR; *ertränktes Salz* „während der Schiffahrt durch Wasser verdorbenes Salz" Laufen Salzfass 29 (1995) 32; *Zu Nassen Jaren ertrenckhts di*

frucht Neuötting AÖ 1556 MHStA Kurbayern Hofkammer, Conservatorium Camerale 181,fol.116r.– **5** †trunken machen, berauschen: *Inebriat artrenchit* Tegernsee MB 2.H.11.Jh. StSG. II,277,1.– **6** wie →*t.*6, °OB, °NB, °OP, °SCH vereinz.: °*dö Strenwürz* (Quecken) *habn mir den Hawan dadrängt* Pleinting VOF; „Das Unkraut *(der Jätt) dertrenkt das Getraid*“ SCHMELLER I,667.– Auch †überwuchern, verwuchern: *Mancher Acker ist vom Jätt ganz dertrenkt* Loisach SCHMELLER I,667.

SCHMELLER I,667, II,231.– WBÖ V,429.

[**durch**]**trånken** wie →*t.*2b, °OB, °NB, °OP vereinz.: °*der Acker is durchträngt* Deggendf.

[**ein**]**t. 1** einflößen, eine Flüssigkeit eingeben, °OB, °NB, °OP, °SCH vereinz.: °*dem Buam hab i d'Möich eiträkt* Lohbg KÖZ.– **2** (Pflanzen) wässern, mit Flüssigkeit versorgen, °OB vereinz.: °„neu gepflanzte Bäume *wern eiträkt*“ Kay LF.– **3** sich mit Flüssigkeit vollsaugen lassen, durchtränken, überschwemmen.– **3a** †wie →*t.*2a: *einträken* „z. B. ein Papier mit Oele“ WESTENRIEDER Gloss. 124.– **3b** wie →*t.*2b, °OB, °NB, °OP, °SCH vereinz.: °*da Reng hod an Acka eidrängt* Lenggries TÖL.– **3c** wie →[*aus*]*t.*2, °OB, °OP vereinz.: °*d'Ampawiesn deama einträka* „unter Wasser stellen“ Wildenroth FFB; *ein Acker ist eingetrenkt* SCHMELLER I,667; *alle Wasser Enger von der schwalmstain Mill bis auf Dall Kürchen seint eingeträkt gewest, als wanns ein see gewesen wer* J. BURGHOLZER, Stadtgesch. von München, München 1796, 369.– **4** hineinfließen, hineinströmen, °NB vereinz.: °*mia miasn an Grobn macha, daß s Wossa net so ön d'Wies einträkt* Landau.– **5** wie →[*aus*]*t.*3a: °*auf da Wies müaß ma d'Mäus einträka, damits nit zviel wern* Fischbachau MB.– **6** heimzahlen, Böses antun.– **6a** heimzahlen, Vergeltung üben, in der Fügung: *es jmdm e.* °OB, °NB, °OP, °SCH vereinz.: °*der Martl hat uns verratn, dem wern mas einträka* Hzkchn MB; *Aber der Kilian wenn mir in 'n Weg kimmt, dem tränk' i's ein!* MEIER Werke I,142 (G'schlößlbauer).– **6b** jmdm Böses antun, Schwierigkeiten bereiten, meist in der Fügung: *jmdm etwas e.* u.ä. °OB, °NB, °OP vereinz.: °*der hat si wos eiträkt* „sich in eine unangenehme Lage gebracht“ Eslarn VOH.– **7** zurechtweisen, einbleuen, einreden.– **7a** zurechtweisen, die Meinung sagen, in der Fügung: *es jmdm e.* °OB, °NB, °OP vereinz.: °*dem howes eidräkt* Rgbg.– **7b** einbleuen, eintrichtern, °OB, °NB, °OP vereinz.: °*dös ho e eahm eiträkt, dara dös nimmer probiern braucht* Weildf LF.– **7c** einreden, aufzwingen, °OB, °NB, °OP, °SCH vereinz.: °*dem hab i s Dableibn eindrängt* Pleinting VOF.

SCHMELLER I,667; WESTENRIEDER Gloss. 124.– WBÖ V,429f.

[**ver**]**t. 1** †wie →*t.*3a: „Kosten wegen der an der Mühldorfer Brücke *vertrenkten churfürstlichen Mobilien*“ 1645 Inn-Isengau 3 (1925) 58.– **2** wie →*t.*4, °OB, SCH vereinz.: *si vrdrejnka* Derching FDB; *fɑtręŋkxn* nach SCHWEIZER Dießner Wb. 40; *Die junge Knäbl der Hebreer läst der wütrich Pharao in Nilo vertrenken* Ch. SELHAMER, Tuba Clementina, Nürnberg 1698, II,506.– **3** wie →*t.*6: °*s Jät* (Unkraut) *verträkt s ganze Troad* Bayersoien SOG.

†[**leim**]**t.** mit Leim tränken, auf etwas Leim auftragen: *nim das Berait holcz … vnd leimtrencks* 2.H.15.Jh. Liber illuministarum 172.

SCHMELLER I,667.

†[**öl**]**t. 1** mit Öl salben: *ungeniet* [unerfahrene] *jung leut … lassen sich weihen, schmiren und öltrenken* AVENTIN IV,915,13-18 (Chron.).– **2** mit Öl tränken, behandeln: *Wil du dann mit öl farben darauf malen so öl trencks* 2.H.15.Jh. Liber illuministarum 184.

[**über**]**trånken 1** wie →*t.*2b: °*da Acka is überträkt* „bei anhaltendem Regen oder Schneeschmelze“ Bayrischzell MB.– **2** †wie →[*der*]*t.*5: *Inebriat … upartrenchit* wohl Rgbg 1.H.12.Jh. StSG. I,811,9f. A.S.H.

Tränker

M. **1** †Trinker, Säufer: *Potator … trankere* wohl Aldersbach VOF 12./13.Jh. StSG. III,141,56; *die trenker unde die frezzer, die … etelîche tac unde naht zem wîne ligent* BERTHOLDvR I,19,34f.

2 Eimer zum Tränken der Kälber: °*Dräka* „aus Blech, mit Schnabel“ N'taufkchn MÜ; *dreŋkɑ* Teising AÖ nach SOB V,63.

3 best. kleiner Kahn: *Träka* Hengersbg DEG.

Etym.: Ahd. *trancâri*, mhd. *trenkære*, *trenker* stm., Abl. von →*tränken*; WBÖ V,430.

SCHMELLER I,668.– WBÖ V,430.

Komp.: [**Gänselein**]**t.**: °*Gansalträga* „Trinkgefäß für junge Gänse“ Rattenbg BOG.

[**Kälber**]**t.**, [**Kälblein**]- wie → *T.*2: °*Kaiwedränga* „mit Gummisauger" Pörnbach PAF; *kǒ̄wadrę̄ŋga* Pollenfd EIH nach SOB V,63.

[**Seelen**]**t.** wie → *T.*3: „die *Seelentränker* waren kleinere Kähne ... zum Uebersetzen der Uferbewohner oder zum Fischen" Altb.Heimatp. 9 (1957) Nr.46,6.
WBÖ V,430. A.S.H.

tränkern
Vb., (Vieh) tränken, säugen, OB vereinz.: *de Keiwe drangan* Eisenärzt TS.
WBÖ V,311. A.S.H.

trankig, -ä-, -icht
Adj. **1** trübe, nicht durchsichtig, °NB mehrf., °OB, °OP vereinz.: °*dös Wåssa is gånz trånkig gwen* Ismaning M; *rühr den Satz net auf, daß der Kaffee net trankig werd* Bodenmais REG; *drā̊ŋad* nach Kollmer II,92.
2 dickflüssig, breiartig, °OB, °NB vereinz.: °*dös Saufuada is trangig* Taching LF.
3: °*trànkig* „süffig, geschmackvoll" Fischbachau MB.
4: °*dös is aber a trankigs Wetter* „neblig, trüb" Hohenpeißenbg SOG. A.S.H.

Tränkin
F. **1** (abwertend) Puppe, Spielzeug, °sö.OB vielf.: °*de Tranken* Ü'see TS; *Trankin* Berchtesgaden Bergheimat 8 (1928) 42.
2 abwertend Frau, °OB vereinz.: °*Trankön* „altes, schlampiges Weib" Schleching TS; *Dranggen* „Frau abwertend" Spr.Rupertiwinkel 23.
Etym.: Herkunft unklar; WBÖ V,311.
Schmeller I,667.– WBÖ V,311. A.S.H.

Trannel, Tra(n)del
M., F. **1** sich drehender Gegenstand.– **1a** Kinderkreisel, °OB (v.a. O), °NB (v.a. SO) mehrf.: °*laß do dö Troa*ⁿ*l dem Kloan!* Inzell TS; *a Drå*ⁿ*al måucha* „aus einem Hosenknopf, der mit einem kurzen Hölzchen durchstochen wird" Mittich GRI; *drō̃l* Wittibrt PAN DWA XII[,K.5f.].– Phras.: *då geit a wiara Trōal* „ist eifrig, wenn es etwas zu erreichen gibt" Rottal.– **1b**: °*die Dråhnl* Karussell O'au BGD.– **1c** Wetterfahne, °OB, °OP vereinz.: °*Drodl* Lindenloh BUL; *Trodl* „hölzerne Windfahne" Hoheneicher Werdenfels 64.
2 Wirbel, Knoten.– **2a** Strudel, Wasserwirbel, °OB vereinz.: °*ea is an Dråll eikemma und dasuffa* Garching AÖ; *Draul* Spr.Rupertiwinkel 23.– **2b** Wirbelwind, Windsbraut, °OB vereinz.: °*do is a Drådl durch* Bayersoien SOG; *Drool* „Windhose" Wölzmüller Lechrainer 103.– **2c** Haarwirbel, °OB, °OP vereinz.: °*Drådl* Wilting CHA.– **2d** verdickte Stelle im Faden, °NB, OP vereinz.: *a Trounl* Naabdemenrth NEW.
3 kreisförmige Stelle im Feld, an der das Getreide niedergedrückt ist: °*Droahl* O'au BGD.
4 †: *Drà-l* „spiralförmig gezogene Rinne im Innern eines Gewehrlaufes" Schmeller I,560.
5 †: „Qualm, Brodem ... *ə˜ ganzə' Drà-l* (z.B. von Gestank)" Schmeller I,560.
6 †: *Drà-l* „Betäubung" Schmeller I,560.
7 Gewohnheit, Trott, °OB, °OP, °MF, °SCH vereinz.: °*ausm Traoudl kumma* Weiherhammer NEW.
8 abwertend von Menschen.– **8a** dummer, ungeschickter Mensch, °OB vereinz.: *des is a so a Troa*ⁿ*dl* Moosach EBE.– **8b**: °*Trahnl* „langweilige Frau" Ramsau BGD.
Etym.: Spielform von → *Trennel* 'Kreisel', teilw. unter Einfluß von → *Drehel* 'dass.'; WBÖ V,312.
Schmeller I,560.– WBÖ V,311-313.

Abl.: *Trann(e)ler, trann(e)lern, Tranneling, tranneln.*

Komp.: [**Brot**]**t.** wohl drehbares Gestell zum Auflegen des frisch gebackenen Brots: *s Bråutdrå*ⁿ*al* Mittich GRI.
WBÖ V,313.

[**Haar**]**t.** wie → *T.*2c: °*Haardraunl* Steinhögl BGD.

[**Hexen**]**t. 1** wie → *T.*2b: *Hexatroarl* Windsbraut Pflugdf LL.– **2**: *Hexntrodl* die wilde Jagd Garmisch GAP.

[**Laib**]**t.** wie → [*Brot*]*t.*: *s Loawdrå*ⁿ*al* Mittich GRI.

[**Sau**]**t. 1** wie → *T.*2b, °OB vereinz.: °*schlecht Wettr werds, an Saudrodl hats* O'ammergau GAP; *saodrǭdl* Rottenbuch SOG nach SBS VIII,164.– **2** schlampiger, ungepflegter Mensch, °NB, °OP vereinz.: °*Saudrodl* Eschenbach.

[**Wasser**]**t.** wie → *T.*2a, °OB vereinz.: °*Wosserdraunl* Wasserwirbel Steinhögl BGD.

[**Wind(s)**]**t.** wie → *T.*2b, °OP, °SCH vereinz.: °*Winddrodel* „wirbelt Staub oder Heu kreisförmig hoch" Pemfling CHA; *wintdrǭdl* nach FREUDENBERG Böbing 37. A.S.H.

Trann(e)ler, Tra(n)d(e)ler
M. **1** sich drehender Gegenstand.– **1a** Kinderkreisel, °OB, °NB, °OP, °SCH vereinz.: °*an Drolla singa lassn* Winklsaß MAL; *a Dronla* Atzldf WOS DWA XII[,K.5f.].– **1b** Wetterfahne, °OB vereinz.: °*Drohla* Schlehdf WM.– **1c** Drehkreuz, °OB vereinz.: °*Drolla* Hzhsn WOR.– **1d** Reitel: °*Droller* „um Eisen zusammenzubinden" Walleshsn LL.
2 Wirbel, Wirbelwind.– **2a** Strudel, Wasserwirbel, °sw.OB mehrf., °NB, °SCH vereinz.: °*da Bua is in dem Wassa an Drohla einikäma, der hotn obizong, nacha is er dasuffn* Reichersbeuern TÖL.– **2b** Wirbelwind, Windsbraut: °*a Drola* Pfaffenhfn FDB; *Drola* „plötzlicher Luftwirbel" Wb.Krün 13.– **2c** Haarwirbel: °*dear håt an Drådler drin* Eresing LL.
3 (kreisförmige) Stelle im Feld, an der das Getreide niedergedrückt ist, °OB, °SCH vereinz.: °*der Wind hat Drohler gmacht* Hochdf FDB.
4: „*drǭdla* ... unangenehmer Geruch" FREUDENBERG Böbing 39.
5 best. geistige od. körperliche Verfassung, Krankheit.– **5a** Verrücktheit, Eigenheit, °OB, °NB vereinz.: °*geh zua, der hot a an Trålla* Hohenpeißenbg SOG.– **5b**: °*Drålla* „Drehkrankheit von Schafen, Gemsen" Fischbachau MB.
6 dummer, ungeschickter Mensch: °*Droaler* Eschenlohe GAP.

Komp.: [**Hexen**]**t.** wie →*T.*2b: °*Hexndroler* Lenggries TÖL; „Wirbelwind ... *hękſndrǭlα*" Weilhm nach SBS VIII,162.

[**Sau**]**t.** wie →*T.*2b, °OB vereinz.: °*wenns an Saudråla macht, werds anders Weda* Peißenbg WM; *saodrǭdlə* Hohenpeißenbg SOG nach SBS VIII,164.

[**Wind(s)**]**t.** wie →*T.*2b, °OB, SCH vereinz.: °*Windtroller* Walleshsn LL; *windsdrǭdlαr* Altenstadt SOG nach SBS VIII,164. A.S.H.

trann(e)lern, tra(n)d(e)lern
Vb., Kreisel treiben, °OB, °NB, °OP vereinz.: °*tean ma heut nachmittags drållan* Hohenpeißenbg SOG.

Komp.: [**an**]**t.** Part.Präs. **1**: °*ådrållad* schwachsinnig Wegscheid.– **2** zweifelhaft, fragwürdig: °*androilad* „sind nicht ganz einwandfreie Menschen" (Ef.) H'schmiding WOS. A.S.H.

Tranneling
M.: °*Drohling* „vom Wind zerzaustes, niedergedrücktes Getreide" Eresing LL. A.S.H.

tranneln, tra(n)deln
Vb. **1** Kreisel treiben, °NB vereinz.: °*drodln* Eitting MAL.
2 sich im Kreis um seine Achse bewegen: °*lassn amol droadln* „den Kreisel" Garmisch-Partenkchn.
3 als Wirbelwind wehen: °*drold* Lengenfd LL; *drǭdlds* Todtenweis AIC SBS VIII,159.
4: °*droulln* schlecht arbeiten, pfuschen Lindenloh BUL.
WBÖ V,313.

Komp.: [**zu-sammen**]**t.** **1** reiteln: °„mit dem *Droller* tut man *zsammadrollen*" Walleshsn LL.– **2** durch schlechte, unordentliche Arbeit zunichte machen, verderben: °*dea Mo hats wida zammadrållt* Eging VOF. A.S.H.

Transch, -ä-, -en
M. **1** Speise, Nahrung.– **1a** mißratene, verkochte Speise, °OB, °NB, °OP vielf., °SCH vereinz.: °*des Wei macht so an Trantschn vo an Essn zam* Halfing RO; °*heint host wieder an richtign Transch kocht* Haselmühl AM; *Transch* „Speise, die lieblos, wenig geschmackvoll zubereitet ist" WIDMANN Holledauer 124.– **1b** minderwertiges, verwässertes Getränk, °OB, °NB, °OP vereinz.: °*Trantsch* „gewässerte Milch" Griesbach; °*Trantsch* „schales Bier" Weiden.– **1c** Eintopf, Gericht aus Speiseresten, °NB, °OP vereinz.: °*do houst an Trånsch zamkocht* „Suppe aus allerlei Überbleibsel (Brot, Kartoffeln, Spinat)" Dietfurt RID; *Transch* ZEHETNER Bair.Dt. 349.– **1d** auch N., dickflüssiges Viehfutter, °NB, °OP vereinz.: °*s Trantsch* „Milch, Wasser, Kartoffeln für Schweine" Frauenbg PAR.– **1e**: °*a Trantscherl* „etwas Leckeres" Wettstetten IN.
2 Durcheinander, Mischmasch, °OB, °NB, °OP, °SCH vereinz.: °*wos machst do für an Trantsch zam* Zustorf ED.
3 Klecks, verschüttete Flüssigkeit: °*Trantsch* „verschüttete Flüssigkeit" N'nkchn EG; „*drånš* ... Kleckserei" nach KOLLMER Laute 30; *Trántsch* „Klecks, Unreinlichkeit" SCHMELLER I,671.
4 Schneematsch, Schlamm, °OB, °NB vereinz.: *dös is a Trantsch* Gemisch von Schnee und Wasser auf der Straße Taxa DAH; *Transch* „zusam-

mengetretene nasse Erde" Passau; *drånš* nach KOLLMER II,91.
5: „wertloses Zeug ... *jedn tranš aufhem*" nach SCHWEIZER Dießner Wb. 204.
6 Geschwätz, Gerede, °OB (v.a. W), °SCH vielf., °NB, °OP vereinz.: °*der macht an richtign Traunsch* Tandern AIC; *trantʃ* „wertlose Reden" nach SCHWEIZER Dießner Wb. 204.– Auch: °*man hat an Trånsch ghobt* „Unterhaltung zweier Personen auf der Straße" Ambg.
7 mißtönende Musik: °*Trantsch* Traidendf BUL.
8 Unfug, Unsinn: °*so a Transch* Simbach EG; *trantʃ* nach SCHWEIZER Dießner Wb. 204.
9 v.a. von Menschen.– **9a** schwerfälliger, ungeschickter, dummer Mensch, °NB, °OP, °SCH vereinz.: °*du bist a dumma Drandsch* Cham; *Droandsch* „phlegmatischer Trampl" FÄHNRICH M'rteich 165.– Auch: °*Trantsch* „dummes Tier" Stöckelsbg NM.– **9b** schlampiger, ungepflegter Mensch, °OB, °NB, °OP vereinz.: °*der Tråntsch* „verschlampt alles" Neukchn KÖZ.– **9c** Vielredner, Schwätzer: *Dråndsch* Derching FDB; *Träntsch* „geschwätzige Person, Plaudertasche" HOHENEICHER Werdenfels 64.– **9d** nettes Kind, liebenswerter Mensch, °NB vereinz.: °*is dös a netter Transch!* Gögging KEH; *dråntšal* „zärtliche Benennung einer lieben Person, bes. eines Kindes" nach KOLLMER II,92.

Etym.: Abl. von →*transchen*; WBÖ V,314f.– N. in Bed.1d nach →*Trank*. Belege ohne Genusangabe in Bed.9 auch zu →*Transche* möglich.

SCHMELLER I,671.– WBÖ V,314f.

Komp.: [**Bauern**]**t.** schwerfällige, ungeschickte weibliche Person vom Land, °OP vereinz.: *Bauandronsch* Altfalter NAB.

WBÖ V,314.

[**Schnee**]**t.** Schneematsch: °*a Schneetransch* Frauenau REG.

[**Weiber**]**t.** Weibergeschwätz: *a Weiwadransch* Dasing FDB. A.S.H.

-transch, -ä-

N., nur in: [**Ge**]**t. 1** Schneematsch, °OB vereinz.: °*do werds wieda so a Getransch gebn* Mammendf FFB.– **2** Geschwätz, Gerede, SCH vereinz.: *s Gedransch* Neukchn ND. A.S.H.

Transche, -ä-

F. **1** Frau, die schlecht kocht, °OB, °NB vereinz.: °*a Trantschn* Ergolding LA.
2: *tranšn* „jmd., der lieblos mit dem Essen umgeht, darin herumstochert od. häufig kleckert" KILGERT Gloss.Ratisbonense 164.
3 schwerfällige, ungeschickte, dumme weibliche Person, °OB, °NB, °OP, °MF, °SCH vereinz.: °*de Transchn moch doch koana heiran* Dietfurt RID; *dråntšn* „(abfällig) langweilige, umständliche weibliche Person" nach KOLLMER II,92; *Die Träntsch* „unausrichtsame ... Weibsperson" SCHMELLER I,671.
4 wehleidige weibliche Person: *Transchn* Altb. Heimatp. 63 (2011) Nr.39,8.
5 schlampige, ungepflegte weibliche Person, °OB, °NB, °OP vereinz.: °*dös is do an elendige Transchn* Kehndemenrth NEW; *Trantschn* HÄRING Gäuboden 179.
6: *dråntšn* „weibliche Person ... [die] öfter furzt" nach KOLLMER II,92.
7 schwatzhafte weibliche Person, °OB vereinz.: °*dös is a a Drantschn* Griesbeckerzell AIC; *Die Drantsch* „geschwätzige Weibsperson" DELLING I,132.

DELLING I,132; SCHMELLER I,671.– WBÖ V,314f. A.S.H.

Transchel, -ä-

F., M. **1** von Menschen.– **1a** schwerfälliger, ungeschickter Mensch, °OB, °OP, °SCH vereinz.: °*a Tronschl* Reichenhall.– **1b**: °*die Trantschl* „leichtsinniges Mädchen, das sich herumtreibt" Burggen SOG.
2 aus Rinde gebasteltes Spielzeug zum Pfeifen: °*Dranschl* Lengenfd LL; *„drantšl* aus Weidenhaut gemacht" Hohenfurch SOG nach SBS X,27. A.S.H.

-transcheln, -ä-

Vb., nur in Komp.: [**ver**]**t.**: *vertranscheln* „Gegenstände durcheinanderbringen" Mchn.

WBÖ V,316.

[**her-um**]**t.**: °*rumtranschln* „herumprobieren" Wettstetten IN. A.S.H.

transchen, -ä-

Vb. **1** schlecht kochen, °OB, °NB, °OP, °SCH vereinz.: °*d Marie transcht, dös ko ma überhaupt net fressn* Wiefelsdf BUL; *transchn* „einen 'Schlangenfraß' herstellen" JUDENMANN Opf.Wb. 157.
2 vermischen, manschen, panschen.– **2a** vermischen, vermengen, °OB, °NB, °OP vereinz.: °*trantschn* Barbing R; *dranschn* „wahllos durcheinandermengen, -mischen" ANGRÜNER

Abbach 26.– **2b** manschen, in od. mit weicher Masse herumhantieren, °NB, °OP, °SCH vereinz.: °*tråntschn* „Schweinefutter (Kleie, Kartoffeln, Wasser oder Milch) mit den Händen zu einem Brei verrühren" Hfndf ROL; *da Doach … Tout s' 'nan naou No amal o'mantschn … Des öiwe Drantschn* SCHWÄGERL Dalust 123.– Auch: °*trantschn* „Nudel- oder Kuchenteig zubereiten" Frauenbg PAR.– **2c** panschen, verwässern, °OB, °NB vereinz.: °*trantschn* „einen minderwertigen Verschnitt von Wein herstellen" Hohenpeißenbg SOG; °*Milch trantschn* Ruhstorf GRI.

3 planschen, patschen, verspritzen, beschmutzen.– **3a** planschen, °OB, °NB, °OP vereinz.: °*wos teats do trantschn!* Zustorf ED.– **3b** patschen, durch Wasser od. Matsch gehen, °OB, °NB vereinz.: °*s Kind transcht in a Wossalacha* Pfarrkchn.– **3c** (Flüssigkeit) verspritzen, vergeuden, °NB, °OP vereinz.: °*tua net a so tråntschn* Essenbach LA.– **3d** beschmutzen, beklecksen: *drąntšn* nach KOLLMER II,92.

4 unordentlich, schmatzend essen.– **4a** unordentlich essen, kleckern, °OB, °NB vereinz.: °*aus dem Topf trånschn* Ihrlerstein KEH; *tranšn* „im Essen stochern, wühlen od. mit Essen kleckern" KILGERT Gloss.Ratisbonense 164.– **4b** schmatzend essen, schlabbern, °OB, °NB vereinz.: °*tråntschn* Zwiesel REG.

5 naß, mit Regen vermischt schneien: °*es tuat trantschn* O'bibg WOR.

6 schwerfällig, langsam gehen, °OP vereinz.: °*trantschn* Rgbg; *trantschn* „plump einhertreten" HÄRING Gäuboden 179.– Reim: °*transch Nandl, transch Nandl, geh, geh ma zon Bia – transch Nandl, transch Nandl, transch nachö nach mia!* Lalling DEG.

7 sich herumtreiben: *transchen* „herumzigeunern" Burggen SOG.

8 trödeln, langsam, umständlich arbeiten, °OB, °OP, °SCH vereinz.: °*trantsch net so!* Erbendf NEW; *drąntšn* nach KOLLMER II,92.

9 reden, ausplaudern, verklatschen.– **9a** viel reden, schwätzen, °OB, °NB, °OP, SCH vereinz.: °*machts weita mit da Arwat, et* [nicht] *so vui dråntschn!* Aichach; *drąntšn* „plaudern" nach KOLLMER II,92.– **9b** ausplaudern, weitererzählen, °OB vereinz.: °*du muaschd douch ejd* [nicht] *ois gai draondschn* Todtenweis AIC; *Aber stad muaß ma sei. Nix plantschn und trantschen* STROBL Mittel und Bräuch 48.– **9c** verklatschen, °OB vereinz.: *trantschn* „verpetzen" Inzell TS.

10 weinen, °NB, OP vereinz.: *drantschn* Pfreimd NAB.– Auch: °*trantschn* „mit weinerlicher Stimme erzählen" Stöckelsbg NM.

11 Töne, Klang erzeugen.– **11a** mißtönend spielen, °NB, °OP vereinz.: °*die Blasmusik transcht* Bodenmais REG.– **11b** auf einem aus Rinde gebastelten Spielzeug pfeifen: °*der drantscht* Grafenrd VIT.

12 furzen, den Darm entleeren.– **12a** furzen, °NB vereinz.: °*tråntschn* Grafenrd VIT; *wea dråntštn do šą̃ wīdα?* nach KOLLMER II,414.– **12b**: *dråntšn* „Kot lassen" nach KOLLMER II,92.

13: °*dranschn* „zu dritt dreschen" Schwend SUL.

14 (Schuhe) abtreten, abnutzen: °*trantschn* Hzkchn MB.

15 Unfug, Unsinn treiben: °*trantschn* Wolfratshsn.

16 (ein Tier) zerlegen, zerteilen: °*der transcht scho a so* „haut in die geschlachtete Sau ein und zerlegt sie" Arnstorf EG.

Etym.: Onomat.; WBÖ V,315. Bed.16 unter Einfluß von →*tranchieren*.

DELLING I,132; SCHMELLER I,671.– WBÖ V,315.

Abl.: *Transch, -transch, Transche, Transchel, -transcheln, Transcher(er), Transcherin, tränscherln, Transchger, transchig, Transchlerin.*

Komp.: [**abhin**]**t.** wie →*t.*14: °*deine Schuah derfst zum Schuasta toa, de san scho ganz abitrantscht* Hzkchn MB.

[**an**]**t.** in lästiger Weise anreden: *ådråndschn* Derching FDB.

[**um-ein-ander**]**t. 1** wie →*t.*1, °OB, °NB, °OP vereinz.: °*trantsch no wieda rächt umanand!* Nittenau ROD.– **2** planschen, patschen, verspritzen.– **2a** wie →*t.*3a: °*wos trantschtn da wieda umanand?* „mit Wasser spielen" Langquaid ROL.– **2b** wie →*t.*3b: °*die Kinder transchn im Schlamm umanand* Fronau ROD.– **2c** wie →*t.*3c, °NB vereinz.: °*a so umanandatrantschn!* „Wasser oder Dickflüssiges verschütten" Pfarrkchn.– **3** wie →*t.*7: *wou dråntšt αn hę̃d dęαr umαnånα?* „Wo treibt sich denn heute der … umher?" nach KOLLMER II,414f.– **4** wie →*t.*8, °NB, °OP, °SCH vereinz.: °*transch nr no länger umanand!* Buchdf DON; *wǫs dråntšt αn de umαnånt?* „Was arbeitet denn die … herum (etwa beim Kochen)?" nach KOLLMER II,414.– **5** wie →*t.*9a, °OB, °SCH vereinz.: °*de alte Dorfratschn tuat nichts wie umanandatrantschn* Thanning WOR.

[anher]t.: °*der Nachbar hat anatrånscht* „beim Pflügen auf dem angrenzenden Grund gewendet“ Dietkchn NM.

[aus]t. 1 refl., ausgiebig plaudern, sich unterhalten: °*habts enk* [ihr euch] *jetz wieder austranscht?* Tödtenrd AIC.– **2** wie →*t.*9b: °*der trantscht alles aus* Thanning WOR.

[ver]t. 1: °*des habts* [ihr] *vertrantscht* „das Essen durch schlechte Zutaten verdorben“ Landshut.– **2** wie →*t.*2c: °*vertrantscht* „verwässert, von Milch“ Griesbach.– **3** wie →*t.*3c, °NB vereinz.: °*vertrantschn* Bayerbach GRI; *fadrąntšn* „verschütten, vergeuden“ nach KOLLMER II,92.– **4** †: *Die Zeit verträntschen* „unnütz verwenden“ SCHMELLER I,671.– **5** verschlampen, verlegen, °NB vereinz.: *wo hast denn dös hü vertrantscht?* Passau.– **6** refl., sich verplappern: *si verdråndschn* Derching FDB.

SCHMELLER I,671.– WBÖ V,315.

[zu-sammen]t. 1 (unzulänglich) zubereiten, herstellen.– **1a** schlecht zubereiten, °NB mehrf., °OB, °OP vereinz.: °*hait host åwa wieda wos zåmtrånscht* Frsg; °*de trånscht wieder a so a Essn zam* Hausen KEH; *wǫs hǫstan ei hę̄d wīda zåmdråntšt?* „zusammengekocht (abfällig)“ nach KOLLMER II,414.– **1b** durch Vermischen, Vermengen zubereiten, °OB, °OP vereinz.: °„aus Speiseresten eine neue Mahlzeit *zamtranschn*“ Garching AÖ.– **1c** durch Panschen herstellen: °*dea transcht wieda a so a Trankl zam* Eging VOF.– **1d** stümperhaft herstellen, anfertigen, °OB, °NB vereinz.: °*zammtranscht* N'bergkchn MÜ.– **2** wie →*t.*9a, °OB vereinz.: °*der transcht wos zam* Tandern AIC.– **3** wie →*t.*12a: °*der trantscht wieda wos zamm heit* „läßt seine Blähungen ungeniert fahren“ Straßkchn SR.– **4** wie →*t.*15: °*was wirst denn wieda zamtrantschn?* „Dummes anstellen“ Simbach EG. A.S.H.

Transcher(er), -ä-

M. **1** meist abwertend v.a. von Menschen.– **1a** jmd, der schlecht kocht, °OB, °NB, °OP vereinz.: °*des werd a so a Tråntscher sei* Manching IN.– Auch: schlechter Bäcker, °NB, °OP vereinz.: °*dös is a so a Transcher* Laaber PAR.– Schlechter Metzger, °NB vereinz.: °*Trantscher* Arnstorf EG.– **1b** Mischer, Panscher.– **1bα** jmd, der Verschiedenes vermischt, vermengt, °OB, °NB, °OP vereinz.: °*Trantscher* Landau.– **1bβ** Panscher, °OB, °NB vereinz.: °*Tråntscher* „schüttet Wasser ins Bier“ Schönbrunn LA.– schlechter Wirt, Barmixer, °OB, °NB vereinz.: °*Trånscher* Fahrenzhsn DAH.– **1c** jmd, der planscht: °*Trantscher* „Kind, das mit Wasser herumspielt“ Griesbach.– **1d** jmd, der unordentlich ißt, schmatzt.– **1dα** jmd, der unordentlich ißt, kleckert, °OB, °NB, °OP vereinz.: °*Trånscher* Mauern FS.– **1dβ** jmd, der schmatzt, schlabbert, °OB, °NB vereinz.: °*Trantscher* Hfndf ROL.– **1e** jmd, der furzt, °NB, °OP vereinz.: °*Tråntscher* Mötzing R; *dråntša* nach KOLLMER II,91.– **1f** dummer, ungeschickter Mensch, °NB, °OP, °MF, °SCH vereinz.: °*Dranscha* Regelsbach SC.– Auch: °*Trantscher* „tolpatschiges Tier“ Stöckelsbg NM.– **1g** jmd, der langsam od. unordentlich arbeitet, Pfuscher, °OB, °NB, °OP, °SCH vereinz.: °*der Trantscher wird wieder gar nicht fertig* Rgbg; *dråntša* „langweilige, umständliche männliche Person“ nach KOLLMER II,91.– **1h** schlampiger, ungepflegter Mensch, °NB, °OP vereinz.: °*Trantscherer* Pemfling CHA.– **1i** dicker, unförmiger Mensch: °*Trantscher* Weiherhammer NEW.– **1j** jmd, der schwerfällig, langsam geht, °OB, °OP vereinz.: °*dös is a Trantscher* Fronau ROD.– **1k** Vielredner, Plauderer, Verklatscher.– **1kα** Vielredner, Schwätzer, °OB (v.a. W) mehrf., °NB, °OP, °SCH vereinz.: °*dejs is a oidda Draondscha* Todtenweis AIC.– **1kβ** jmd, der alles ausplaudert, °OB vereinz.: °*Trantscher* „kann nichts geheimhalten“ Polling WM.– **1kγ** Verklatscher, Verleumder: *Trantscher* Walkertshfn DAH.– **1l** schlechter Musikant: °*Trantscher* Zwiesel REG.– **1m**: °*su a Tråntscha* „einer, der beim Pflügen auf dem angrenzenden Grund wendet“ Dietkchn NM.

2 Dim., aus Rinde gebasteltes Spielzeug zum Pfeifen, °NB vereinz.: °*a Trantschal* „5 cm langes Rindenröhrchen, von Birke, Weide, Vogelbeere“ M'rfels BOG.– Spruch beim Losklopfen der Rinde: *Transcherl, Transcherl, geh o(b), sonst schneid i dir an Schedl o(b)* St.Englmar BOG VHN 94 (1968) 137.

3 Mißton, unangenehm klingender Tonfall.– **3a** Mißton, falscher Ton: °*dea hot an gscheitn Trantscher einito* „mit einem Blasinstrument in die Pause hineingeblasen“ Bodenmais REG.– **3b**: °*dös is a Tråntscha* „unangenehm klingender Tonfall“ Traidendf BUL.

4: °*Tråntscher* „nicht sorgfältig geleistete Arbeit“ O'igling LL.

WBÖ V,316.

Komp.: [**Mai**]**t.** wie → *T.*2: °*Moidrantscha* „aus Birkenrinde" Grafenrd VIT; „Flöten, die man im Mai schnitzelte ... *Maitranschal*" St.Englmar BOG VHN 94 (1968) 138.

[**Wein**]**t.** Weinpanscher: °*a lumpata Weintrantscher* Hohenpeißenbg SOG. A.S.H.

Transcherin, -ä-
F., Frau, die schlecht kocht, °OB, °NB, °SCH vereinz.: °*dös is a so a Trånscheren* Reichersbeuern TÖL. A.S.H.

tränscherln
Vb.: °*traanscherln* „etwas zusammenkochen, was nichts wird" Mchn. A.S.H.

Transchger, -ä-
wohl F. **1**: *Transchgarl* „tolpatschige Frau" Pleystein VOH.
2: °*Transchkan* Kartoffelpuffer Winklarn OVI. A.S.H.

transchig, -icht, -ä-
Adj. **1** matschig, kotig, NB vereinz.: *es wead trantschö* der Schnee zerrinnt Biburg KEH.
2 langsam, schwerfällig, ungeschickt, NB, °OP, MF vereinz.: *transchat geh* Hauzenstein R.
3 gefällig in Aussehen od. Benehmen: *transchi* Berchtesgaden; *transchig* „artig ... gefallenwollend in seinen Leibesbewegungen" WESTENRIEDER Gloss. 585.
4 †: *transchig* „lebhaft" WESTENRIEDER Gloss. 585.
5 übertrieben gefühlvoll, rührselig: *Lieda ... Wenns aa oft a wengl transchad und schmalzad woarn* HEINRICH Stiftlanda Gschichtla 47.
WESTENRIEDER Gloss. 585. A.S.H.

Transchlerin
F., weibliche Person, die viel redet, schwätzt: °*alte Trantschlerin* Walleshsn LL. A.S.H.

Transel
(Genus?) **1** verdickte Stelle im Faden, °NB, OP vereinz.: °*du hast ja lauter Trå^{n}sln einigspunna* Breitenbg WEG.
2 dummer, ungeschickter Mensch, °NB, OP vereinz.: *Drånsl* „täppische Person, die alles in Verwirrung bringt, verdreht" Naabdemenrth NEW.
Etym.: Herkunft unklar. Wohl Spielform von → *Trannel*.

Abl.: *transeln*. A.S.H.

transeln, -ä-
Vb., drehen, drehend bewegen: °*dranzln* G'holzhsn RO.

Komp.: [**auf**]**t.** (Gestricktes) auftrennen, aufziehen: °*s Gschdriggads howe wieda aufdranzld* G'holzhsn RO.

[**ein**]**t.** eindrehen, ineinanderschlingen: °*de Kin doan gean d'Hutsch eidranzln, na lassn se se wieda ausdranzln* G'holzhsn RO.

[**umhin**]**t.** herumwickeln: °*an Schdrig howe also umidranzld uman Bam* G'holzhsn RO. A.S.H.

†Tränterer
M.: *Der Tråntərə'* „Art schlechten Topfens oder Quarks, aus Rührmilch und Käsewasser gesotten" südl.OB SCHMELLER I,671.
Etym.: Herkunft unklar; WBÖ V,314.
SCHMELLER I,671.– WBÖ V,314. A.S.H.

Trapf → *Trauf*(*e*).

trapft, Part.Prät., dumm, → *traufen*.

trapieren
Vb. **1** erwischen u. dabei verwunden: *trapieren* Leitzachtal; *man woaß nix, daß's a Viech 'trapiert' hätt* BERGMAIER Ruhpolding 256.
2: *drappiren* erraten Irlahüll EIH.
Etym.: Kurzf. von → *attrapieren* 'ertappen'; DWB XI,1,1,1271.
WBÖ V,316.

Komp.: [**an**]**t.**, ertappen, → *attrapieren*. A.S.H.

Trapp
M., schwerfälliges Gehen, Trappen, OB, °OP vereinz.: °*im Trapp geh* „laut auftreten" Rgbg.

Komp.: → *Trab*. M.S.

trapp
in Wiederholung.– **I** Interj.: *trap trap trap* „Nachahmung schwerer, geräuschvoller Schritte" Aicha PA.
II Adv., schwerfällig, trappend, OB, NB vereinz.: *der kimd trab trapp daher* O'audf RO.
WBÖ V,317. M.S.

-trapp
N., nur in: [**Ge**]**t.**: *Getrap* „Getrappel" Aicha PA. M.S.

Trappe[1], **-en**
F., M. **1** Treppenstufe, °OB vereinz.: *Tråppn* „Stufen einer Holztreppe“ Kreuth MB; *Wo die Gamserl aufsteign, han Trapperl ausghaut* Rottach-Egern MB KIEM obb.Volksl. 343.
2 Türschwelle, °OB, °NB vereinz.: °*geh, fall net über d Trappn!* Hohenpeißenbg SOG.
3 Pedal an Spinnrad, Nähmaschine u.ä., °OB vereinz.: °*do muaßt scho besser in d Trappn neisteign!* Hohenpeißenbg SOG.
Etym.: Mhd. *trappe* st/swf., swm., Nebenf. von →*Treppe*; PFEIFER Et.Wb. 1456.
SCHMELLER I,672.– WBÖ V,317f.

Komp.: [**Tür**]**t.** wie →*T.*2, °OB vereinz.: °*geh, putz de Türtrappn!* Lenggries TÖL.
WBÖ V,318.

[**Fuß**]**t.** wie →*T.*3: °*da Fußtrappn* Inzell TS.
M.S.

Trappe[2]
M., Trappe, Vogel: *Tråbm* Kohlbg NEW; *Metra ein trappe, est auis quedam* Indersdf DAH 1419 Voc.ex quo 1632; *als da seynd die Adler/ Auerhan/ Straussen/ Drapen* HAGGER Kochb. I,2.
Etym.: Mhd. *trappe, trap* swm., vielleicht aus dem Slaw.; KLUGE-SEEBOLD 926.
WBÖ V,317. M.S.

Trappe[3]
F. **1** von Menschen.– **1a** meist Dim., geistesgestörter, verrückter Mensch, °OB, °NB vereinz.: °*d Res, de Dråbbn, de deafans boid außi doa zu de Narrischn!* Dachau; „blödsinnige Person ... *Dé is ə˜ glatts Tráppál*“ SCHMELLER I,672.– **1b** Dim., dumme, unbeholfene (weibliche) Person, °OB, °NB, °OP vereinz.: °*Drabberl* „Dummerchen“ Rottendf NAB.– **1c** Dim., übermäßig gutmütige Frau, OB, NB vereinz.: *a guts Trappi* Dietelskchn VIB.
2 Pfote: °*gib ma s Trappä!* Fischbachau MB.
DELLING I,132; SCHMELLER I,672.– WBÖ V,318f. M.S.

†**Trappe**[4]
M., Traubenkamm: *Racemus drappo* Aldersbach VOF 12./13.Jh. StSG. III,90,58; *Drapp am trauben* SCHÖNSLEDER Prompt. L7[r].
Etym.: Ahd. *drappo, tr-*, mhd. *trappe* swm., weitere Herkunft unklar; Et.Wb.Ahd. II,755f.
SCHMELLER I,672. M.S.

Trappel[1], **-ä-**
wohl M., F. **1** geistesgestörter, verrückter Mensch, °OB, °NB vereinz.: °*Trape* „geistig nicht ganz normal“ Schönbrunn LA.
2 dummer, unbeholfener Mensch, °OB, °NB vereinz.: °*des werd scho so a Drappe sei* Siglfing ED; *Drábbl* „dummes, unbeholfenes Frauenzimmer“ ANGRÜNER Abbach 25.
3 übermäßig gutmütiger Mensch: *Trappi* Mchn.
Etym.: Abl. von →*trappen*; vgl. WBÖ V,320. Teilw. auch als Dim. von →*Trappe*[3] möglich.
WBÖ V,320. M.S.

Trappel[2]
F., Falle, Fangeisen, °OB vereinz.: °*Trappel* „selbst gebaute Schlagfalle“ Kay LF; *Trappeln* „Fußeisen“ HOHENEICHER Werdenfels 64.
Etym.: Aus it. *trappola*; WBÖ V,320.
SCHMELLER I,672.– WBÖ V,319f.

Komp.: [**Fuchs**]**t.** Fuchsfalle, Fuchseisen, °OB, °NB vereinz.: °*Fuchstrappö* Fischbachau MB.
WBÖ V,319.

[**Marder**]**t.** Marderfalle, Mardereisen, °OB, °NB vereinz.: *Modatrapö* O'audf RO. M.S.

Trappel[3]
M., Trumpfkarte: °*und noch an Trappl!* „wenn man beim Schafkopf gegen Ende des Spiels einen der letzten Trümpfe ausspielt“ Ursulapoppenricht AM.
Etym.: Zu *trappelieren* 'ein tarockartiges Kartenspiel spielen', aus it. *trappolare* 'betrügen, prellen'; vgl. DWB XI,1,1,1257. M.S.

-träppel
N., nur in: [**Ge**]**t.**: *Getrapö* „Getrappel“ Aicha PA.
WBÖ V,320. M.S.

träppeln, -a-
Vb. **1** (geräuschvoll) traben (vom Pferd): *Die neichn Rooß ... Hörst as trappeln und schnalzn* BAUER Isarlandl 41.
2 trippelnd laufen, OB, °NB, OP, SCH vereinz.: *döi Kinda tråpln* Stadlern OVI; *drábbln* „kleine Schritte machen“ ANGRÜNER Abbach 25.
3 trappen, trampeln, °OB vereinz.: *drappln* Herumtreten der Kühe vor dem Kälbern O'alting STA.
DELLING I,132; SCHMELLER I,672.– WBÖ V,320. M.S.

trappen
Vb. **1** trappen, trampeln, °OB, °NB, °OP, °MF vereinz.: *trappn* Herumtreten der Kühe vor dem Kälbern Mchn; *trapp nöt gor a so mit deina Holzschuah!* Pfaffenbg MAL; *drapn* „schwerfällig, polternd gehen" ANGRÜNER Abbach 26; *Trappen* „im Gehen stark auftretten, daß man weit gehört wird" HÄSSLEIN Nürnbg. Id. 133.
2: *trappn* „jemanden aufziehen, ausschmieren" Mering FDB.
Etym.: Germ. Bildung zur selben Wz. wie →*Treppe*; PFEIFER Et.Wb. 1450. In der Ltg teilw. nicht von →*traben* zu unterscheiden.
DELLING I,132; HÄSSLEIN Nürnbg.Id. 133; SCHMELLER I,672.– WBÖ V,321.

Abl.: *Trapp, trapp, -trapp, Trappe*[3], *Trappel*[1], *-träppel, träppeln, Trapper, träpperln, Trappet, träppicht, -träppler, trapsen.*

Komp.: [**abher**]**t.** stampfend, lautstark heruntergehen, °OB, NB vereinz.: °*der trapt üba d Stiang oba wie a Ochs* Reichersbeuern TÖL.
WBÖ V,321.

[**auf**]**t.** wie →*t.*1, NB, OP vereinz.: *föst auftrappn* Hengersbg DEG; *du bischt scho so auftrappt, daß ma di hör'n hat müass'n* THOMA Werke VI,336 (Wittiber).
WBÖ V,321.

[**da-her**]**t.** wie →*t.*1, OB, NB, OP, °MF vereinz.: °*der trappt dahea wej a Bea* Regelsbach SC.
WBÖ V,321.

[**zu-sammen**]**t.**: *d Schua zåmtrapm* „abtreten, kaputtlaufen" Mittich GRI. M.S.

Trapper
M. **1** wohl schwerfällig gehender Mensch, Trampel: *bist du a Trapper!* Mchn.
2 klobiger Schuh, Pantoffel, °OB vereinz.: °*do bleibst ma daußt mit deine Drabber!* Grafing EBE.
3 wohl geräuschvoller Schritt: *an Trapper macha* Aicha PA.
4 Fußabdruck: *do sichd ma ja deini Dråbber* „Fußstapfen" Derching FDB; „Sp[uren] ... in frischem Beton ... *dråpa*" Pfaffenhfn FDB nach SBS XI,483.
5 Pedal am Spinnrad, °OB vereinz.: °*Trapper* Walleshsn LL.
6 Dim., leichter Schlag, Klaps, °OB, °NB vereinz.: °*Trapperl* Hfndf ROL.
7 Drehkrankheit der Schafe, °OB, °OP vereinz.: *des Schaf hat an Trabba* Finsing ED.
8 †Rausch: *ein kleines Trabberl* Münchener Bote 1855, 967.
WBÖ V,321f.

Komp.: [**Tür**]**t.**: *Türtrappa* Türschwelle Breitenbg WEG.

[**Fuchs**]**t.**: °*Fuchstrapperl* „Spur eines Fuchses" Kreuth MB.

[**Moos**]**t.** wie →*T.*2, °OB, SCH vereinz.: °*wos der Mo für Moostrapper ohot!* Mammendf FFB.– Ortsneckerei: *die Moostrapper* „Spottname für die Bewohner von Rott [LL]" Reichling SOG. M.S.

träpperln
Vb., trippelnd laufen, OB, NB, OP vereinz.: *trappaln* Plattling DEG; *Na kemman af d' Nacht D' Schrazeln* [Heinzelmännchen] *und trappaln* Oberpfalz 19 (1925) 237. M.S.

Trappet
N.: *Trapat* „Getrappel" Hengersbg DEG. M.S.

träppicht
Adj.: °*i bi so erschrockn, daß i ganz trappat gwen bi* verwirrt Arnstorf EG. M.S.

-träppler
M., nur im Komp.: [**Hunds**]**t.** Schwimmart wie die eines Hundes: *Hundsdrabbla* Rgbg. M.S.

Trapp-nachhin
M., langsamer, geistig schwerfälliger Mensch, in der Fügung: *heiliger Trapp-Nachi* Truchtlaching TS.– Auch: *der heilige Trappnachhi* „Amtsschimmel" Truchtlaching TS.
Etym.: Satzwort zu *nachhintrappen* 'hinterhertrappen'. M.S.

Traps → *Trespe.*

trapsen
Vb., trappen, trampeln, °NB, °OP vereinz.: °*trapsn* Neukchn a.Inn PA.
Etym.: Intensivbildung zu →*trappen*; PFEIFER Et. Wb. 1450. M.S.

Trara, Trära, -trärä
1 (Genus?), aus Weidenrinde gebasteltes Spielzeug zum Pfeifen: °*Drära* „Maipfeiferl" Pemfling CHA.

2 M., N., viel Aufhebens, Lärm: *viel Trara macha* Tutzing STA; *I vastäh gor ned, wia ma wega oana Watschn an so an Drara macha mog* Tochtermann Oiß wos Recht is 153.
3 M., Verrücktheit, Eigenheit: °*dea hout ja an Trara* „spinnt" Windischeschenbach NEW.
Etym.: Subst. der Interj. *trara* 'Signal der Trompete, des Horns', onomat.; DWB XI,1,1,924-926.
WBÖ V,322.

Komp.: [**Hosen**]**t.** M. **1** Bub, der die erste Hose trägt, °OB, °NB, °OP, °SCH vereinz.: °*a Hosnträrä* U'föhring M.– **2** ängstlicher Mensch: °*Hosntrara* Weiden; „harmloses Neckwort ... *Huusndraraa* ... für den 'Feigling'" Maas Nürnbg.Wb. 157. A.S.H.

†Drasch
M., Dreschen der letzten Getreidegarbe: „bei dem *dràsch* ... läßt jede der einander gegenüber stehenden reihen seine drischel zu gleicher Zeit fallen" Marktl AÖ Panzer Sagen II, 227.
Etym.: Ahd. *drasc* stm./n., Abl. zur Wz. von →*dreschen*; Et.Wb.Ahd. II,756.
Schmeller I,569.– WBÖ V,322.

Abl.: *-dräsch, Drasche.* A.S.H.

Trasch, -ä-, -scht, [Ge]-
M., N. **1** Schneematsch, Schlamm, °NB vielf., °südl.OP mehrf., °OB vereinz.: *des wiad a rechts Drasch, da ka koa Schuah nöt guat gnua sei* Hengersbg DEG; °*bei dem Trasch ko ma ja net Eisschuißn* Mintraching R; *drąšt* Unterer Bay.Wald nach Kollmer II,324; *Heu˜t is ə˜ 'Drásch draussn, is nét z·ferchtn, dás mə˜ si' ə˜ Blàdə' gêt* Schmeller I,569.
2 vom Wetter.– **2a** Schneeregen, unfreundliches, nasses Wetter, NB, OP vereinz.: *Drasch* „Sudelwetter" Klinglbach BOG; *das ... dráš* „Gemisch von Schnee und Regen" Dinzling CHA BM I,241.– **2b** Tauwetter, Schneeschmelze, °OB, NB vereinz.: *Drasch* Hengersbg DEG; *Drasch* EBE Obb.Heimatbl. 6 (1928) Nr.7[,4].
3 †platschendes, klatschendes Geräusch: *Geträsch* Prasch 24.
4 Geschwätz, Gerede, °OB, NB vereinz.: *däa Drasch* Valley MB; *Dös is a alta Droosch* Singer Arzbg.Wb. 56.– Phras.: †*ins T. kommen* Gegenstand des Klatsches werden: *In 's Drásch kemə˜* „ins Gerede kommen, in übeln Ruf gerathen" Schmeller I,569; *Kommt ein junger Herr ins Trasch, und über eine Weile ein Jungferl auch* Bucher Pferderennen [XII].
5: *Drosch, Gèdrāsch* „großer Auftrag z. B. bei Bewirtung u. dgl." Vogt Sechsämter 61.
6 Bedrängnis, Notlage: *ausn Drasch khema* Mittich GRI; *In 's Drásch kemə˜* „in die Patsche" Schmeller I,569; *in disem dräsch under vil andern ist von christlichs glaubens wegen enthaubt worden ... Leonides* Aventin IV,902, 19-21 (Chron.).
7 †Auseinandersetzung, Kampfgetümmel: *erholten sich die Teutschen ... in disem gedräsch wider* Aventin IV,934,29-935,1 (Chron.).
Delling I,132; Prasch 24; Schmeller I,569.– WBÖ V,322f.

Komp.: [**Kälber**]**t.** Tauwetter, Schneeschmelze um Mariä Lichtmeß: °*a Kälwadrasch* Neukchn KÖZ.– Bestimmungsw. gekürzt aus →[*Kälber*]*weil* 'dienstfreie Zeit um Mariä Lichtmeß'.

[**Schlenkel**]**t.** wie →[*Kälber*]*t.*, °OB vereinz.: °*Schlenkltrasch* „Matschwetter um Lichtmeß" Fischbachau MB.– Zu →*schlenkeln* 'den Dienst wechseln'.

[**Schnee**]**t.** Schneematsch, °OB, °NB, °OP vereinz.: °*a Schneetrasch wia nie* Endlhsn WOR. A.S.H.

trasch, -ä-
Adj., matschig, kotig: *es wiad drasch* Mittbach WS. A.S.H.

†-dräsch
N., nur in: [**Ge**]**d.**: *'Drásch* „was auf einmal gedroschen wird" westl.OB Schmeller I,569.
Schmeller I,569. A.S.H.

Drasche
F., weibliche Person, die gut dreschen kann: „*Drasch* ... zum Dreschen gut geeignet" Wdmünchn.Heimatbote 20 (1989) 26. A.S.H.

Trasche
F., Vielrednerin, Schwätzerin, °OP vereinz.: °*wos de Traschn allas daherbringt* O'viechtach. A.S.H.

träscheln
Vb. **1** †: *dräscheln* „im Koth herumtreten" Schmeller I,569f.
2 viel reden, schwätzen, in heutiger Mda. nur in Phras. →*drischeln*/→*tritscheln und t.*: *dräscheln* „plaudern, ausschwätzen" Schmeller I,569f.
Schmeller I,569f.– WBÖ V,323.

Komp.: [**da-her**]**t.** schwerfällig gehen, °OB, °NB vereinz.: °*feit da wos, weilst so dahertraschelst* Fischbachau MB. A.S.H.

traschen, -ä-

Vb. **1** ein platschendes, klatschendes Geräusch von sich geben, stark regnen.– **1a** †ein platschendes, klatschendes Geräusch von sich geben: *es regnet, daß es draScht* DELLING I,132; *Träschen* PRASCH 24.– **1b**: *es draScht, -ā-, -o-* „es regnet stark" VOGT Sechsämter 61.

2 im Matsch, Schlamm herumtreten, schwerfällig gehen.– **2a** †: *drásch·n* „im Koth herumtreten" SCHMELLER I,570.– **2b** schwerfällig gehen: °*traschn* Fischbachau MB.

3 manschen, in weicher Masse herumhantieren: °*traschen* „im Dreck" Bayersoien SOG.

4 †viel reden, schwätzen: *Draschen* „eine schnelle und lange Plauderei" DELLING I,132.

Etym.: Wohl onomat. u. unter Einfluß von →*dreschen*; WBÖ V,323.

DELLING I,132; PRASCH 24; SCHMELLER I,569f.– WBÖ V,323.

Abl.: *Trasch, trasch, Trasche, träscheln, Traschet, träschig, Traschtler.*

Komp.: [**aus**]**t.** ausplaudern, weitererzählen, °OB, NB vereinz.: „Begebenheiten *austraschn*" Hengersbg DEG.

[**da-hin**]**t.**: °*der droscht so dahin* „arbeitet schlampig" Bruckmühl AIB. A.S.H.

Traschet, -ä-

N. **1**: °*Traschat* „Schneematsch" Zwiesel REG. **2**: *a Draschat* „Schneeschmelze" Haarbach GRI. A.S.H.

träschig, -icht, träschtig

Adj. **1** matschig, kotig, °OB, °NB vereinz.: °*heit is trasche dausd* Rechtmehring WS; °*wenns leint* [taut], *na werds draschig* Winklsaß MAL; *Traschig* „eine von Wasser aufgelöste Erde" WESTENRIEDER Gloss. 585.– Bauern- u. Wetterregel: *Is dər erst Schnê ə˜ Dátschi* [Matsch], *is də' ganz Wintə' dráschi* SCHMELLER I,569.

2 Matsch, Schneeschmelze od. Schneeregen mit sich bringend, °NB vereinz.: *bei draschtögn Wöda* Rottal; *ə˜ dráschi's Wédə'* „schmuziges Wetter" SCHMELLER I,569.

3 mit übergroßen Füßen: *Draschata* Mensch mit übergroßen Füßen Engelsbg TS.

DELLING I,132; SCHMELLER I,569, 571; WESTENRIEDER Gloss. 585.– WBÖ V,324. A.S.H.

Dräscht

N., (großes) bäuerliches Anwesen, °NB (v.a. SO) mehrf.: °*der hat a richtigs Drascht beinand* Bayerbach GRI.

Etym.: Herkunft unklar.

Komp.: [**Häuslein-mann**]**d.**: *a Heislmandrascht* „Anwesen eines Kleinbauern" Mittich GRI. A.S.H.

Traschtler

M., Verleumder: *Traschtler* Dietldf BUL. A.S.H.

drasen, -ä-, -e-

Vb., schwer atmen, schnauben, °NB (v.a. WEG) mehrf., °OB, °OP, °MF vereinz.: °*der träst wieder gscheid* „wenn sich ein Vieh oder ein Mensch überfressen hat" Nottau WEG; °*drasen* Dollnstein EIH; *Voluit … drâsot* Tegernsee MB 1.H.11.Jh. StSG. II,636,68; *nimb salz in den mundt, spriz ims in die naschlöcher, das es drassent wierdt* Roßarznei (DEINHARDT) 44.

Etym.: Ahd. *drâsen, -ôn*, mhd. *drâsen, -a-, -æ-, -e-*, germ. Wort idg. Herkunft; Et.Wb.Ahd. II,756-758.

SCHMELLER I,675.– WBÖ V,324.

Abl.: *Draser.* A.S.H.

Draser

M.: °*Traser* „Spiralschlauch, der den aufgeblähten Kühen in den Schlund gesteckt wird" Pleinting VOF. A.S.H.

draß(t) →[*dar*]*außen.*

†drat, drate

Adj., Adv. **1** schnell, ungestüm, wirbelnd: *Uiolentus … dratiu* Tegernsee MB 2.H.11.Jh. StSG. I,615,13f.; *Kein weter noch drât wazzer mich nimmer dâ verirret* HADAMARVL 128,512; *vñ ÿm der pulzz nit ze drat noch ze lancksam get* Indersdf DAH 15.Jh. Clm 7744,fol.65r.

2 sofort, sogleich, unmittelbar: *Also drate an dem heiligen svnnentage do sang er eine messe* Spec.Eccl. 29,13; *das maien schmalcz … ich as es lustiglichen drot* HAYDEN Salomon u. Markolf 328,788f.

3 stark, heftig, sehr: *so mac … sorgen drato, der sih suntigen uueiz* 9.Jh. SKD 67,23f. (Muspilli).

4 völlig, ganz, vollkommen: *Permixtim drato gimiskit* Rgbg 10.Jh. StSG. II,439,4.

5 in gleicher Weise, in gleichem Maße: *Accinctus ... nohzidrato irpuriter* wohl Rgbg 1.H. 12.Jh. StSG. I,441,16f.

Etym.: Ahd. *drâti, drâto*, mhd. *dræte, drâte*, germ. Abl. zur Wz. von →*drehen*; Et.Wb.Ahd. II,760.

SCHMELLER I,571f.– WBÖ V,330. A.S.H.

Trate, -tt-, Trat

F., M., N. **1** (gemeindliche) Viehweide, Brachfeld in der Dreifelderwirtschaft, °OB, °NB, °OP vielf., °MF, SCH vereinz.: *mia miaßtma Mist fan a Drodn ause* Erding; *Dråhr* Neukchn v.W. PA; °*d'Trat umbrecha* Nabburg; *Aaf da Droot is a Bumml* [Stier] ... *ohne Koopf ummagrennt* Enzelsbg OVI BÖCK Sitzweil 110; *Conpascuus ager trata* Windbg BOG 12.Jh. StSG. IV,114,22; *In dem selben dorf von der trat ain pfvnt* Bayer.Herzogsurb. 213,1484b; *Es sollen ... ine dem dritten Jar alle Vannt* [Jungvieh] *hinter dem Dorf über das frey Drätl ausgehen* Riekfn R 1595 HARTINGER Ordnungen II,815.– Phras.: *va da Kleeboant in d'Dråt springa* „von einem guten Dienstplatz in einen schlechten kommen" Mittich GRI.– Bauernregel: *Âf dà Houd oda Dråd kràigts Vàich seltn såd* BRUNNER Heimatb.CHA 175.– Scherzreime: *wo Dietfurt* [RID] *war no a Drat, war Töging* [BEI] *scho a Stadt* Beilngries, ähnlich Bayerld 4 (1893) 476;– *Frentsch* [Pfrentsch VOH] *wird wieder eine Stadt und Nürnberg dann zur Trad* Wdkch VOH SCHÖNWERTH Opf. III,357.– Auch: °*die Dråna* „alle Äcker eines Bauern" O'högl BGD.– Häufig als u. in Fln.

2 Weg.– **2a** Triebweg des Viehs, °OB, °OP vereinz.: *Drat* „vom Berg herunter ins Tal" Beilngries.– **2b**: °*die Trat* „Trittpfade des weidenden Viehs entlang des Berghangs" Bay.Wald.– **2c** Wildwechsel, vom Wild benutzter Pfad: °*Tratte* Frasdf RO.– **2d** †Lebensweg: *Uiam eorum ... trath* Windbg BOG 12.Jh. StSG. I,646, 32-34.

3 Zustand od. Zeitraum des Brachliegens, °OB, NB vereinz.: °*da baun ma heuer nix o, des laß ma a da Tron* (Ef.) Tacherting TS; *der Acker liegt af der Droht* Perlesrt WOS; *Graß ... das ie ain Jar entrat leit, das soll man höen acht Tag nach sant Ulrichs-Tag* Rottenbuch SOG 1435 LORI Lechrain 141; *daß 12 tagwerk an obvermelten grossen wis zu Ramenthal ... allezeit im driten jar zu tradt gelegen und nit beheuet worden* FRIED-HAUSHOFER Dießen 53.

4 †Zertreten, Zertrampeln: *In conculcationem intrata* Tegernsee MB 2.H.11.Jh. StSG. I,597,44.

Etym.: Ahd. *trata*, mhd. *trat* stf., germ. Abl. zur Wz. von →*treten*; WBÖ V,327.

SCHMELLER I,677f.; WESTENRIEDER Gloss. 585.– WBÖ V,327-329.

Abl.: *traten, Tratling*.

Komp.: [**Vieh**]**t.** wie →*T.* 1, OB, °NB, OP vereinz.: *d'Fejchdrod* Meßnerskreith BUL; „die Sommerviehweide (*Viechdrat*), die mit dem Aufhören der Dreifelderwirtschaft häufiger wird" Leizachtal 226.

WBÖ V,327.

[**Gänse**]**t. 1** Gänseweide, °NB, °OP vereinz.: *Genstrod* „Gemeindeweide für Gänse" Wildenrth NEW.– **2**: °*Gensdral* „schmaler Weg für die Gänse" Kchnthumbach ESB.

†[**Ge**]**t.** wie → *T.* 1: *auf daß die Schwein mit Aufwuelen und die Gens mit irem Befleckhen die Waid der Pogen* [Flußname] *und Getradt nit beschweren* Deggendf 1556 HARTINGER Ordnungen I,155.

[**Heu**]**t.** einmähdige Wiese: °*Hatrot* Gaißach TÖL; „dann hüpft sie übers *Stiegerl* in den *Sulzbichl* [Fln.], die *Heutrad*" Isarwinkel Bayerld 4 (1893) 26.

[**Hoch**]**t.**: °*Houchdrad* „steiler Berghang" Wackersbg TÖL.

[**Holz**]**t.** Anteil am Gemeindewald, Waldweide: „Dazu hatte ... jedes Gut eine *Holztratt*" PEETZ Kiemseekl. 113.

WBÖ V,329.

†[**Mies**]**t.** mit Moos (→*Mies*) bewachsene Viehweide: *wo einer im Mies- oder Rohr-Tradt vor der gebothenen Zeit mähet, soll er zur Straff geben 2 Schilling 3 Pfening* Schwarzenfd NAB 1561 HARTINGER Ordnungen II,887.

[**Sau**]**t.**, [**Säue**]- Schweineweide, °OB, °NB, °OP vereinz.: °*Sautrodn* „mit Stangen umgrenzter Auslauf" Marktl AÖ.

WBÖ V,329. A.S.H.

traten, -ä-, -tt-, tratnen

Vb. **1** brachlegen (u. als Viehweide benutzen), °OB, °NB vereinz.: *drohna* „nach Haber- und Roggenanbau" Bergen TS; *des Föl drottn ma huia* Tittling PA; *Innə' s Wålds tüəns· scho˜ leicht zwǫlf Jàr nimmə' trått·n* Harmating

WOR SCHMELLER I,678; „man pflegt zu *tratten* … zu brachen, wo denn ein Drittel der Felder im dritten Jahre ganz öde liegt, und vom Viehe besuchet wird“ BGD, LF, REI HÜBNER Salzburg 145.– Übertr.: *es* [ihr] *zwoa habs heir drat, habs eng* [euch] *a net dawei* [Zeit] *gnama zon obaun* „zu einem Ehepaar, das in diesem Jahr keinen Nachwuchs bekommen hat“ Erding.
2 (das Brachfeld) pflügen, °OB, °NB vereinz.: °*dron* „erstes Ackern nach dem Brachliegen“ Törring LF; *drōn* Wonnebg LF SOB V,179.
SCHMELLER I,678.– WBÖ V,331. A.S.H.

Träter, -a-
F. **1** Trompete: °*die Trädern* Kchndemenrth NEW; „dann trompetete die *Trätern*“ FÄHNRICH M'rteich 243.
2 aus Weidenrinde gebasteltes Spielzeug zum Pfeifen: °*Dradern* Pleinting VOF.
Etym.: Wohl wie →*Träträ* onomat.

Abl.: *trätern.* A.S.H.

trätern
Vb., (abwertend) auf einem Blasinstrument spielen, °OP vereinz.: °*drädan* „auf der Trompete schmetternd blasen“ Weiherhammer NEW; *Die Musikanten trätern was aus'm Trompetl und Bombardon geht* DITTRICH Kinder 179. A.S.H.

Tratling, -ä-
M.: °*Drahtling* „Getreidefeld, das alle sechs Jahre nicht bebaut wird“ Limbach PA. A.S.H.

Träträ, -tratra
1 wohl F.: *Träträ* „Trompete“ Ingolstadt.
2 (Genus?), Stuhlgang, kindersprl.: °*das Kind hat Drädrä gmacht* Scheyern PAF.
3 M., Verrücktheit, Eigenheit: °*der hot an Drehdreh* Kchnsur WS.
Etym.: Onomat.

Komp.: [**Hosen**]**t.** **1** M., von Menschen.– **1a** Bub, der die erste Hose trägt, °OB, °OP vielf., °NB vereinz.: °*geh weida, du Hosnträträ, spui di net a so auf!* O'stimm IN; °*so Sepperl, jetzt bist a Hosnträträ* Wiefelsdf BUL; *Hos'ndrädrä* „Spielkameraden, die etwas *hintblieb'n* waren und denen … die Hose … noch reichlich groß war“ SCHILLING Paargauer Wb. 39.– **1b** Bub, der noch in die Hose macht, °OB, °NB, °OP vereinz.: °*du Hosntradra* Kreuth MB; *mir … lassn uns net als wia d' Hosndrähdräh histelln* QUERI Pfanzelter 6.– **1c** ängstlicher Mensch, °OB, °NB, °OP vereinz.: °*so a Hosndredre* Garching AÖ; *Hosndrädrä* BINDER Saggradi 99.– **2** (Genus?): °*Hosndrädrä* Hosenbein Geiselhöring MAL. A.S.H.

Tratsch, -ä-, -en
M. **1** Geschwätz, Gerede, °OB mehrf., °NB, °OP, MF, °SCH vereinz.: *de håbm so an Tratsch zammgschwazzt* Ingolstadt; *du glaubst scho an jedn Tratsch a* Passau; *Was für ein' Tratsch … wird denn das wieder sein* DREYER Bayern 102.
2 Schneematsch, Schlamm, °OB, °NB, °OP, °SCH (FDB) vielf., MF vereinz.: °*ba den Dradsch gehd ma nöd aussö* Grafenau; *heut hats an richtign Dratsch* Michelsneukchn ROD; *Drätsch* „Schneematsch; Wasserlachen auf aufgeweichtem Weg“ ANGRÜNER Abbach 26.
3: *Dratsch* „nasses Wetter“ Passau.
4: °*a Tråtsch* Mensch mit übergroßen Füßen Schaufling DEG.
WBÖ V,331f.

Komp.: [**Dorf**]**t.** Dorfklatsch, OB vereinz.: *Dorfdratsch* Türkenfd FFB; „Auch der *Dorftratsch* kam dabei auf seine Rechnung“ SCHMALHOFER Brautweiser 10.

[**Kuh**]**t.**, [**Kühe**]- **1**: °*Kejhdradsch* Kuhfladen Brennbg R.– **2** wohl Kuhröhrling (Boletus bovinus): °*Kuahdratschn* „hellbrauner großer Pilz“ Schwandf.

[**Schlenkel**]**t.** **1** Schneematsch um Mariä Lichtmeß: °*jetzt haman Schlenkldratsch ghabt de Woch* Halfing RO; *„den Schlenkltratsch … wenn d'Schuah durchgwoagt san'*“ Chiemgau-Bl. 2006 Nr.4,10.– **2** Tauwetter, Schneeschmelze um Mariä Lichtmeß, OB vereinz.: *Schlenkltratsch* Traunstein.– Zu →*schlenkeln* ‘den Dienst wechseln’.

[**Schnee**]**t.** Schneematsch, °OB, °NB, °OP vereinz.: °*heunt is a richtiga Schneetratsch draußn* Pöcking STA; *Föhn und Schneetratsch* L. HOLLWECK, Weiteres Weiss-blau Heiteres, München 1978, 93.
WBÖ V,332.

[**Weiber**]**t.** Weibergeschwätz, NB, OP vereinz.: *Weibadratsch* O'kreuzbg GRA; *An alter Weibertratsch is', sinscht nix* THOMA Werke VI,112 (Andreas Vöst). A.S.H.

-tratsch, -ä-

N., nur in: [**Ge**]**t.** **1** Geschwätz, Gerede, OB, °OP, MF vereinz.: *Gedratsch* Eberfing WM; *gedrādš* „Schwätzerei (bes. über andere)" Denz Windisch-Eschenbach 150.– **2** Schneematsch, Schlamm, °OB, NB, °OP, SCH vereinz.: *is scho z'warm, der Schnee halt si' nöt, da gibts aft a rechts Götratsch* Passau.– **3** Schneeregen, unfreundliches, nasses Wetter: *heunt hots a Gedratsch* „Regenwetter, das Schlamm mit sich bringt" O'audf RO; *Hei˜t ist wol ə˜ Gedratsch dauß* „schneenasses Wetter" M'nwd GAP Schmeller I,681.

Schmeller I,681.– WBÖ V,333. A.S.H.

Tratsche, -ä-

F. **1** Vielredner(in), Plauderin, Verklatscherin.– **1a** Vielredner(in), Schwätzer(in), °OB, NB, °OP vereinz.: *du bist a a rechte Tratschn* Haag WS; *Draatschn* Koller östl.Jura 20.– **1b** weibliche Person, die alles ausplaudert: *Du Dradschn, du əide!* Aman Schimpfwb. 47.– **1c** Verklatscherin, Verleumderin: *Drādschn* Aman Schimpfwb. 47.

2 schwerfälliger, langsamer Mensch, °OB, °NB vereinz.: °*a Tratsch* „schwerfällige Frau" Limbach PA.

3: °*Drotschn* „dicke, unförmige Frau" Siglfing ED.

WBÖ V,332. A.S.H.

tratscheln, -ä-

Vb. **1** viel reden, ausplaudern.– **1a** viel reden, schwätzen: *tratschln* Aicha PA; *trátsch·ln* Schmeller I,681.– **1b** ausplaudern, weitererzählen: °*tratscheln* Falkenbg TIR; *tràtscheln* „Anvertrautes ... verbreiten" Zehetner Bair. Dt. 349.

2 schwerfällig, langsam gehen, °OB, °NB, °OP, MF vereinz.: °*tratscheln tuats wie a alte Antn* Wiesenfdn BOG; *tràtscheln* „langsam, mühsam gehen" Zehetner Bair.Dt. 349.

3 patschen, durch Wasser od. Matsch gehen: °*tratscheln* Burggen SOG; *trátsch·ln* „im Nassen, Kothigen herumtreten" Schmeller I,681.

4 platschend fallen: °*do loßt die Kuah an Kuahdreck tratscheln* Hohenpeißenbg SOG.

5: °*tratscheln* „die Rinde beim Weidenpfeiferl abklopfen" Brunnen SOB.

Schmeller I,681.– WBÖ V,333.

Komp.: [**aus**]**t.** wie →*t.*1b, °OB, NB vereinz.: *ebbs austratschln* Aicha PA. A.S.H.

tratschen, -ä-

Vb. **1** viel reden, ausplaudern, verklatschen.– **1a** viel reden, schwätzen, °OB, °NB, °OP, MF vereinz.: °*Weiwa, däi waou oarawaal aaf da Schtraouß dratscht ham* Plößbg TIR; *Da tratscht sie dann mit der Hauserin* Queri Rochus Mang 94.– **1b** ausplaudern, weitererzählen, °OB vereinz.: °*mußt du des scho wieder tratschn!* St.Leonhard LF; *trådschn* nach Poelt-Peuker Wb.Pöcking 46.– **1c** verklatschen, schlecht machen: *dratschn* verpetzen Rimsting RO; *trådschn* „ausrichten" nach Poelt-Peuker Wb.Pöcking 46.

2 schwerfällig gehen, °OB, °NB, °OP vereinz.: °*tratsch doch net gor so!* Geisenfd PAF; *trattschn* Vogt Sechsämter 61.

3 patschen, durch Wasser od. Matsch gehen: *tratschn* Passau; *drátschn* „im Morast, im Matsch herumtreten" Angrüner Abbach 26.

4 scheißen, den Darm entleeren: °*drotschn* Grafenrd VIT.

Etym.: Onomat.; Pfeifer Et.Wb. 1451.

Schmeller I,681.– WBÖ V,333f.

Abl.: *Tratsch*, *-tratsch*, *Tratsche*, *tratscheln*, *Tratscher(er)*, *Tratscherei*, *-tratscherling*, *Tratschet(s)*, *tratschig*, *-tratschlerin*.

Komp.: [**aus**]**t.** wie →*t.*1b, OB, NB, °OP vereinz.: °*die mus oba a allas astratschn* O'viechtach; *Austratschen* Delling I,46.

Delling I,46.– WBÖ V,334.

[**der**]**t.** bereden, durchsprechen: °*wos werdn die wieder derdratschn* Geisenfd PAF.

[**ver**]**t.** **1** refl., sich verplaudern, OB, NB vereinz.: *itzt hama uns schö votratscht* Haag WS.– **2** wie →*t.*1c, OB, NB, °OP vereinz.: °*s Moil vodradschn* Rgbg.

WBÖ V,334. A.S.H.

Tratscher(er), -ä-

M. **1** von Menschen.– **1a** Vielredner, Plauderer, Verklatscher.– **1aα** Vielredner, Schwätzer, °OB, NB, °OP vereinz.: °*Tratscher* St. Leonhard LF; *Drātschá* Angrüner Abbach 26.– **1aβ** jmd, der alles ausplaudert, °OB, °OP vereinz.: °*Dratscha* Weiden; *Drādscha* Aman Schimpfwb. 47.– **1aγ** Verklatscher, Verleumder, OB, °OP vereinz.: °*im Stiegnhaus san de Dratscher und Wascher* „Leutausrichter" Rgbg; *drà:dša* Zehetner Bair.Dt. 349.– **1b**: *Tratscher* Mensch mit übergroßen Füßen Deimhsn SOB.– **1c** schwerfälliger, langsamer

Mensch, °NB, °OP vereinz.: *°dö is a Tratscherer* H'schmiding WOS.– **1d** liebenswerter Mensch: *herzögs Dratschal* Hengersbg DEG.
2: *mit Tratschern* „übergroßen Füßen" Zuchering IN.
3: *Tratscha* schwere Schuhe Donaustauf R.
4 aus Rinde u.ä. gebasteltes Spielzeug zum Pfeifen, °OB, °NB, °OP vereinz.: *°s Dratscherl* „aus einem zusammengedrückten Löwenzahnhalm oder der Rindenhülse einer Vogelbeere" Wiesenfdn BOG.– Spruch beim Losklopfen der Rinde: *°Dratscherl, Dratscherl geh o, sonst wirf i di in Klee oda i wirf di in d'Odlgroam* Michelsneukchn ROD.

Komp.: [**Fuß**]**t.** scherzh. Infanterist: *Foustratscha* Oberer Bay.Wald.

[**Kuh**]**t.**, [**Kühe**]- **1** Birkenröhrling (Boletus scaber), °NB, °OP vereinz.: *°Kejdradscha* „Birkenpilz" Brennbg R; *Kutratscher* Altb.Heimatp. 14 (1962) Nr.5,4.– **2** Echter Gelbling (Cantharellus cibarius): *°Kiatratscherl* Michelsneukchn ROD.

[**Stauden**]**t.** wie →[*Kuh*]*t.* 1: *štauandrātʃal* „Birkenpilz" nach KOLLMER II,272. A.S.H.

Tratscherei, -ä-
F., Geschwätz, Gerede, °OB, °NB, °OP vereinz.: *geht Tratscherei nöt aus, a jede woaß an andan Tratsch* Hengersbg DEG; *zwegn da öiwign Dradscharei* NIEBLER Mutterspr. 68.
WBÖ V,334. A.S.H.

-tratscherling, -ä-
M., nur im Komp.: [**Kuh**]**t.** Kuhfladen, °OB vereinz.: *°Kuahdratscherling* Loitersdf EBE. A.S.H.

Tratschet(s), -ä-
N. **1** Geschwätz, Gerede: *°kimd nix åndas aussa ois wira Dradschads* Ebersbg; *Was werd dös wieda füa r a Tratschat sei* WALTINGER Ndb.Sagen 26.
2 Schneematsch: *°a Tratschat* Kchbg REG. A.S.H.

tratschig, -ä-, -icht
Adj. **1** schwatzhaft, klatschsüchtig: *°a so a dratschats Weibats* O'viechtach; *Drādschade* AMAN Schimpfwb. 47.
2 schwerfällig, langsam, °OB, °NB vereinz.: *°a trotschats Weiwaleit* Ruhstorf GRI; *Öitza hoow i maa(n' Måida(r'l am Tånzbua(d'n oa(n'gseah: sie gäiht sua schäi(h' tråådtschat in-n Råi(h)a dåuher!* BRAUN Gr.Wb. 670.
3 dick, unförmig: *°drotschad* Siglfing ED.
4 matschig, kotig, °OB, °NB vereinz.: *°dratschi is heint* Hirnsbg RO.
5 Matsch, Schneeschmelze od. Schneeregen mit sich bringend, °OB, NB, °OP vereinz.: *°is des a dratschets Weda* Neunburg.
WBÖ V,334. A.S.H.

†-tratschlerin, -ä-
F., nur im Komp.: [**Aus**]**t.**: *Austratschlerin* „Weibsperson, welche alles ausplaudert" DELLING I,46.
DELLING I,46. A.S.H.

Tratz, -ä-
M. **1** †Feindseligkeit, Bosheit: *Herodes sprach aus einem Tratz: 'Wie ist es nur der hinder so schwarz?'* Rgbg 1566 ERK-BÖHME III,111.– Phras.: *zu T.* mit böser Absicht, feindlich: *Zuhand wurden die zwên Gordiani ... für recht regirend römisch kaiser ... offenlich berueft zu tratz und aus haß* AVENTIN IV,927,29-32 (Chron.).
2 Widerstand, Widerspenstigkeit, ä.Spr., in heutiger Mda. nur in Phras.: *Widerspánikaytt und tracz ist ain súnd* HARTLIEB Dial. 383,14.– Phras.: *(jmdm) zu T.* in neckender od. widerspenstiger Absicht, vorsätzlich, °OB, °NB, OP vereinz.: *grod extra man Mo z Tratz gäiwi boafåusad en Schnäi ase, häitama Schåu kaft* Bruck ROD; *Die Burga dort wer'n seit da Zeit, Zan Tratz, no(u) – 'd'Bär'nfanga' g'nennt* LAUTENBACHER Ged. 109; *Si wil gen Ôstereich/ Daz tůt si mir ze tratze* Mitte 14.Jh. MHStA KL Tegernsee 5,fol.128[v].
3 Position des Spielers beim Neckball, der den Ball, den sich die Mitspieler zuwerfen, abzufangen versucht, °NB, °OP vereinz.: *°der is in Tratz* Kötzting.

Etym.: Mhd. *traz, tratz* stm., Nebenf. von →*Trotz*; KLUGE-SEEBOLD 932 (Trotz).

DELLING I,133; SCHMELLER I,682; WESTENRIEDER Gloss. 585f.– WBÖ V,335.

Abl.: *tratz, Tratze, trätzen, Trätzer(er), Trätzerei, Trätzet, trätzig, trätzlich.*

Komp.: [**Magen**]**t.** kleine, nicht sättigende Portion, °OB, °OP vereinz.: *°des is ja nur a Magndratz* Haar M. A.S.H.

†tratz
Adj., störrisch, widerspenstig: *Eines tages wolt er in ... in das joch anpinten, do was er so tracz und widerstendig das er in nicht darzu nicht pringen mocht* HARTLIEB Dial. 83,8-10.
Etym.: Mhd. *traz*, Abl. von →*Tratz*; KLUGE-SEEBOLD 932 (Trotz).
SCHMELLER I,682.– WBÖ V,335. A.S.H.

Tratze, -ä-
F., Position des Spielers beim Neckball, der den Ball, den sich die Mitspieler zuwerfen, abzufangen versucht, °NB, °OP vereinz.: °„wer den Fehlpaß geworfen hat, *kimmt in d Tratz*" Rgbg. A.S.H.

trätzen, -a-
Vb. **1** necken, reizen, foppen, °Gesamtgeb. vielf.: °*geh, dratz do dei kloane Schwesta ned aso!* Stammham AÖ; °*Boum, douts den Hund niat tratzn, sunst beißt a enk* [euch]! Nabburg; *Gê, du kà˜st nicks wàs* [als] *d· Leud tràtzn!* SCHMELLER I,681f.; *Sauboara haawas ins ... ghoaßa, d'Schwoowa, bal* [wenn] *mrs dretzd ... haawa* WÖLZMÜLLER Lechrainer 57; *Der Pueb habs Roß draizt vnnd mit dem fueß gstessen* 1598 Stadtarch. Rosenhm PRO 140, 121.– Phras.: *Drill* (→*Dill*,Bed.2) *t.* Hederich zum Austreiben bringen u. vernichten, °OB, °NB, °OP vereinz.: °*Drill tratzn* „auf dem unbebauten Feld aufgehen lassen und dann unterpflügen" Arnstorf EG.– *Den Magen t.* u.ä. den Appetit anregen, aber nicht sättigen, °OB, °NB, °OP mehrf., °SCH vereinz.: °*o mei Wirt, dös is ja grad Magn tratzt* „deine Portionen sind zu klein" Schaufling DEG; °*des is a guats Stamperl gwen, owa es hod ma bloß n Mong a bisserl dratzt* Rötz WÜM;– *Wao ma niad gnou kréygt, kôñ ma när 's Mål dràtzn* Ambg SCHÖNWERTH Sprichw. 32.– *Die Not t.* u.ä. trotz seiner Armut großtun od. sich nicht entmutigen lassen, °NB, °OP mehrf., °OB, °SCH vereinz.: °*heut gehn ma nöt hoam, heut doama d'Nout tratzn* Pleinting VOF; *d· Noud trátz·n* „in Noth und Elend groß thun, oder gutes Muthes seyn" SCHMELLER I,682;– in ärmlichen Verhältnissen leben, °OB, °NB, °OP vereinz.: °*im Wirtshaus gibt er a und daham moua Nout tratzn* Eslarn VOH;– °*gout is gwest, d'Noud hom ma tratzt* „den Hunger notdürftig gestillt" Kchndemenrth NEW.– °*N Dreck tratzn* „Kleinigkeiten aufbauschen" Weiherhammer NEW.– *Wasser t.* u.ä. krumme Furchen ziehen, °OB, °NB, °OP vereinz.: *s Wossa dratzn* „schlampig pflügen" Maximilian MÜ;– °*der Sepp is beim Brunn- oder Wassertratzn* „sucht Wasser für einen Brunnen" Schönbrunn LA.– Spruch: *dea roast öns Afrika zon Affndratzn* „macht eine weite Reise" Reisbach DGF.– Schnaderhüpfel: *kost mi net trazn, a net dressiern, hast selba krumme Haxn und a Schafhammihirn* Theißing IN.– *Host gmoint, du wülst mi tratsn, wailst a schejna Bou bist – in Oasch kost mi leka, woast a, wäi mar is* Bruck ROD.– Spiel: °*Nägel tratzn* „mit Magneteisen anziehen" Maushm PAR.
2 hetzen, dazu bringen, auf jmdn loszugehen, °OB, °OP vereinz.: °*der håt sein Hund af an Betla tratzt* Traidendf BUL.
3 †(zum Kampf) herausfordern, provozieren: *Do ... ainer den andern imer tretzt und zekt, ward auß dem scharmützel ain recht schlahen* AVENTIN IV,1140,30-32 (Chron.).
4 trotzen, sich widersetzen, °OB, °NB vereinz.: °*i werd der Not tratzn* „ich laß mich nicht unterkriegen" U'haching M.
5 schlagen, verprügeln: *Dem tratz ich seine spere* [spröde] *Schwarten bis daß sie hell rot wird* HOFMILLER Helmbrecht 43.
Etym.: Mhd. *tratzen, -e-*, Abl. von →*Tratz*; KLUGE-SEEBOLD 932 (Trotz).
DELLING I,133; PRASCH 24; SCHMELLER I,681f.; WESTENRIEDER Gloss. 585; ZAUPSER 77.– WBÖ V,335f.

Komp.: [**an**]**t.** wie →*t.*2: °*den tratz i an Hund o* Langquaid ROL.

[**ausher**]**t.** herauslocken: *Oft* [dann] *hòd-ar a pòr hêna aus an hof aussatràzt* KUEN Bair. 99.

[**durch**]**t.** refl., sich mühsam durchbringen: °*der muß si a wieder durchtratzn* Deining NM.

[**nach**]**t.** nachhetzen, dazu bringen, jmdn zu verfolgen: °*i trazta glei an Hund noch* Halfing RO. A.S.H.

Trätzer(er), -a-
M. **1** jmd, der gerne neckt, reizt, foppt, °OB, NB, °OP vereinz.: *a soichana Dratza wiat eam zwira* Mittich GRI; *dratſara* „Mensch, der andere gern zum besten hat" nach DENZ Windisch-Eschenbach 269.
2 Schnuller, °OB, °NB, °OP vereinz.: °*geb eahm an Tratzer, daß er a Ruah gibt* Schönbrunn LA; *Tratzer* Buch ED DWA XVIII,77.
3: „Alle *Zwiefachen*, die man ... auch *Tratzer* nannte, weil der Rhythmus die Tänzer *tratzte*" SCHMIDKUNZ Liederb. 385.
SCHMELLER I,682.– WBÖ V,336.